SV

Autoren und Verlag danken für die freundliche Unterstützung
der Sparda-Bank Hessen eG

Heiner Boehncke · Hans Sarkowicz

# Die Geschichte Hessens

SOCIETÄTSVERLAG

Satz: Nicole Proba, Societäts-Verlag
Schutzumschlaggestaltung: Jutta Schneider, Frankfurt
Druck und Verarbeitung: Kessler Druck + Medien GmbH
Printed in Germany 2010

ISBN 978-3-7973-1227-3

## Inhaltsverzeichnis

## Vorwort

Hessen braucht sich über eine mangelnde Aufmerksamkeit weit über seine Grenzen hinaus nicht zu beklagen. Dafür sorgten früher einmal die legendäre Fernsehshow „Zum Blauen Bock“ mit Heinz Schenk oder die Rodgau Monotones mit ihrem „Erbarme, die Hesse komme“. Und aktuell kann man sich bei dem umwerfend witzigen Programm „Deutschland, deine Hessen“ von und mit Walter Renneisen über Eigen- und Unarten des ‚Volksstammes in der Mitte von Deutschland‘ auf das Köstlichste informieren.

Natürlich erwartet die Leser unserer „Geschichte Hessens“ keine Anekdotensammlung, keine Anthologie humorvoller Geschichten. Aber auch keine streng wissenschaftliche Landesgeschichte mit hunderten Anmerkungen. Das sieht man schon beim ersten Durchblättern, wenn man sich über die schöne Gestaltung dieses Buches freut. Es erwartet Sie ein Geschichtsbuch, das von den Erkenntnissen der Historiker lebt, das sich vor allem auch den reichen Erträgen der hessischen Regional- und Lokalgeschichtsforschung verdankt. Unser Anspruch war es, eine Geschichte Hessens zu verfassen, die auf wissenschaftlichen Erkenntnissen beruht und für alle brauchbar ist, die sich für die Geschichte unseres Bundeslandes interessieren. Mit einem Wort, es soll ein populäres Buch sein, das in die komplizierte, verwickelte und uneinheitliche Geschichte eines Landes einführt, das es in den heutigen Grenzen erst seit etwas über 60 Jahren gibt.

Der Schwerpunkt liegt auf der Zeit von der Gründung Hessens im hohen Mittelalter bis heute. Dabei ist „heute“ wörtlich zu nehmen; denn die 65 Jahre vom Kriegsende bis zum Rücktritt Roland Kochs vom Amt des Hessischen Ministerpräsidenten im Mai 2010 sind ein Beitrag zur Zeitgeschichte, der nicht ohne Risiken ist. Es kann nämlich passieren, dass manche Leser spontan meinen: „So war das doch gar nicht. Ich habe das anders in Erinnerung.“ In idealen Fällen führt das dann dazu, dass diese Leser sich intensiver mit der Geschichte Hessens, vor allem auch mit der jüngsten Geschichte dieses spannenden Bundeslandes befassen. Und genau dies ist unsere Absicht.

# Von der Steinzeit bis zur Herausbildung Hessens

1

## Ein Blick in die Vor- und Frühgeschichte

Da die Urgeschichte keine schriftlichen Nachrichten hinterlassen hat", schreibt der Archäologe Lutz Fiedler, „ist es unmöglich, irgendwelche Bedürfnisse, Motive oder Schicksale einzelner oder bestimmter Gruppen zu erfahren. Sie bleiben anonym, unsere Fragen richten sich daher nach dem Allgemeinen"[1]. In der Tat haben Archäologen keine leichte Aufgabe, wenn sie den Ursprüngen der Menschheit nachforschen und verlässliche Informationen gewinnen wollen. Sie sind auf kleinste Hinweise angewiesen, auf Funde im Geröll, auf dunkle Schatten im Erdboden, die auf organische Materialien hindeuten, auf Grabbeigaben und natürlich immer wieder auf Tierknochen und Pflanzenreste, die Rückschlüsse auf die Lebensbedingungen der frühen Menschen zulassen. Die Archäologen und ihre Kollegen von der Vor- und Frühgeschichte versuchen uns aus dem Wenigen, das ihnen zur Verfügung steht, ein möglichst plastisches Bild von dem Lebenskampf zu zeichnen, den unsere Vorfahren in ihrer noch kurzen Lebensspanne zu bestehen hatten. Wer einmal einen in der Regel wenig spektakulären Ausgrabungsort besucht hat, wird später mit Hochachtung vermerken, welche Erkenntnisse die Forscher aus dem Wenigen gewinnen konnten.

Wir gehen heute davon aus, dass noch affenähnliche Lebewesen vor etwa 2,5 Millionen Jahren mit der Herstellung von Werkzeugen begonnen haben. Das war der erste wichtige Schritt auf dem langen Weg zum modernen Menschen. Der menschliche Ursprung liegt aber noch viel weiter zurück. Funde in Afrika deuten auf eine Zeitspanne von mindestens fünf Millionen Jahren hin, wenn nicht sogar auf sieben Millionen Jahre oder noch mehr. In Hessen scheinen die ältesten Menschen, der Homo erectus, vor rund 500 000 Jahren gelebt zu haben. Einfache Steinwerkzeuge, die bei Münzenberg in der Wetterau gefunden wurden, werden so datiert. Danach waren die ersten Hessen Jäger und Sammler, die in einfachsten Behausungen lebten, sich, wie in den gängigen Vorstellungen von Steinzeitmenschen, in Felle kleideten und schon das Feuer kannten. Sie jagten mit Fallgruben und Holzlanzen. Damit wagten sie sich selbst an große Tiere heran, wie an Mammut, Bär und Nashorn, die dann mit primitiven Steinwerkzeugen zerlegt wurden. Für die Zeit vor 300 000 bis etwa 100 000 Jahren sind mehrere Siedlungsplätze in Hessen belegt, etwa im nördlichen Vogelsberg, in der Schwalm und in der Waberner Senke. Sie zeigen, dass sich die Jagdgruppen gern an Flussufern niederließen, schon in zeltartigen Hütten wohnten und selbst eiszeitliche Kaltphasen überstehen konnten.

Aus dem Homo erectus entwickelte sich der Neandertaler, der sich in Hessen erstmals vor 120 000 Jahren nachweisen lässt. Besonders gut untersucht ist eine Jagdstation bei Edertal-Buhlen, die auf einem kleinen Vorsprung an der Netze lag und offenbar über einen längeren Zeitraum als Rastplatz diente. Die Werkzeuge aus Kieselschiefer, Karneol und Quarzit wurden dabei im Lauf der Zeit immer weiter verfeinert. Aus Funden außerhalb Hessens wissen wir, dass die Neandertaler schon Bestattungsriten kannten. Ob dabei auch religiöse Vorstellungen eine Rolle spielten, ist allerdings nicht bekannt und wird wohl auch nie mit Sicherheit nachgewiesen werden können.

Vor etwa 35 000 Jahren tauchten in Europa die ersten modernen Menschen auf, die als Cro-Magnon bezeichnet werden. „Der Jetztmensch scheint plötzlich da zu sein", so Lutz Fiedler. Er kam vermutlich wieder aus Afrika. Vor 500 000 Jahren hatten sich die Entwicklungslinien von Mensch und Neandertaler getrennt. Trotzdem unterscheidet sich das Erbgut eines Neandertalers von dem eines modernen Menschen nur um 0,2 Prozent, die aber offenbar so entscheidend waren, dass der Neandertaler ausstarb und sich der moderne Mensch durchsetzte. Zuvor ist es aber noch, wie jüngste Forschungen nachwiesen, zu sexuellen Kontakten zwischen beiden gekommen – allerdings außerhalb Hessens. Diese Vermischung war immer für unmöglich gehalten worden.

Vor 500 000 Jahren hatten sich die Entwicklungslinien von Mensch und Neandertaler getrennt.

Der moderne Mensch entwickelte neue Bearbeitungstechniken für Stein-, Knochen- und Geweihgeräte, er schuf neue Formen von Jagdwaffen, wie eine Speerschleuder, deren Reste in der Wildhaus-Höhle bei Steeden an der Lahn gefunden wurden, er nähte sich Kleidung und betätigte sich, wohl noch in einem sehr bescheidenen Maß, auch künstlerisch. So war er gut gerüstet für die tiefgreifenden klimatischen Änderungen am Ende der letzten Eiszeit.

*„Lichte Birken-Kiefern-Wälder entstehen, und aus einer fast baumfreien Landschaft entwickelt sich eine Parktundra ähnlich der heutigen sibirischen Taiga. Die großen Eiszeitdickhäuter Mammut und Wollnashorn sterben aus, sicher nicht ganz ohne Zutun des Menschen, und Rentierherden, Wildpferdgruppen, aber auch Waldtiere wie Ur und Rothirsch sind die Bewohner dieser Landschaft. Der Mensch reagiert auf diese Umstellung mit Veränderungen von Verhaltensweisen und Techniken … Zugeschnittene und genähte Kleidung, Werkzeugkonstruktionen aus verschiedenen und aufeinander abgestimmten Materialien, verschiedene Wege der Nahrungskonservierung und Vorratshaltung, verschiedenartig perfektionierte Jagdmethoden und Wege des Fischfanges sind*

*Teil der erworbenen Praktiken, deren Kenntnisse jetzt dem Menschen zur notwendigen Flexibilität verhalfen."*[2]

## Neolithische Revolution – Der Mensch wird sesshaft

Zu Beginn der Jungsteinzeit, dem Neolithikum, kam es zu tiefgreifenden Veränderungen, die der Historiker Rolf Gensen als „den wohl bedeutendsten Fortschritt der Menschheitsgeschichte – vergleichbar allenfalls mit der Industrialisierung Mitteleuropas"[3] bezeichnet. Aus Jägern und Sammlern wurden Ackerbauern und Viehzüchter. Was diese Entwicklung in Hessen vor 7000 Jahren auslöste (und damit wesentlich später als im Vorderen Orient), bleibt weitgehend Spekulationen überlassen. Die neue Kultur der Sesshaften scheint sich aber nicht langsam entwickelt zu haben, sie trat bereits in voller Blüte hervor. Das deutet darauf hin, dass sie sich nicht aus der einheimischen Bevölkerung entwickelte, sondern eingewandert war. Zu den Neuerungen gehörten neben dorfartigen Siedlungen mit großen Häusern der Getreideanbau, die Viehzucht und die Herstellung gebrannter Gefäße. Den Hund hatte es schon länger als Haustier gegeben, jetzt kamen Schafe, Ziegen, Rinder und Schweine hinzu, die wohl aus dem Vorderen Orient mitgebracht wurden. Einkreuzungen mit einheimischen Wildrindern und Wildschweinen waren aber keine Seltenheit. Nach dem bandartigen Muster auf ihrem Geschirr werden die ersten Bauern in Hessen „Bandkeramiker" genannt.

Gefäße der Bandkeramiker

Ihre bevorzugten Siedlungsgebiete waren die fruchtbaren Ebenen, auf denen Emmer, Einkorn und Gerste angebaut werden konnten, auf denen Futterpflanzen für die Nutztiere wuchsen und wo Nüsse oder Früchte gesammelt werden konnten. Da Düngung noch unbekannt war, verließen die Familien- oder Stammesgruppen wohl nach einiger Zeit ihre Plätze, um eventuell nach Jahren wiederzukommen. Das Leben muss in dieser Zeit extrem beschwerlich gewesen sein. Die Kindersterblichkeit war hoch, und so betrug die durchschnittliche Lebenserwartung nur 25 Jahre. Erwachsene konnten allerdings auch 40 Jahre oder mehr werden, wenn sie nicht vorher eine der zahlreichen Krankheiten, gegen die man noch keine Mittel kannte, hinweggerafft hatte. Denn die Ernährung war trotz Fleisch, Getreideprodukten und Früchten sehr einseitig. Aus Knochenuntersuchungen wissen wir, dass es einen deutlich erkennbaren Vitaminmangel gab, aus dem typische Krankheiten resultierten. Das tägliche Leben der frühen Bauern dürfte in jeder Hinsicht beschwerlich gewesen sein. Und es kam noch etwas anderes hinzu. In den Gräbern häufen sich Waffen und Werkzeuge zur Herstellung von Waffen als Beigaben. Das deutet darauf hin, dass sich die kleinen Gemeinschaften gegen äußere Feinde verteidigen mussten. Denn im Gegensatz zu den Jägern und Sammlern, die ein Nomadendasein mit leichtem Gepäck führten, hatten die Bauern und Viehzüchter wertvollen Besitz, den sie jetzt verteidigen mussten. Vielleicht haben sich deshalb die auf die Bandkeramiker folgende Rössener Kultur und noch stärker danach die Michelsberger Kultur Wohnplätze gesucht, die sich leichter verteidigen ließen. Erstmals wurden neben Flussauen auch hessische Höhen besiedelt. Die Häuser der Rössener Kultur waren teilweise bis 85 Meter lang und bis zu sieben Meter breit. Die Bauern der Michelsberger Kultur, die durch sogenannte Tulpenbecher charakterisiert wird, begannen damit, gewaltige Erdwerke zu errichten, über deren Funktion noch heftig spekuliert wird. Die Vermutungen reichen von befestigten Dörfern bis zu Kultplätzen. Markante Beispiele fanden sich vor allem im nördlichen Hessen. Dort wurde die Michelsberger Kultur vor etwa 4500 Jahren von der Wartberg-Gruppe abgelöst, die nach einem Fundort bei Kirchberg in Nordhessen benannt ist. Die Menschen dieser Periode errichteten große Steinkammergräber, die über viele Jahre als Beerdigungsort dienten. Die Verstorbenen wurden durch ein „Seelenloch" in die steinerne Grabkiste bugsiert. Die bekannteste Anlage dieser Art ist die Steinkiste von Züschen-Lohne, die in der Länge 20 Meter misst und in der Breite 3,5 Meter. Sie ist mit Zeichnungen geschmückt, die Rinder im Joch darstellen sollen und damit wieder auf die bäuerliche Herkunft der Künstler verweisen. Möglicherweise in einem direkten Zusammenhang mit diesen Steinkammern stehen die großen Menhire („Hinkelsteine"), die bis in die Bronzezeit hinein an verschiedenen Orten in Hessen aufgerichtet wurden und Höhen von über fünf Metern erreichen konnten. Ihre Funktion

Ritzzeichnungen im Steinkammergrab von Züschen (links)

Steinkammergrab von Züschen mit Seelenloch (rechts)

ist bis heute ungeklärt. In früheren Zeiten lieferten die mysteriösen Steine reichlich Material für sagenhafte Erzählungen, die sich oft um Riesen rankten. Denn, so glaubte man, normale Menschen hätten die Quarzit- oder Sandsteinbrocken nie so aufstellen können. Ganz so ungewöhnlich war die Leistung allerdings nicht, wenn man bedenkt, dass zur selben Zeit die Pyramiden von Gizeh entstanden und sich in Mesopotamien schon lange eine faszinierende Schriftkultur entwickelt hatte.
Einen markanten technologischen Fortschritt brachte die Erkenntnis, dass sich aus dem bereits bekannten Kupfer und Zinn im Verhältnis 9:1 Bronze herstellen ließ. Zinn wurde in Hessen allerdings nicht abgebaut.

*„Das bedeutet, dass auch Hessen in das interregionale Netz einer metallenen Rohstoffversorgung einbezogen war. Dies förderte eine überregionale Kommunikation und technologische Innovation und wirkte sich letztlich in den Bereichen Wirtschaft und Gesellschaft sowie Ideologie aus. Nicht nur deshalb gilt die Bronzezeit als Zeit des Handels, des kunstvollen ‚Berufs'-Handwerkers, des prachtvoll gerüsteten Kriegers und prächtig geschmückter Frauen. Ohne dass wir wissen, welcher materielle oder ideelle Gegenwert für die Rohstoffe Kupfer, Zinn, Blei, Bernstein usw. ‚gezahlt' wurde, ist davon auszugehen, dass die wirtschaftliche Grundlage der Bronzezeit Hessens traditionell Ackerbau und Viehzucht blieben. Die bronzezeitliche Gesellschaft wird durch eine*

*zunehmend wirtschaftliche Arbeitsteilung und gesellschaftliche Schichtung gekennzeichnet. Eine graduell absetzbare Oberschicht, besonders gekennzeichnet durch die Betonung militärischer Aspekte – gerne als ‚Adelskrieger' bezeichnet – ist besonders in der Jung- und Spätbronzezeit fassbar, in einer Zeit, in der auch größere und kleinere befestigte Dauersiedlungen mit vielfältigen wirtschaftlichen Funktionen angelegt wurden.“*[4]

Grob unterscheidet man für die Bronzezeit die ältere Adlerbergkultur mit Flachgräbern und Hockerbestattungen, die mittlere Hügelgräberkultur und die jüngere Urnenfelderkultur. Wie schon der Name nahelegt, wird die mittlere Bronzezeit durch große Grabhügel bestimmt, die in ganz Hessen verbreitet waren und sich als markante Geländemerkmale teilweise bis heute erhalten haben. In einzelnen Hügeln haben Archäologen bis zu 24 Gräber nachgewiesen. Eine völlig neue Form der Bestattung entwickelte sich in der späten Bronzezeit. Die Toten wurden nicht mehr gestreckt oder in Hockstellung begraben, sondern verbrannt und in Urnen beigesetzt. Dass die Beerdigungsformen so wichtig wurden für die Unterscheidung einzelner Kulturen, hängt damit zusammen, dass wir den Gräbern mit ihren mehr oder weniger reichen Beigaben wesentliche Erkenntnisse über die damaligen Menschen und ihre Sitten verdanken. Doch ist dabei auch Vorsicht geboten, denn die Gräber von in der Regel hochgestellten Persönlichkeiten vermitteln das Bild einer wohlhabenden Gesellschaft. Wir können aber davon ausgehen, dass der bronzezeitliche Bauer mit seiner Familie zwar dazu beitrug, dass es eine vermögende Oberschicht gab, aber selbst ein eher karges Leben führte. Lediglich aus der späten Bronzezeit haben sich Gräberfelder erhalten, die Urnen ohne oder mit nur spärlichen Beigaben enthalten, also auf einfache Bestattungen hindeuten.

Etwa um 800 v. Chr. begann die Verwendung von Eisen, das in kleinen, aber wirkungsvollen Öfen aus Erzen gewonnen wurde. Eisen diente fortan zur Herstellung von Waffen und anderen Gegenständen, die besonderen Belastungen ausgesetzt waren. Die frühe Phase der Eisenzeit trägt den Namen des Ortes Hallstatt im Salzkammergut. Sie zeichnet sich u. a. dadurch aus, dass es zu prunkvollen Bestattungen von Angehörigen der Oberschicht kam. Ein Beispiel dafür ist das Wagengrab von Offenbach-Rumpenheim, in dem ein etwa fünfzigjähriger Mann zusammen mit einem hölzernen Wagen und weiteren Beigaben bestattet wurde. Der rekonstruierte Prunkwagen ist im Offenbacher Stadtmuseum zu sehen. Wahrscheinlich wurden in der Hallstattzeit in Hessen schon Höhenkuppen mit Ringwällen als Siedlungs- oder Rückzugsplätze befestigt.

## Der Keltenfürst vom Glauberg

Etwa um 500 vor der Zeitenwende trat in Hessen eine Bevölkerungsgruppe auf, die nicht mehr nach ihren Bestattungssitten oder den Formen ihrer Keramik benannt wird, sondern bei griechischen und römischen Geschichtsschreibern „Kelten“ bzw. „Gallier“ heißt. Mit ihnen beginnt die späte Eisenzeit oder La-Tène-Zeit (nach einem Fundort am Neuenburger See). Als Kernland der Kelten gilt das südliche Mitteleuropa, aber auf ihren Wanderungen und Kriegszügen kamen sie bis nach Spanien, in die Türkei, nach Italien, Frankreich und den Britischen Inseln. Die Kelten hatten keine eigene Schrift. Ihre Überlieferung, vor allem von religiösen Bräuchen und Mythen, erfolgte mündlich. Schon deshalb haben sich von den Kelten in Hessen keine Stammesnamen erhalten. Aus zahlreichen Funden im mittleren und südlichen Hessen wissen wir, dass besonders zum Mittelmeerraum intensive Handelsbeziehungen unterhalten wurden. Von dort kamen u. a. Schmuck und edle Gefäße. Der wichtigste Fundort in Hessen und wohl auch darüber hinaus ist der Glauberg bei Büdingen, der vom 5. Jahrtausend v. Chr. bis ins hohe Mittelalter besiedelt war. In frühkeltischer Zeit umgab ihn eine Mauer aus Holz, Steinen und Erde. Das deutet darauf hin, dass der Glauberg in dieser Zeit schon ein Fürstensitz war. Am Fuß und im Vorfeld des Berges wurden ein großer Grabenring um einen (unterdessen verflachten) Hügel und eine zehn Meter breite ‚Straße‘ entdeckt, die über 350 Meter Länge zum Hügel führt. Die beteiligten Wissenschaftler deuten die Anlage als frühkeltisches Zentralheiligtum mit Prozessionsstraße aus dem fünften vorchristlichen Jahrhundert. Im Inneren des ursprünglich sechs bis sieben Meter hohen Hügels wurden zwei mit Schmuck und Waffen üppig ausgestattete Gräber aufgedeckt, die zu den reichsten in ganz Mitteleuropa zählen. Aber die eigentliche Sensation fand sich nicht in den Grabhügeln, sondern nordwestlich davon in einem Graben. Es war die lebensgroße, aus Sandstein gearbeitete Statue eines keltischen Kriegers mit einer sogenannten Blattkrone. Nur die Füße fehlten. Außerdem fanden sich Bruchstücke von drei weiteren Statuen. Kleidung, Schmuck und Bewaffnung, die auf der Statue dargestellt werden, ähneln der Ausstattung der Toten in den beiden Gräbern. „Es könnte sich“, vermutet Fritz-Rudolf Herrmann, der die Ausgra-

Die Statue des Keltenfürsten

bungen leitete, „um vergöttlichte Ahnherren, Heroen, handeln, oder es waren Götterbilder dargestellt". In ihrem zeitlichen Umfeld seien sie „als vollplastische, freistehende Bildwerke einzigartig. Etwa zeitgleiche Darstellungen, von denen es sowieso nur fünf Beispiele gibt, sind blockhafte Sitzstatuen oder Pfeilerdenkmäler mit menschlichen Attributen"[5]. Als Grundlage für den Reichtum der Keltenfürsten vom Glauberg vermutet Herrmann die Salzgewinnung in dem nur 20 Kilometer entfernten Bad Nauheim. Das aus Sole gewonnene Salz war eine begehrte Handelsware. Das Herrschaftsgebiet der Keltenfürsten könnte sich „von Fulda/Werra im Norden bis zum Neckar im Süden, vom Rhein im Westen bis zum Thüringer Wald im Osten"[6] erstreckt haben. Das jedenfalls legen Honigreste nahe, die aus einer im ersten Grab gefundenen Schnabelkanne stammen. Am Glauberg ist die Gesamtanlage unterdessen rekonstruiert worden, ein neu gebautes Museum präsentiert die Funde.

Der Kopf des Keltenfürsten mit der typischen Blätterkrone

In der späten La-Tène-Zeit kam es zu einem weiteren kulturellen Höhepunkt. Nach dem Vorbild der großen Städte im Mittelmeerraum entstanden die keltischen „Oppida". Das waren befestigte Stadtanlagen auf Bergen, die bis zu 30 000 Menschen aufnehmen konnten. Die bedeutendsten Keltenstädte in Hessen waren das Heidetränk-Oppidum bei Oberursel, wiederum der Glauberg, die Dornburg bei Frickhofen, der Dünsberg bei Gießen, die Milseburg in der Rhön, die Altenburg bei Niedenstein und die bisher kaum erforschte Amöneburg. In den mit Mauern und Wällen gesicherten Anlagen entwickelte sich eine städtische Zivilisation mit Handel, Handwerk, Gerichtsbarkeit und Münzwesen. Außerdem dienten die Oppida der Landbevölkerung als eine Art Fluchtburg in Kriegszeiten. Das erklärt auch die gewaltigen Dimensionen der keltischen Städte. So umschloss das Heidetränk-Oppidum eine größere Fläche als das frühneuzeitliche Frankfurt. Diese spätkeltischen Städte wurden spätestens im ersten vorchristlichen Jahrhundert verlassen. Denn die Kelten hatten zwar eine aristokratisch geprägte Stammesordnung, aber ihr Interesse zielte nicht darauf, größere Verbände oder gar Staaten zu bilden. Den von der Elbe und Oder einwandernden Germanen scheinen sie wenig entgegengesetzt zu haben. Der Umschwung zur germanischen Prägung müsse, so Albrecht Jockenhövel, „sehr kurzfristig, innerhalb einer Generation, erfolgt sein, so dass er mit archäologischen Zeitmitteln kaum erfasst werden kann"[7]. Da weder Kelten noch Germanen über eine Schriftkultur verfügten, wird es für immer im Dunklen bleiben, wie sich die germanische Landnahme wirklich abspielte. Wahrscheinlich sind Überlagerungen. Aus ‚Restkelten' und Germanen dürften neue Stammesver-

Die Milseburg in der Rhön

bände entstanden sein. Eine deutliche Trennung zwischen Kelten und Germanen, wie sie die römischen Geschichtsschreiber nahelegen, dürfte es nicht gegeben haben, dafür aber keltogermanische Verbände, in denen die germanischen Kultureinflüsse immer stärker wurden. Im ersten nachchristlichen Jahrhundert wurde das nördliche Hessen durch weitere Wanderungsbewegungen Teil des rhein-weser-germanischen Kulturkreises. Jetzt tauchten in dem Gebiet zwischen Eder, Schwalm und Fulda auch erstmals die Chatten auf, von denen Hessen seinen Namen erhalten haben könnte. Für den römischen Geschichtsschreiber P. Cornelius Tacitus waren sie als edle Wilde das positive Gegenbild zu der von ihm als dekadent empfundenen römischen Gesellschaft. Entsprechend vorsichtig muss man seinen Bericht beurteilen.

*„Die Menschen des Stammes haben kräftigere Körper, straffe Glieder, drohenden Blick und größere geistige Kraft. Für Germanen zeigen sie viel Berechnung und Geschick: sie setzen ausgesuchte Leute an die Spitze und hören auf diese Vorgesetzten, sie kennen geordnete Verbände, bemerken günstige Umstände, schieben Angriffe auch einmal auf, regeln den Tagesablauf, verschanzen sich für die Nacht, sie sehen das Glück als unbeständig und nur die Tapferkeit als sicher an, und – was höchst selten ist und eigentlich nur römischer Kriegszucht eingeräumt wird – sie legen mehr Gewicht auf die Führung als auf das Heer … In allen Kämpfen liegt bei ihnen die Eröffnung, sie bilden immer die vorderste Reihe, unheimlich anzusehen; denn auch im Frieden nehmen sie kein sanfteres Aussehen an. Keiner hat ein Haus oder einen Acker oder etwas, wofür er*

*sorgte; wie sie gerade zu einem jeden kommen, werden sie verpflegt, Verschwender fremder Habe, Verächter eigenen Besitzes, bis das kraftlose Alter sie zu solch hartem Kriegertum untauglich macht."*[8]

Zumindest im letzten Punkt hatte Tacitus, der Germanien nicht aus eigener Anschauung kannte, Unrecht. Wir wissen zwar nur wenig über die sozialen und gesellschaftlichen Verhältnisse der Chatten, aber immerhin so viel: „Der überwiegende Teil der Chatten lebte in Weilern und Gehöften", wie etwa die großflächigen Ausgrabungen bei Geismar in der Nähe von Fritzlar zeigten. Aber „regelrechte Dörfer mit mehreren hundert Einwohnern gehörten zu den Ausnahmen"[9]. Große Stadtanlagen wie noch bei den Kelten waren ganz unbekannt.

## Chatten und Römer

Die Chatten hatte Tacitus nicht nur deshalb so genau beschrieben, weil er sie als positives Beispiel herausstellen wollte, er sah in ihnen auch ernsthafte Gegner der römischen Militärmacht. Mit der Eroberung Galliens durch Caesar im Jahr 51 v. Chr. wurde der Rhein die nordöstliche Grenze des Römischen Reichs. Der Einfall von Germanenstämmen in das römische Gallien im Jahr 16 v. Chr. veranlasste Kaiser Augustus, gegen die rechtsrheinischen Germanen vorzugehen. Er ließ mehrere große Militärbasen am Rhein errichten, darunter auch Mogontiacum (Mainz). Von dort überschritt 9 v. Chr. der kaiserliche Stiefsohn Drusus mit seinen Soldaten den Rhein und erreichte trotz heftiger Gegenwehr der Germanen, auch der Chatten, noch im selben Jahr die Elbe. Allerdings starb er bald an den Folgen eines Unfalls. Sein Bruder Tiberius setzte den Feldzug fort, aber ohne zu anhaltenden Erfolgen zu gelangen. Trotzdem ließ sich Tiberius in Rom als Triumphator feiern. Er glaubte, die Germanen in Verträge einbinden zu können, aber das sollte sich als folgenschwerer Irrtum erweisen. Denn 9 n. Chr. vernichtete ein germanisches Heer, dem sich auch Chatten angeschlossen hatten, die 17., 18. und 19. römische Legion unter Quintilius Varus, höchstwahrscheinlich bei Kalkriese. Damit war auch der römische Traum einer rechtsrheinischen Provinz zunächst geplatzt. In Waldgirmes, heute ein Stadtteil von Lahnau, hatten die Römer schon vor der Zeitenwende damit begonnen, mitten in germanischem Gebiet eine Stadt aufzubauen, die auch zivile Verwaltungsaufgaben wahrnehmen

Mit der Eroberung Galliens durch Caesar im Jahr 51.v. Chr. wurde der Rhein die nordöstliche Grenze des Römischen Reichs.

sollte. Bei Ausgrabungen in Waldgirmes wurden in einem Brunnen Teile einer monumentalen Reiterstatue gefunden, die höchstwahrscheinlich Kaiser Augustus zeigte. Mit der Niederlage des Varus wurde auch Waldgirmes aufgegeben, allerdings blieben einzelne rechtsrheinische Militärstützpunkte als Brückenköpfe erhalten, darunter Kastel, Friedberg und Rödgen bei Bad Nauheim. Sie waren zum Teil mit einheimischen Milizionären besetzt und bildeten ab 14 n. Chr. die Basis für die ‚Rache'-Feldzüge des Germanicus. Der Neffe des Tiberius, der unterdessen die Nachfolge von Kaiser Augustus angetreten hatte, soll dabei den chattischen Hauptort Mattium zerstört haben. Die Suche nach den archäologischen Überresten von Mattium ist aber bis heute erfolglos geblieben. Bereits zwei Jahre später ließ Tiberius die verlustreichen Kämpfe abbrechen. Nur kurz danach starb Gemanicus, der gleich mit drei Ehrenbögen gefeiert wurde. Einer davon wurde in (Mainz-)Kastel errichtet. Das Fundament davon hat sich erhalten.

Nach mehreren Kriegen gegen die Germanen waren die Römer nur wenig weitergekommen. Zwar verfügten sie über einen respektablen Brückenkopf und damit auch über die heißen Quellen der Mattiaker, eines germanischen Stammes direkt gegenüber von Mainz, aber die Gefahr von germanischen Einfällen war nicht gebannt, und eine neue rechtsrheinische Provinz schien in weite Ferne gerückt. Welche Gefahren an der Rheingrenze lauerten, mussten die Römer im Jahr 69 erfahren, als der niederrheinische Statthalter Vitellius gegen Kaiser Nero rebellierte. Mehrere germanische Stämme erhoben sich, darunter die Chatten, und belagerten Mainz. Zwar konnte der neue Kaiser Vespasian sein Legionslager retten, aber es wurde immer deutlicher, dass die Rheingrenze ohne starke Truppen nicht zu halten war. Um weiteren Angriffen zuvorzukommen, entschloss sich Kaiser Domitian im Jahr 83 zum Angriff auf die Chatten.

Die Chatten waren keine bis an die Zähne bewaffneten Krieger, wie es Tacitus nahelegte, sondern eher schlecht ausgerüstete Bauern, die in offener Feldschlacht gegen die Römer keine Chance hatten. Sie versuchten es deshalb mit einer Art Guerillataktik, also plötzlich aus dem Hinterhalt anzugreifen und genauso plötzlich wieder zu verschwinden. Die römischen Soldaten und ihre Hilfstruppen fanden dagegen kein Rezept. Außerdem wurde ihre Zahl immer geringer, weil in der südosteuropäischen Provinz Moesia dringend Truppen benötigt wurden. „An ein Weiterführen des Krieges gegen die Chatten war nicht mehr zu denken", schreibt der frühere Leiter des Saalburgmuseums, Dietwulf Baatz: „Es trat ein historischer Wendepunkt ein: War bisher die Rheingrenze von größter militärischer Bedeutung für das Reich gewesen, so wurde von nun an die Donaugrenze zum neuen Schwerpunkt. Am Rhein musste sich der Kaiser mit einem enttäuschend geringen Gebietszuwachs begnügen."[10]

## Der Limes und die Saalburg

Vielleicht schon im Jahr 85, spätestens jedoch um 90 gründete Domitian trotzdem die Provinz Germania Superior (Obergermanien) mit Mainz als Hauptstadt. Zum Schutz der neuen Provinz, die rechtsrheinisch den Taunuskamm, große Teile der Wetterau und das Gebiet zwischen Main und Neckar umfasste, ließ der Kaiser die Grenze mit Sichtschneisen und hölzernen Wachtürmen sichern. Erst in den folgenden Jahrzehnten wurde der Limes mit Palisaden aus Holzpfählen verstärkt, später kamen noch Wall und Graben hinzu. Trotzdem war der Limes, der sich vom Rhein an den Main zog und dann weiter in das Donaugebiet, nie eine Befestigung, die germanische Einfälle hätte abhalten können oder wollen. Der Limes schützte die provinzrömische Bevölkerung vor räuberischen Übergriffen und regelte den Austausch mit den germanischen Gebieten. Mehr aber auch nicht, obwohl in regelmäßigen Abständen kleine und größere Kastelle mit militärischer Besatzung standen. Das bekannteste davon ist die Saalburg, die einer Kohorte, also bis zu 1000 Soldaten, Platz bot. Wie viele römische Überreste wurde auch die Saalburg später von der örtlichen Bevölkerung als Steinbruch benutzt. Der hessen-homburgische Regierungsrat Elias Neuhof schrieb 1777:

*„Eine andere Römische Schanze verdienet vorzüglich hier angemerkt zu werden. Sie hat den Namen Saalburg, und ist nicht weit von dem Weg, der von Homburg über das Gebürg nach Usingen gehet. Es ist ein großer viereckigter Platz, der mit einem tiefen Graben und Aufwurf umgeben, an dem Paß aber mit dergleichen doppelt verwahret und noch deutlich zu sehen ist. In den ältern Zeiten ist auch solcher mit einer Mauer eingeschlossen gewesen, da man aber in den neuern die Steine nach und nach aufgebrochen, und zu dem Herrschaftlichem Schloß- und reformirten Kirchenbau etc. beyfahren lassen."*[11]

Erst 1818 wurde die Steingewinnung verboten. Und 1870 begannen die Grabungen. Um die Jahrhundertwende engagierte sich dann Kaiser Wilhelm II. für

Nachricht
von den
Alterthümern
in der
Gegend und auf dem Gebürge
bey
Homburg vor der Höhe
mitgetheilt, und mit accuraten Zeichnungen
versehen
von
Elias Neuhof,
Fürstlich Hessen-Homburgischen Regierungsrath.

Hanau,
Druck und Verlag des Ev. reform. Waisenhauses.
1777.

Die kleine Schrift von Elias Neuhof mit der Erwähnung der Saalburg

die Idee, das Grenzkastell auf dem alten Grundriss neu zu errichten. 1907 wurde die Saalburg eingeweiht. Sie beherbergt heute eines der faszinierendsten (Freilicht-)Museen Deutschlands.
Der Limes, den die UNESCO zum Weltkulturerbe erklärt hat, schützte auf seinen 180 Kilometern über hessisches Gebiet drei römische Verwaltungseinheiten: die Civitas Mattiacorum mit Wiesbaden als Hauptort, die Civitas Taunensium um (Frankfurt-)Nida und die Civitas Auderiensium mit Dieburg als Mittelpunkt.

Haupteingang der Saalburg

In dem weitgehend friedlichen 2. Jahrhundert wurde der rechtsrheinische Teil der Provinz Obergermanien zu einer kleinen multikulturellen Gesellschaft, in der römische Soldaten, Angehörige ihrer Hilfstruppen, aus Gallien eingewanderte Kelten und Germanen zusammenlebten. „Gleichzeitig florierten unter römischer Kontrolle Wirtschaft und Handel in beachtlichem Maß", schreibt Margot Klee in ihrem Buch über den römischen Limes in Hessen. „Im Hinterland der Städte entstanden besonders in der Wetterau zahlreiche *villae rusticae* (Gutshöfe), deren Besitzer ihre Überschüsse an das Heer oder auf den Märkten der benachbarten Städte verkauften. Den zunehmenden Reichtum belegen immer luxuriöser ausgestattete Gebäude sowie die seit dem 2. Jahrhundert häufigeren Weihungen."[12]

Die Römer ließen Straßen und Brücken bauen, legten Wasserleitungen an, führten zahlreiche Verbesserungen in der Landwirtschaft ein und verteilten großzügig ihr Bürgerrecht. Aber der Frieden war trügerisch. Denn das römische Weltreich war von allen Seiten bedroht und lähmte sich immer wieder selbst durch interne Machtkämpfe. Als im Jahr 233 Truppen aus Obergermanien abgezogen wurden, um sie an der östlichen Grenze einzusetzen, nutzte der neue germanische Stammesverband der Alamannen die Gunst der Stunde und überrannte zum ersten Mal den Limes. Noch einmal gelang es den römischen Truppen, die Germanen zurückzuschlagen, aber um 260 war der nördliche Teil des Limes nicht mehr zu halten. Unter dem Druck der Alamannen sahen sich die Römer gezwungen, ihre Grenze an den Rhein zurückzuverlegen. Trotzdem blieben einzelne Brückenköpfe und vor allem Handelskontakte erhalten. So ließ Kaiser Konstantin zwischen 328 und 337 Granit aus dem Felsenmeer im Odenwald zum Bau seiner Basilika in Trier verwenden. Erst nach 400 brach die römische Rheingrenze zusammen. Der beginnenden germanischen Völkerwanderung war das wankende Weltreich nicht mehr gewachsen.

Rekonstruierter Limes-Wachturm in Lorch

## Alamannen und Franken

Die Alamannen waren von der Elbe her gekommen und füllten das Machtvakuum, das die Römer hinterlassen hatten. Sie wurden von Königen regiert, die in Hessen zum Beispiel auf dem Dünsberg und auf dem Glauberg saßen. Sie konnten ihren Herrschaftsbereich bis in das Elsass und in die Nordschweiz ausdehnen, ehe sie selbst von einem mächtigeren Gegner verdrängt wurden.

Denn vom Niedergang des Römischen Reichs hatten nicht nur die Alamannen profitiert, sondern auch weitere germanische Stämme, die von den Römern als „franci" bezeichnet worden waren und zunächst zwischen dem Niederrhein und der Weser gesiedelt hatten. Sie errichteten kleine, unabhängige Königreiche. Einer dieser Stämme waren die Merowinger, die unter ihrem König Chlodwig das Land zwischen Somme und Loire in ihren Besitz brachten. 496 besiegten die Merowinger die Alamannen und eroberten damit den rechtsrheinischen Teil der ehemals römischen Provinz Obergermanien. Zwei Jahre später ließ sich Chlodwig in Reims christlich taufen. 531 unterwarf Chlodwigs Sohn Theuderich I. die Thüringer, die den Nordosten Hessens beherrscht hatten. Damit dürften auch die Chatten, von denen wir seit dem 3. Jahrhundert keine Nachrichten mehr besitzen, fränkische Untertanen geworden sein. Aber das Merowingerreich, das unterdessen in einen östlichen Teil (Austrien) und einen westlichen (Neustrien) zerfiel, wurde von inneren Kämpfen erschüttert. Nicht der König, sondern seine Statthalter in den beiden Reichsteilen, die „Hausmeier", waren die wirklich Mächtigen. Schließlich konnte sich der Hausmeier Austriens, Pippin der Mittlere, durchsetzen. Damit hatte er die Vormachtstellung seines Geschlechts gesichert. 751 schickte Pippin der Jüngere den letzten merowingischen Schattenkönig ins Kloster und setzte sich selbst auf den Thron.

## Bonifatius – der Apostel der Deutschen

Gegen Ende des 7. Jahrhunderts war dem fränkischen Hessen eine neue Bedrohung erwachsen. Um 690 hatten die benachbarten Sachsen das Diemelgebiet unter ihre Kontrolle gebracht und unternahmen immer wieder Vorstöße in das östliche Grenzland des Frankenreichs. Der schmalen fränkischen Oberschicht fiel es zu, die Angriffe abzuwehren und die Herrschaftsstrukturen zu festigen. Dazu bot sich der christliche Glaube als einigendes Band an. Zwar missionierten die Bischöfe von Worms, Mainz und Trier schon länger, aber die Bevölkerung hing ihren alten heidnischen Bräuchen weiter an. Die entscheidende Wende brachte ein angelsächsischer Missionar, der zwischen 672 und 675 im englischen Wessex geboren worden war. Eigentlich hieß er Winfried oder Winfryth. 719 erhielt er von Papst Gregor II. den Namen Bonifa-

Bonifatius beim Fällen der Donareiche

tius und den Auftrag, unter den Franken zu missionieren. Bonifatius erkannte schnell, dass es mit der fränkischen Kirchenorganisation nicht zum Besten stand. Hier setzten seine Reformbemühungen an. Und er hatte noch ein weiteres, sehr viel größeres Ziel. Er wollte zum erfolgreichen Mittler zwischen dem Papst und dem fränkischen Königtum werden. Das ist ihm zwar gelungen, aber doch auf andere Weise, als er es sich erhofft hatte. Mit Argwohn verfolgte er am Ende seines Lebens, wie der Papst dem Staatsstreich von Pippin seinen kirchlichen Segen erteilte.

Das Grab des Bonifatius im Fuldaer Dom (rechts)

Torreste der fränkischen Festung auf dem Büraberg (links)

721 war Bonifatius nach Hessen gekommen und hatte seine Missionstätigkeit in der fränkischen Festung Amöneburg begonnen. 723 fällte er die dem Gott Donar geweihte Eiche bei Geismar. Ob er das selbst getan hat oder ob er fällen ließ, spielt dabei keine Rolle. Wichtiger ist, dass eine fränkische Garnison bereitstand, um ihn notfalls zu schützen. Aus dem Holz der Eiche ließ er im nahen Fritzlar eine kleine Kirche bauen. 725 dehnte er seine Missionstätigkeit auch auf das benachbarte Thüringen aus. 732 wurde er zum Erzbischof ernannt und durfte nun selbst Bischöfe weihen und Bistümer einrichten. Als Sitz seines ersten Bistums in Hessen wählte er 741 die fränkische Festung Büraburg, ganz in der Nähe des Ortes, wo er die Donareiche gefällt hatte. Sein Versuch, die östlichen Bistümer in einer Kirchenprovinz unter seiner Leitung zusammenzufassen, scheiterte allerdings. Bonifatius wurde mit dem Titel eines „päpstlichen Legaten für das deut-

Die Ruine der Bad Hersfelder Stiftskirche, in der heute die jährlichen Festspiele stattfinden

sche Missionsgebiet" und dem Bistum Mainz abgefunden, in das er Büraburg eingliederte. Im hohen Alter von etwa 80 Jahren brach er noch einmal auf eine Missionsreise zu den Friesen auf. In Dokkum wurde er am 5. Juni 754 gemeinsam mit seinen Gefährten ermordet. Sein besonderer Wunsch war es gewesen, in seinem Lieblingskloster Fulda begraben zu werden. Und so geschah es auch. Sein Schüler Sturmius hatte das Kloster 744 in einer „Einöde von ungeheurer Weltverlassenheit" gegründet, wie Bonifatius 751 an Papst Zacharias schrieb. So weltverlassen war der Ort allerdings nicht gewesen, denn er lag an einer wichtigen Wegkreuzung. Archäologische Untersuchungen zeigten, dass dort vorher eine stattliche merowingische Hofanlage gestanden hatte.
Nachfolger von Bonifatius auf dem Mainzer Bischofsstuhl wurde sein Schüler und Landsmann Lull, der um 770 in Hersfeld ein weiteres Kloster gründete, weil ihm der Zugriff auf Fulda versagt blieb.

## Die Klöster Fulda und Lorsch

Die rasch einsetzende Bonifatius-Verehrung machte Fulda zu einem besonders attraktiven Kloster, das bald 600 Mönche zählte. Bereits vier Jahre nach der Gründung, 748, war eine Klosterschule eingerichtet worden, an der unter anderen der spätere Biograph Karls des Großen, Einhard, seine Erziehung erhielt. Der 780 in Mainz geborene Universalgelehrte Rabanus Maurus machte sie Anfang des 9. Jahrhunderts zum kulturellen Zentrum des Fränkischen Reichs. Vor allem in seiner Zeit als Fuldaer Abt (822–842) zog das Kloster bedeutende Schüler an.

*„So ist Fulda die geistige Heimat zweier der bedeutendsten Männer der Jahrhundertmitte, des besten Lateiners seiner Zeit, Walahfrid Strabo von der Reichenau, und des bedeutsamsten deutschen Dichters, Otfried von Weißenburg. So knüpfen die drei großen Werke der mittleren Karolingerzeit: Tatian, Heliand, Otfrieds Evangeliengedicht an Fulda an. Sie bezeugen die Mittelstellung Fuldas im geistigen Getriebe des 9. Jahrhunderts. In neuer Weise war so das Kloster seiner alten Pflicht treu geblieben, Kreuzungspunkt zu sein für die Wege von Westen nach Nordosten und Südosten."*[13]

Von herausragender Bedeutung war das Kloster auch deshalb, weil in seinem Skriptorium wichtige Werke von der Antike bis zur Gegenwart abgeschrieben wurden. Auf diese Weise ist auch die „Germania" des Tacitus und ein Fragment des ältesten germanischen Heldenliedes, des „Hildebrandlieds", überliefert worden. Die Fuldaer Klosterschule konnte lange ihre Bedeutung wahren. Noch Ulrich von Hutten wurde dort unterrichtet.

Ein ebenso bedeutendes geistiges Zentrum wie Fulda war auch das Kloster Lorsch, von dem heute noch die sogenannte Königshalle oder Torhalle zeugt. Auch das ehemalige Klosterareal gehört heute, wie der Obergermanisch-Raetische Limes, zum Weltkulturerbe. Gestiftet wurde das Kloster um 764 von dem Grafen im Oberrheingau Cancor aus dem Adelsgeschlecht der Rupertiner. 772 übertrug die Familie das Kloster an Karl den Großen und damit an den Sohn und Nachfolger Pippins. Der Frankenherrscher revanchierte sich und erhob Lorsch, wie wenig später auch Fulda, zur Reichsabtei. Mit den Klöstern, die unter seinem Schutz standen, schuf sich Karl der Große an wichtigen Orten seines Reiches neben den Pfalzen weitere Zentren weltlicher und geistlicher Macht. Karl der Große hielt sich gern in Lorsch auf, ebenso wie in seiner Pfalz in Ingelheim oder in Frankfurt.

Die 820–822 von Abt Eigil errichtete Fuldaer Michaelskirche

Zu den Aufgaben des Klosters zählten: „der Gebetsdienst für den Herrscher, die Dynastie und das Reich, jährliche Abgaben und – was uns Heutigen zu Recht

Wir sehen noch heute Karl den Großen, den schon seine Zeitgenossen ,Vater Europas' nannten, mit den Augen Einhards.

fremd anmutet – die Gewährleistung militärischer Dienste. Zwei weitere Aufgaben treten hinzu: Erschließung und Kultivierung neuer Siedlungsräume im nahegelegenen Odenwald ... und schließlich eine Aufgabe, die uns erst durch die jüngere Forschung immer deutlicher vor Augen tritt: die Rolle Lorschs als eines Zentrums der Verdichtung und der Vermittlung von Wissen"[14]. Dazu diente auch, wie in Fulda, das Skriptorium, in dem Handschriften von antiken Autoren kopiert wurden. Von besonderer Bedeutung für Lorsch waren die reichen Schenkungen, die das Kloster zu einem der größten rechtsrheinischen Grundbesitzer machte. So übereignete Einhard, der als Laienabt sieben Klöstern vorstand, 819 die Mark Michelstadt der Reichsabtei.

Einhard war um 770 in Mainfranken geboren worden. Für die Jahre 788 bis 791 ist belegt, dass er im Kloster Fulda Urkunden kopierte. Dabei fiel er als so begabt auf, dass ihn der Abt Baugulf nach Aachen an den Kaiserhof schickte. Damit begann sein steiler Aufstieg bis zum engsten Berater Karls des Großen. 815 schenkte ihm der Kaiser die Güter Michelstadt und Mühlheim, das spätere Seligenstadt. An beiden Orten erbaute Einhard eindrucksvolle Kirchen, für die er auf abenteuerliche Weise Reliquien aus Rom beschaffen ließ. 830 zog er sich vom Hof zurück und starb am 14. März 840 als Abt des von ihm gegründeten Klosters Seligenstadt. Einhard verdanken wir vor allem eine Lebensbeschreibung Karls des Großen, die „Vita Karoli Magni", ein Werk, so der Einhard-Kenner Josef Fleckenstein, „das nach Form und Gehalt vom antiken Erbe zehrt, ein Zeugnis der Bildungsbemühungen des Karlshofes, das die Geschichtsschreibung der Zeit auf eine neue, höhere Stufe hebt. Wir sehen noch heute Karl den Großen, den schon seine Zeitgenossen ,Vater Europas' nannten, mit den Augen Einhards"[15].

## Rupertiner und Konradiner

Die Rupertiner sind uns bereits begegnet als Gründer des Klosters Lorsch. Sie waren ein mächtiges Adelsgeschlecht, das aus dem westlichen Franken stammte, aber in Südhessen, in der Wetterau und an der Lahn Ländereien besaß. In den Kämpfen nach dem Tod König Ludwigs des Frommen im Jahr 840 hatten sie wenig Glück. Sie stellten sich gegen dessen Sohn Ludwig den Deutschen und verloren ihren Besitz in Hessen. Im Vertrag von Verdun 843 wurde das Fränkische Reich geteilt. Ludwig der Deutsche, der Enkel Karls des Großen, erhielt das Ostreich mit Frankfurt als zentralem Ort.

In die Nachfolge der Rupertiner traten die Konradiner, deren Kernland um Limburg, Weilburg und Wetzlar lag. Als im Kampf mit den sächsischen Liudolfingern 892 König Arnulf die Oberhand behielt, mussten die Sachsen das Herzogtum Thüringen an die Konradiner abtreten, die nun zu den führenden Geschlechtern des Ostreichs zählten. Welchen Rang sie unterdessen einnahmen, wurde 911 nach dem Tod des gerade achtzehnjährigen Königs Ludwig deutlich. Mit Unterstützung des ihm wohlgesonnenen Mainzer Erzbischofs Hatto wurde der Konradiner Konrad I. zum deutschen König gewählt. Dem neuen Herrscher gelang es aber nicht, sich im Reich durchzusetzen. Besonders die Sachsen machten ihm das Leben schwer. Schon nach sieben Jahren starb er. Zuvor aber hatte er einen bemerkenswerten Schritt unternommen, jedenfalls wenn man dem sächsischen Geschichtsschreiber Widukind von Corvey glaubt. Auf dem Sterbebett nämlich soll er nicht seinem Bruder die Nachfolge angeboten haben, sondern seinem ärgsten Feind, dem Sachsen Heinrich:

*„Wir können, Bruder, Truppen und Heere aufbieten und anführen, wir haben Burgen und Waffen nebst den königlichen Insignien und alles, was die königliche Würde erheischt; nur kein Glück und keine Eignung. Das Glück, mein Bruder, samt der herrlichsten Befähigung ist Heinrich zuteil geworden, die Entscheidung über das Gemeinwesen liegt in der Sachsen Hand. Nimm darum diese Abzeichen, die heilige Lanze, die goldenen Spangen, nebst dem Mantel, das Schwert und die Krone des alten Königs, gehe hin zu Heinrich und mache Friede mit ihm, damit du an ihm für immer einen Verbündeten hast. Denn warum soll das Frankenvolk samt dir vor Heinrich hinsinken? Er wird in Wahrheit König sein und Befehlshaber zahlreicher Heeresaufgebote.“*[16]

In der Tat wurde der Sachse Heinrich 919 in Fritzlar als Heinrich I. zum deutschen König gewählt. Konrads Bruder Eberhard, der Herzog der Franken war, und der neue König standen loyal zueinander. 926 erhob Heinrich I. den Konradiner Hermann zum Herzog von Schwaben.

## Die Heilige Elisabeth

Das ostfränkische und später deutsche Königreich war in viele kleine Grafschaften aufgeteilt, die von einer adligen Oberschicht beherrscht wurden. Diese führenden Familien wiederum heirateten untereinan-

der, so dass sich vielfältige verwandtschaftliche Beziehungen ergaben. Durch Erbfälle konnte sich so bei einzelnen Adelssippen erheblicher Grundbesitz ansammeln. Ein Beispiel dafür sind die Thüringer Grafen, die im 12. Jahrhundert durch geschickte Heiraten und glückliche Erbschaften nicht nur über ihr Stammland, sondern auch fast über das gesamte nördliche Hessen regierten. Seit 1130 durften sie den Titel „Landgraf" tragen.
Ihre härtesten Konkurrenten waren die Mainzer Erzbischöfe, die als Erzkanzler eine ganz besondere Stellung im Reich einnahmen. Der Konflikt zwischen Mainz und Thüringen (später Hessen) bestimmte die Geschichte (Nord-)Hessens über Jahrhunderte.
Die Landgrafen, zu deren Besitz auch Kassel und Marburg gehörten, regierten von der Wartburg aus. Dort hatte Hermann I. einen Musenhof mit weiter Ausstrahlung begründet. Die Bedeutung der Thüringer war so gewachsen, dass der Landgraf erfolgreich für seinen Sohn um die ungarische Königstochter Elisabeth werben konnte. Bereits mit vier Jahren wurde Elisabeth zunächst seinem ältesten Sohn versprochen und nach dessen Tod dem designierten Thronfolger Ludwig. 1221 und damit im Alter von 14 Jahren heiratete sie den seit 1217 regierenden Landgrafen Ludwig IV., der auch nur sieben Jahre älter als sie war. In kurzen Abständen gebar sie drei Kinder, ehe Ludwig im September 1227 bei einem Kreuzzug starb.

Die Heilige Elisabeth, Stich von 1835

Elisabeth war tief geprägt von den Armuts- und Barmherzigkeitsgedanken des gerade heiliggesprochenen Franz von Assisi. Schon nach der Geburt ihres ersten Kindes wandte sie sich von den höfischen Idealen ab und suchte Erfüllung in Buße, Bedürfnislosigkeit und Dienst am Nächsten. Unterstützt und angehalten wurde sie dabei von einem der einflussreichsten Kleriker ihrer Zeit, dem Kreuzzugs- und Ketzerprediger Konrad von Marburg. Er vermittelte ihr seine sozialrevolutionären Ideen, die sich gegen die Verschwendungssucht des höfischen Lebens wandten und die Ausbeutung der Landbevölkerung anprangerten. Unter seinen wachsamen und strengen Augen wurde Elisabeth zu religiöser Inbrunst angehalten, der sie sich ganz hingab.
Noch zu Lebzeiten ihres Mannes widmete sie sich den Armen, pflegte Kranke und ließ in der großen Hungersnot 1226 Brot verteilen.

*„Die Entscheidung der jungen Landgräfin, sich den Zielen des Franziskus anzuschließen, ist vor dem Hintergrund (des) allgemeinen religiösen Aufbruchs zu sehen. Sie fügt sich voll in vergleichbare Lebensentscheidungen zahlreicher anderer Frauen und Männer zu*

*Beginn des 13. Jahrhunderts, die aus ihren adeligen oder bürgerlichen Lebensformen ausbrachen und ein religiöses Leben in Buße, Armut und Selbsterniedrigung anstrebten. Dennoch stellt der Schritt Elisabeths einen Sonderfall dar. Keine andere Persönlichkeit vergleichbar hohen Ranges hatte sich bisher so rückhaltlos wie Elisabeth den Impulsen der religiösen Armutsbewegung geöffnet und sich damit einem so extremen Kontrast zwischen höchstem sozialen Stand und wörtlich begriffener Nachfolge Christi ausgesetzt."*[17]

Nach dem Tod ihres Mannes setzte der Papst Konrad von Marburg als weltlichen und geistlichen Vormund für Elisabeth ein. Sie ging nach Marburg und gründete dort ein Hospital, in dem sie mit eigener Hand die Elendsten und Ärmsten versorgte. Für keinen noch so niedrigen Dienst war sie sich zu schade. Als sie am 17. November 1231 starb, wurde sie bereits wie eine Heilige verehrt. Drei Tage

Die älteste Darstellung der Heiligen Elisabeth auf einem Fenster der Marburger Elisabethkirche aus dem Jahr 1240

lang soll ihr Körper allen preisgegeben worden sein, die sich Reliquien davon abtrennen wollten. Die Elisabeth-Verehrung war so groß, dass der Deutsche Orden die Gunst der Stunde nutzte und als Grabstätte die Elisabethkirche errichten ließ, wo ihre Reliquien in einem goldenen Schrein aufbewahrt wurden. Schon 1235, also nur vier Jahre nach ihrem Tod, wurde Elisabeth von Papst Gregor IX. heiliggesprochen. Neben dem Deutschen Orden und der Kirche nutzte auch ihre Tochter Sophie von Brabant die Popularität Elisabeths. Als 1247 das thüringische Landgrafenhaus erloschen war, setzte sie ihren Sohn Heinrich, den Enkel Elisabeths, als Erbe durch.

---

[1] Lutz Fiedler: Die Alt- und Mittelsteinzeit. In: Fritz-Rudolf Herrmann/Albrecht Jockenhövel (Hrsg.): Die Vorgeschichte Hessens. Stuttgart 1990, S. 70.

[2] Ebenda S. 110.

[3] Rolf Gensen: Von den eiszeitlichen Mammutjägern zu den ersten Hessen. In: Uwe Schultz (Hrsg.): Die Geschichte Hessens. Stuttgart 1983, S. 12 f.

[4] Albrecht Jockenhövel: Die Bronzezeit. In: Herrmann/Jockenhövel, a.a.O., S. 195 f.

[5] Fritz-Rudolf Herrmann: Der Glauberg und die Kelten. In: Bernd Heidenreich/Klaus Böhme (Hrsg.): Hessen. Geschichte und Politik. Stuttgart 2000, S. 17.

[6] Fritz-Rudolf Herrmann: Der Glauberg. Fürstensitz, Fürstengräber und Heiligtum. In: Das Rätsel der Kelten vom Glauberg. (Ausstellungskatalog) Stuttgart 2002, S. 107.

[7] Albrecht Jockenhövel: Frühe Germanen in Hessen. In: Herrmann/Jockenhövel, a.a.O., S. 296.

[8] P. Cornelius Tacitus: Germania. Bericht über Germanien. Übersetzt von Josef Lindauer. München 1977, S. 47–49.

[9] Jürgen Kneipp/Matthias Seidel: Die Chatten. Ein germanischer Stamm im Spiegel der archäologischen Funde. In: Dorothea Rohde/Helmuth Schneider (Hrsg.): Hessen in der Antike. Die Chatten im Zeitalter der Römer bis zur Alltagskultur der Gegenwart. Kassel 2006, S. 67.

[10] Dietwulf Baatz: Die Römer, Eroberer und Lehrmeister. In: Uwe Schultz (Hrsg.): Die Geschichte Hessens. Stuttgart 1983, S. 29.

[11] Elias Neuhof: Nachricht von den Alterthümern in der Gegend und auf dem Gebürge bey Homburg vor der Höhe. Hanau 1777, S. 8 f.

[12] Margot Klee: Der römische Limes in Hessen. Regensburg 2009, S. 28.

[13] Helmut de Boor: Die deutsche Literatur von Karl dem Großen bis zum Beginn der höfischen Dichtung. München, 8. Auflage o. J., S. 44 f.

[14] Hermann Schefers: Lorsch und die Karolinger. In: Heidenreich/Böhme, a.a.O., S. 52.

[15] Josef Fleckenstein: Einhard. In: Hans Sarkowicz/Ulrich Sonnenschein (Hrsg.): Die großen Hessen. Frankfurt am Main/Leipzig 1996, S. 20.

[16] Widukind von Corvey, zitiert nach: Gerd Althoff: Die Wetterau und die Konradiner. In: Heidenreich/Böhme, a.a.O., S. 72.

[17] Matthias Werner: Hinwendung zur religiösen Armutsbewegung. In: Dieter Blume/Matthias Werner (Hrsg.): Elisabeth von Thüringen – Eine europäische Heilige. (Katalog) Petersberg 2007, S. 102.

# Von der Gründung Hessens bis zum Ende des Alten Reichs

2

## Die Gründung Hessens

Die Stauferherrschaft im Reich neigte sich mit Friedrich II., der von 1215 bis zu seinem Tod im Jahre 1250 regierte, dem Ende zu. 1227 war der thüringische Landgraf Ludwig IV. auf einem Kreuzzug umgekommen, und Friedrich hatte wahrscheinlich im Jahre 1231 Ludwigs beiden jüngeren Brüdern das sogenannte Reichslehen zu gesamter Hand verliehen, obwohl es eigentlich den älteren zugestanden hätte. Bereits damit war abzusehen, dass Thüringen und die hessischen Gebiete künftig getrennt regiert würden, denn der ältere der beiden, der Ludowinger Heinrich Raspe IV., richtete sein Augenmerk vorwiegend auf Thüringen, während Konrad, der jüngere, in den hessischen Regionen die Herrschaft ausübte. Die Spannungen zwischen den beiden Teilen sollten lange anhalten.

Der thüringisch-hessische Löwe auf dem Totenschild Landgraf Konrads aus der Elisabethkirche in Marburg

Konrad widmete sich einer schwierigen und schon lange bestehenden Aufgabe, dem Kampf mit dem Erzstift Mainz um die Landeshoheit in Hessen. 1232 eroberte und zerstörte er das zum Erzstift gehörende Fritzlar. Zwei Jahre später trat er in den Deutschen Orden ein, und Hermann II., Sohn der Heiligen Elisabeth, übernahm die Regierung der im hessischen Raum gelegenen ludowingischen Besitzungen. Er blieb dabei allerdings, wie sein Onkel Heinrich Raspe IV., Landgraf von Thüringen und Pfalzgraf von Sachsen und nannte sich jetzt „jüngerer Landgraf von Thüringen, Graf von Hessen, Herr des Landes an der Leine". Thüringen und Hessen gerieten durch diese Aufteilung zunehmend auseinander.

Das Mainzer Erzstift war ständig bemüht, die versprengten Besitztümer in Hessen zu einem geschlossenen Gebiet zusammenzufassen, und setzte dabei auf Heinrich Raspe IV. Nachdem Hermann II. gestorben war, rief der kriegerische Mainzer Erzbischof Siegfried III. von Eppstein zusammen mit den Grafen aus der Wetterau 1246 den thüringischen Herrscher zum Gegenkönig aus.

Aber der Gegenkönig starb schon neun Monate nach seiner Ernennung am 16. Februar 1247, nachdem seine Truppen König Konrad IV., Sohn Kaiser Friedrichs II. und dessen Stellvertreter in Deutschland, im August 1246 an der Nidda bei Frankfurt besiegt hatten. Was zählte es da noch, dass der Kaiser ihm das Reichslehen zuerkannt hatte?

Nach dem Tod Heinrich Raspes IV., des Landgrafen von Thüringen und „Herren des Landes Hessen" – gelegentlich auch unberechtigterweise „Fürst" genannt –

war das Geschlecht der Ludowinger „im Mannesstamm erloschen", denn er hinterließ keinen Sohn. Nach den strengen Erbfolgeregelungen hatte es sich damit für diese Familie erst einmal ausregiert.

Nach dem Tod des Stauferkaisers Friedrich II. im Jahr 1250 herrschte ein Machtvakuum im Reich, das sogenannte Interregnum.

Wer sollte, wer konnte nun auf der Wartburg und in Marburg regieren, wo nach der Heiligsprechung von Elisabeth ein zweites, immer bedeutenderes Zentrum im Entstehen war? Die größten Chancen rechnete sich der wettinische Markgraf Heinrich der Erleuchtete von Meißen aus. Er war der Neffe von Heinrich Raspe IV. und Sohn einer Ludowingerin. Zudem hatte ihm der Kaiser schon 1243 die Lehnsnachfolge in Thüringen zugesagt. Aber auch dem Mainzer Erzbischof Siegfried III. von Eppstein wäre diese Herrschaft sehr gelegen gekommen.

In dieser gespannten Situation rücke Heinrich von Brabant und Lothringen im Mai 1247 mit bewaffnetem Gefolge in Marburg ein, um das Land für seine Frau, Sophie von Brabant, und den dreijährigen Sohn Heinrich in Besitz zu nehmen – ein Familiendrama, denn Sophie war die Tochter der Heiligen Elisabeth, Schwester des Landgrafen Hermann II. und Cousine des Markgrafen Heinrich von Meißen. Also fühlte sie sich mehrfach berechtigt, auf ihrem Herrschaftsanspruch zu bestehen.

Gleich fügte sie sich geschickt ins diplomatische Gewerbe. Ihrem Vetter, dem Landgrafen Heinrich von Meißen, überließ sie die ludowingischen Gebiete in Thüringen und Sachsen. Sie selbst, die nun 24 Jahre alt war, wollte im Schutz ihres Gemahls und im Namen ihres kleinen Sohnes Heinrich die Herrschaft in Hessen ausüben. Wenn ein Geschlecht ‚im Stamm erloschen ist', muss man es eben nur schnell, entschieden und skrupellos genug an einem anderen Zweig wieder ‚entfachen'.

Ihr Mann, Herzog Heinrich von Brabant, starb überraschend am 1. Februar 1248. Nun hing alles von Sophie ab. In der Geschichtsschreibung wird sie als ‚tatkräftig, kühn und ausdauernd'[1] porträtiert. In tiefem Verständnis für symbolische Handlungen präsentierte sie, der Legende nach, öffentlich ihr Kind am Marburger Marktbrunnen den Rittern und Bürgern, den nun knapp vierjährigen Heinrich, Enkel der Heiligen Elisabeth, die mittlerweile weit über die Grenzen der Stadt hinaus verehrt wurde. Gleich nach dem Tod ihres Mannes, am 25. März 1248, erhob sie ihn, den man ‚das Kind von Hessen' nennen wird, zum künftigen Herrn eines unabhängigen hessischen Herrschaftsbereiches. Auf einem ‚gemeinen Landtag' einigten sich die Ritter, Grafen, Edel- und Amtsleute mit den Vertretern der Städte des Landes darauf, dass dieser Heinrich „der rechte und wahre Erbe und natürliche Herr des Landes“ sein oder doch jedenfalls werden sollte. Im März 1250 erreichte Sophie von Brabant nach längeren Kämpfen die Zustimmung des Meißner Markgrafen zur Abtrennung Hessens vom thüringischen Erbe. Sie verzichtete dafür auf alle Ansprüche auf die Wartburg. 1263 überließ der Erzbischof von Mainz, Werner von Eppstein, nach der militärischen Niederlage seiner Truppen dem mittlerweile für mündig erklärten Landgrafen Heinrich I. die Verfügungsgewalt über die umstrittenen mainzischen Lehen in Hessen. Ein Jahr später konnte dann schließlich auch mit dem Meißner Markgrafen endgültig Frieden geschlossen werden, nachdem er die wichtigen Werrastädte Allendorf, Eschwege, Sontra und Witzenhausen an Hessen abgetreten hatte. Jetzt endlich konnte Sophie die alleinige Regierungsgewalt auf ihren Sohn Heinrich übertragen. Als Heinrich I. wurde er Landgraf des neu begründeten Landgrafenhauses Hessen. Es fehlte ihm nur noch die Fürstenwürde, bis ihn der neu gewählte König Adolf von Nassau am 11. Mai 1292 endlich in den Reichsfürstenstand erhob. Dadurch wurde Hessen zum Reichsfürstentum. Heinrich starb am 21. Dezember 1308 in Marburg.

## Das Erzbistum Mainz und sein Verhältnis zu Hessen

Das Verhältnis des Erzbistums Mainz zu Hessen hat das Schicksal des Landes seit seiner Gründung bis zur Reformation wie kaum etwas anderes geprägt. Das lag an seiner Größe und Bedeutung, an seiner unmittelbaren Nähe zu Hessen sowie an seinen über das hessische Territorium versprengten Besitztümern.

Das um 550 n. Chr. zum ersten Mal bezeugte Bistum wurde im 8. Jahrhundert einer großen christlichen Gründergestalt zugewiesen, dem zum Erzbischof erhobenen Missionar Bonifatius. Dadurch gelangten dessen Missionsbistümer Büraberg bei Fritzlar und Erfurt in Thüringen zum Mainzer Kirchensprengel. Unter seinem ebenfalls zum Erzbischof geweihten Nachfolger Lullus wurde Mainz zum Erzbistum und entwickelte sich im 9. und 10. Jahrhundert zu einer gewaltigen Kirchenprovinz, der größten nach dem römischen Kirchenstaat. Macht und Einfluss des Mainzer Erzbischofs beschränkten sich dabei keineswegs auf die kirchlichen Belange. Eine dauerhafte Verbindung mit dem Reich wurde schon dadurch hergestellt, dass das Erzkanzleramt mit dem Mainzer Erzstuhl

Unter seinem ebenfalls zum Erzbischof geweihten Nachfolger Lullus wurde Mainz zum Erzbistum und entwickelte sich im 9. und 10. Jahrhundert zu einer gewaltigen Kirchenprovinz, der größten nach dem römischen Kirchenstaat.

Die (heutige) Kapelle auf dem Büraberg bei Fritzlar

verbunden war. Im Jahre 975 bekam der Erzbischof vom Papst sogar das Recht der Königsweihe, das dann allerdings 1054 auf Köln überging. Bis dahin aber hatte man sich im Reich einen enormen Einfluss gesichert. Die Erzbischöfe waren jahrhundertelang nicht nur oberste Geistliche und führende Fürsten im Reich, Mainz war auch eine sehr bedeutende Territorialmacht geworden. Geschickt und von christlicher Moral in keiner Weise getrübt, war die geistliche Stellung stets dazu benutzt worden, die weltliche Macht zu mehren. Unter Kaiser Otto I. wurde dem Erzbischof zusätzlich die Stellung eines reichsunmittelbaren Fürsten verliehen.

Leicht begreift man, dass die ausgedehnten Mainzer Besitzungen in Hessen den dortigen Grafenhäusern das Leben schwer machten. Der enorme Druck auf die hessischen Gewalten rührte aber vor allem daher, dass Hessen wie sooft unter seiner Lage als Verbindungsland zu leiden hatte. Allzu gern hätte das Erzbistum die hessischen Gebiete kassiert, um ein zusammenhängendes und geschlossenes Reichsfürstentum zu werden, das von Mainz bis Erfurt in Thüringen gereicht hätte.

Nicht von allen Mainzer Besitzungen und Rechten in Hessen ist bekannt, wie und wann sie unter den Einfluss des Bistums gelangt sind. Fest steht aber, dass der Rheingau dazugehörte, der Spessart, die Abtei Seligenstadt, die Grafschaft Hessen an der Eder, die Klöster Hasungen bei Wolfhagen, Johannisberg und Eberbach im Rheingau sowie Lippoldsberg an der Weser und das Stift Ilbenstadt in der Wetterau, um nur einige zu nennen.

Kaiserpfalz Gelnhausen in der Mitte des 19. Jahrhunderts

Entsprechend seiner doppelten, geistlichen und weltlichen Macht hat das Erzbistum in Hessen herausragende Burgen als Stützpunkte gebaut oder erworben. So bekamen die Mainzer 1124 die Hälfte der wichtigen Burg Eppstein im Taunus, und sie erwarben die Schlösser Malsburg und Schartenberg in Niederhessen sowie die Schöneburg bei Hofgeismar.

Kaiser Friedrich I. Barbarossa war mit dem Ausbau und der Festigung der Mainzer Besitztümer überhaupt nicht einverstanden. Als Erzbischof Konrad sich gegen die Reichspolitik des Kaisers stellte, verwüstete Barbarossa den Rheingau. Und obwohl der Ort Gelnhausen zur Hälfte zu Mainz gehörte, baute er gerade hier im Jahre 1170 seine Pfalz, um damit dem Erzbistum seine Macht zu demonstrieren. Nach solchen Rückschlägen ging es unter Erzbischof Konrad wieder aufwärts. Er kaufte oder verschaffte sich auf andere Weise die meisten verloren gegangenen Besitztümer zurück, und er konnte Macht und Besitz des Erzbistums erheblich erweitern, als im 13. Jahrhundert das staufische Königshaus um seine Existenz kämpfte und schließlich unterging. Das lag auch daran, dass in diesem Jahrhundert Mainz von einem einzigen Geschlecht dominiert wurde, von den Herren von Eppstein. Mit ihnen hatten es Sophie von Brabant und Heinrich I. von Hessen zu tun. Es wäre ein wenig ermüdend, all die kleinen hessischen Herren aufzuzählen, die im Verlauf des 13. Jahrhunderts ihre Grafschaften an Mainz abtraten. Insgesamt führte dieser Prozess aber dazu, dass sich die Mainzer ‚Stützpunkte' schließlich wie ein Riegel durch Hessen zogen. Immerhin gehörten neben Burgen, Schlössern, Klöstern und Stiften auch befestigte Städte wie Amöneburg, Battenberg, Fritzlar oder Hofgeismar dazu.

Immer wieder mussten sich hessische Landgrafen gegen Mainzer Angriffe wehren. 1328 siegte Heinrich II. über Erzbischof Matthias bei Wetzlar, 1347 bei Gudensberg über Erzbischof Heinrich, der nun endgültig den hessischen Besitz der einst Mainzer Lehen anerkennen musste.

Damit kehrte allerdings kein Frieden ein. Bei der dreimaligen Belagerung von Kassel durch Erzbischof Adolf in den Jahren 1385, 1387 und 1388 wäre es um die Landgrafschaft Hessen beinahe geschehen gewesen. Im Frieden von Friedberg von 1405 wurde sie dann zwar wieder gesichert, doch erst durch den hessischen Doppelsieg bei Fritzlar und Fulda im Jahre 1427 über Erzbischof Konrad war dessen militärische Niederlage besiegelt.

In der Folge hatte das Erzstift mit sich selbst genug zu tun. Durch die sogenannten Mainzer Schismen (Kirchenspaltungen), von denen es im 14. Jahrhundert gleich drei gab, war der Stuhl des Erzbischofs im Intrigenspiel zwischen König und Papst und den Grafen von Nassau jahrelang doppelt besetzt, und es kam zu inneren Kämpfen im Erzbistum. Auch im 15. Jahrhundert hörten die Doppelbesetzungen unter kräftiger Mitwirkung der Grafen von Nassau nicht auf, und so zerstörte das Erzbistum sich langsam selbst.

Immer wieder flackerten im 16. und 17. Jahrhundert die Bemühungen der Erzbischöfe auf, stärkeren Einfluss in Hessen zu gewinnen. Ihnen blieben der

Blick vom Büraberg auf Fritzlar

Rheingau, Teile des unteren Maingebietes mit Hochheim, Flörsheim und Höchst, der südliche Taunusrand, die Bergstraße mit dem vorderen Odenwald und der Spessart. Der Reichsdeputationshauptschluss von 1803 schließlich besiegelte das Ende des Erzbistums: Hessen-Darmstadt und Nassau teilten sich die Reste.

## Die Reichsstädte in der Wetterau

Als der spätere Kaiser Friedrich I. Barbarossa 1152 zum deutschen König gewählt wurde, war ‚sein' Reich zwar sehr groß, über direkten Einfluss aber, gesicherte Einnahmen oder eigene Lehensgebiete verfügte er nur in bescheidenem Maß. Also versuchte der Stauferkaiser wie auch schon seine Vorgänger, weitere Orte zu schaffen, über die ausschließlich das Reich die Verfügungsgewalt besaß. Zu den alten Pfalzstädten Aachen, Frankfurt, Goslar und Nürnberg sollten als Brennpunkte der Reichspolitik neue hinzukommen.

Zwischen 1165 und 1170 wurden Gelnhausen und Friedberg gegründet. Zur gleichen Zeit pochte das Königtum auf alte Rechte am Reichskirchengut in Wetzlar und brachte die entstehende Stadt an sich. Die staufische Methode der ‚Stadtentwicklung' war äußerst erfolgreich und lief stets nach demselben Muster ab. Mit der Stadt wurde eine Pfalz (das Wort ist mit Palast, Palais, Palatium verwandt) errichtet, die als Sitz des Königs während seines Besuchs in der Reichsstadt diente und der Sitz des Burggrafen und anderer, rechtlich unfreier Dienstmannen wie Vögte, Militärs, Schultheißen oder Forstmeister war. Sie hatten sich von ihrem Sitz aus um die Verwaltung, die Rechtsprechung und den militärischen Schutz des Umlandes zu kümmern. Aus ihren Stellungen entstand später der niedere Adel. Zusammen mit den Ratsherren der Stadt, den wohlhabenden Kaufleuten und den Handwerksmeistern bildete sich so im ständigen Verkehr zwischen Burg und Stadt eine selbstbewusste Elite heraus, die nur dem König verantwortlich war.

In Frankfurt hatte schon der erste Stauferkönig Konrad III. am Mainufer eine burgenartige Pfalz, den Saalhof, errichtet. In Friedberg wurden Burg und Stadt zwischen 1165 und 1170 gebaut; 1165 und 1172–1180 entstand Wetzlar mit der Burg Kalsmunt. Gelnhausen entwickelte sich rasch zu einer der glänzendsten Pfalzen im Reich. Auf einer künstlichen Insel der Kinzig-Niederung wurde ein prächtiges Bauwerk errichtet, dessen Reste noch heute Respekt und Bewunderung einflößen. Die Kinzig war damals von ihrer Mündung in den Main bei Hanau bis Gelnhausen schiffbar, was den Warenverkehr ebenso begünstigte wie die Straße von Frankfurt über Fulda nach Thüringen, die direkt durch die Stadt führte.

Nach der Stadt- und Pfalzgründung prosperierte Gelnhausen rasch. Nach dem Untermarkt folgte der Obermarkt, um 1180 entstand das Romanische Haus, wahrscheinlich als Amtssitz des Schultheißen, der dort als kaiserlicher Stadtherr residierte. Im hoch- und spätromanischen Stil beeindruckt die alles überragende Marienkirche; am Obermarkt entstand die Peterskirche, die allerdings zunächst nicht fertiggestellt wurde. Noch heute kann man in Gelnhausen diese mittelalterlichen Bauten in gutem Zustand sehen.

Am 13. April 1180 trafen in Gelnhausen mehr als 50 Fürsten und andere Regenten mit Friedrich I. Barbarossa zu einem Reichstag zusammen, der Geschichte machen sollte. Vierzehn Tage lang blieb der Kaiser. Mit der sogenannten Gelnhäuser Urkunde ist ein ausführlicher Prozessbericht erhalten, den Generationen von Historikern studiert haben.

Es ging bei diesem Reichstag vor allem um das Schicksal Herzog Heinrichs des Löwen und damit um den welfischen Vetter des Kaisers. Der war, nachdem man ihn wegen Landfriedensbruch angeklagt hatte, nicht vor dem kaiserlichen Gericht erschienen und deshalb mit der Reichsacht belegt worden. Auch dem zweiten Verfahren war er ferngeblieben, wofür ihm seine beiden Herzogtümer Bayern und Sachsen aberkannt worden waren. Jetzt sollte in Gelnhausen in Abwesenheit Heinrichs des Löwen über die Zukunft Sachsens entschieden werden, und man einigte sich darauf, das Land zu teilen. Die Urkunde beginnt mit einer Einleitung, die die überzeitliche Bedeutung des Urteils hervorheben soll. In deutscher Übersetzung heißt es:

*„Weil die menschliche Erinnerung zerrinnt und für das Gedränge der Dinge nicht ausreicht, bestimmte der Wille der Vorgänger unseres Zeitalters, der göttlichen Kaiser und Könige, schriftlich aufzuzeichnen, was die lange Dauer der dahinfließenden Zeiten der Kenntnis der Menschen zu entziehen pflegte.*

*Deshalb möge die Gesamtheit sowohl der gegenwärtigen wie der zukünftigen Getreuen des Reiches wissen, dass Heinrich, ehemals Herzog von Bayern und Westfalen, darum weil er der Kirchen Gottes und der Edlen des Reiches Freiheit dadurch, dass er sich ihrer Besitzungen bemächtigte und ihre Rechte minderte, schwer unterdrückt hatte,*

Marienkirche in Gelnhausen

*auf drängende Klage der Fürsten und sehr vieler Edler, weil er, obwohl durch Ladung aufgerufen, sich unserer Majestät zu stellen verschmäht habe und für diese Widerspenstigkeit dem Spruch der Fürsten und Schwaben seines Standes auf unsere Acht verfallen sei ...“*[2]

Wie wichtig dem Kaiser Gelnhausen war, sieht man daran, dass er bis 1188 noch viermal in die Pfalz kam, zweimal, um Hoftage abzuhalten.
Die vier Wetterauer Reichsstädte – darunter Frankfurt – bildeten nun mit ihren Reichsgutsbezirken ein dichtes Netz, das vom Reichsforst Dreieich südlich von Frankfurt bis nach Wetzlar im Norden reichte. Während dadurch zum einen der kaiserliche Einfluss zunahm, Steuern gezahlt wurden und stabile Lehnsbeziehungen entstanden, blühten zum anderen die Städte auf, ihr Reichtum wuchs, denn mehr als die festgelegten Summen mussten sie nicht abliefern, und das Selbstbewusstsein ihrer Bürger nahm zu.
Aus dem Jahr 1241 ist ein einzigartiges Dokument erhalten, das Auskunft über den Reichtum der Wetterauer Städte gibt. Konrad IV. hatte eine Liste mit steuerpflichtigen Städten und Judengemeinden anlegen lassen, in der die vier Städte die Ränge eins bis drei und den fünften Platz belegten. Den ersten Platz hielt Frankfurt, das jährlich 250 Mark Feinsilber abzuliefern hatte, also die gewaltige Menge von etwa 60 kg (eine Mark entsprach 235 Gramm). Gelnhausen folgte mit 200 Mark, Wetzlar mit 170 und Friedberg mit 120 Mark. Der Reichtum und die herausragende Bedeutung verbanden die Wetterauer Königsstädte, und die staufischen Herrscher, immer an geschlossenen Gebieten interessiert, unterstützen ihr gemeinsames Auftreten.
Die vier Wetterauer Reichsstädte verbanden sich seit 1285 immer wieder aufs Neue und schlossen bis 1364 jeweils befristete Verträge ab, um gemeinsam die reisenden Kaufleute zu schützen und strittige Angelegenheiten einvernehmlich zu klären. Zum Beispiel durften straffällig gewordene Bürger einer Stadt nicht mehr einfach von einer anderen aufgenommen werden. Zwischen 1381 und 1389 schließlich gehörten die vier Städte dem rheinischen Städtebund an. Gemeinsam ging man gegen die Burgen von Raubrittern vor und versuchte, die reisenden Bürger zu schützen – was mehr schlecht als recht gelang.
Kaiser Friedrich Barbarossa hatte aus der Wetterau mit ihrem Netz aus Städten und Burgen eine zusammenhängende Königslandschaft gebildet, die von Kaiser Friedrich II. dann 1220, mitsamt der am Rand gelegenen Städte Frankfurt und Wetzlar, zur Landvogtei Wetterau gemacht wurde. Als königlicher Beamter lei-

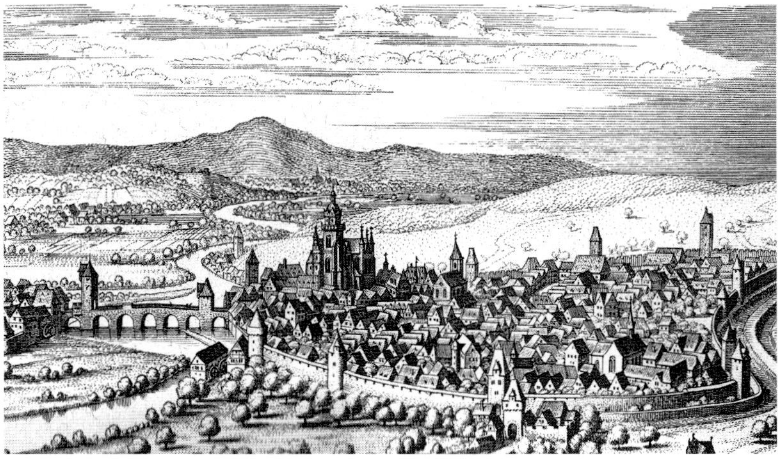

Friedberg, Stich von Matthäus Merian, 1646 (Ausschnitt) (rechts)

Wetzlar, Stich von Matthäus Merian, 1646 (links)

tete ein Landvogt die Verwaltung. Der erste war Gerlach von Büdingen. Wie eine Reichssteuerliste dokumentiert, wurde die Königslandschaft ab 1241 als wirtschaftliche Einheit und geschlossenes Währungsgebiet Reichsland. Als eine Art gewaltiger Wachtposten im Norden der Wetterau ragte eine der schönsten und bedeutendsten hochmittelalterlichen Burgen empor, die Burg Münzenberg, auch „Wetterauer Tintenfass“ genannt.

Die mächtigen Münzenberger gehörten zur großen Gruppe der Ministerialen, der rechtlich unfreien Dienstmannen, und ließen sich nicht zuletzt deswegen in die ‚Wetterau-Politik‘ der staufischen Könige einbauen.

Bald hatte Frankfurt den drei anderen Wetterauer Städten den Rang abgelaufen. Begünstigt durch seine Verkehrslage am Schnittpunkt vieler Fernhandelsstraßen hatten die Frankfurter Messen ihre überregionale Position halten können. Nur die beiden Friedberger Jahrmärkte konnten sich daneben noch bis zum Ende des 14. Jahrhunderts behaupten. In Gelnhausen nahm die Zahl der Märkte bis zum 19. Jahrhundert zwar zu, wegen ihrer Spezialisierung auf Schuh- und Schmiedewaren sowie Tuche konnten sie aber nur in der Region bestehen.

Wegen der Nähe zu den Stätten der Metallverhüttung wurden in Wetzlar seit dem 13. Jahrhundert vor allem Eisenwaren gehandelt. Die Bedeutung der Stadt nahm rapide ab, bis sie 1371 ihre Zahlungsunfähigkeit einräumen musste. Erst als im Jahre 1693 das Reichskammergericht von Regensburg nach Wetzlar verlegt wurde, gewann sie wieder an Bedeutung.

Im 15. Jahrhundert stellten die einstigen Wetterauer Konkurrenz-Städte für Frankfurt keine Bedrohung mehr dar, das sich nun mit der seit 1462 wieder erzbischöflichen und ehemals freien Stadt Mainz maß. Frankfurt war aber reicher und hatte als Wahl- und Krönungsstadt engere Beziehungen zum König.

Für Friedberg verlief die Entwicklung eher ungünstig. Seit Mitte des 15. Jahrhunderts teilten sich die Burg Friedberg und die Stadt Frankfurt die Friedberger Stadtsteuer, und schließlich erhob sich der Burggraf über die Stadt, die weiter an Bedeutung verlor.

In Gelnhausen gingen die einst königlichen Rechte an die Herren von Hanau und den Grafen von Schwarzburg über und seit Mitte des 15. Jahrhunderts an die Grafen von Hanau und die Kurfürsten von der Pfalz. Im 18. Jahrhundert war die Stadt an Hessen-Kassel verpfändet; der Rat konnte nichts dagegen tun, dass hessisches Militär in Gelnhausen stationiert wurde. Faktisch waren der Reichsstadt kaum noch Rechte und Privilegien geblieben, im Bewusstsein der Bürger und des Adels aber lebte der Glanz der herausragenden Königsstadt weiter.

Weil Frankfurt sich immer mehr zu einer Finanz- und Handelsmetropole entwickelte, ragte es spätestens seit dem 15. Jahrhundert unter den einstigen verbündeten Reichsstädten der Wetterau eindeutig heraus. Mit dieser Stadt wollen wir uns daher etwas gründlicher befassen.

## Frankfurt

### Wahl- und Krönungsstadt

Am 1. Juni 794 eröffnete Karl der Große eine bedeutende Synode. Aus diesem Anlass wurde der Ort, an dem schon die Römer einen Militärstützpunkt errichtet hatten, zum ersten Mal in einer Urkunde erwähnt: franconofurd, gelegen auf einer Anhöhe am nördlichen Mainufer in der Erzdiözese Mainz.

80 Jahre später starb dort König Ludwig der Deutsche. Er hatte den Ort neben dem bayerischen Regensburg zu einer der Hauptstädte des Ostfränkischen Reiches gemacht. Die Pfalz lag sehr günstig im Zentrum des Reichsgutskomplexes am Mittelrhein, der Reichsforst Dreieich diente als Jagdgebiet, die Furt ließ sich bequem überqueren. Die zentrale Lage inmitten wichtiger Verkehrswege sollte für Frankfurt immer von allergrößter Bedeutung bleiben. Daran hat sich bis heute nichts geändert.

Die zentrale Lage inmitten wichtiger Verkehrswege sollte für Frankfurt immer von allergrößter Bedeutung bleiben. Daran hat sich bis heute nichts geändert.

Ludwig der Deutsche ließ eine große, dreischiffige Basilika, die Salvatorkirche, bauen, die am 1. September 852 vom Mainzer Erzbischof Rabanus Maurus geweiht wurde. Sie war über einen gedeckten Gang mit einem Torbau und einer Königshalle verbunden, die bereits aus der Zeit seines Vorgängers, Ludwigs des

Frommen, stammten. „Dieses historisch gewachsene Gebäudeensemble hatte etwa 150 Jahre Bestand", berichtet der Archäologe Magnus Wintergerst über die neusten Forschungen. „Spätestens im 12. Jahrhundert verliert die karolingische Pfalz durch den Bau einer neuen Pfalz direkt am Main, dem so genannten Saalhof, ihre Funktion. Der Salvatorkirche, wo in karolingischer Zeit auch ein Stift eingerichtet wurde, kommt noch lange eine zentrale Bedeutung zu – zwar nicht als Pfalzkapelle, sondern aufgrund ihrer Funktion als Wahlort der deutschen Könige."[3]

Messeprivileg Kaiser Friedrichs II., 1240

856, nach dem Tod Ludwigs des Deutschen, wurde sein Neffe Lothar II. in Frankfurt zum König des nördlichen Teils des Mittelreiches gewählt; 887 bestimmten hier die Herren der ostfränkischen Stämme Arnulf von Kärnten zum König und krönten ihn auch in Frankfurt. In der sächsischen und salischen Zeit verlor die Stadt vorübergehend an Bedeutung, bis sie unter den Staufern zum wichtigen Messeplatz, zu einem wirtschaftlichen und politischen Zentrum wurde. Auch die Krönungstradition wurde wieder aufgenommen.

1147 rief Bernhard von Clairvaux in Frankfurt in Anwesenheit von König Konrad III. zum Kreuzzug auf. Noch am selben Tag ließ Konrad seinen zehnjährigen Sohn Heinrich in der Stadt zum König krönen. Fünf Jahre später starb Heinrich, und es musste neu gewählt werden, was wiederum in Frankfurt geschah. Die Wahl fiel auf Konrads Neffen Friedrich von Staufen, auf Friedrich I. Barbarossa. So wurde es üblich, den König in Frankfurt zu wählen.

1240 institutionalisierte Friedrich II. die Messe, die rasch an Bedeutung gewann. Die Bürgerschaft der wirtschaftlich aufstrebenden Stadt versuchte erfolgreich, mehr Selbstständigkeit zu gewinnen und schließlich die Verwaltung ganz zu übernehmen. Aber erst 1311 traten zwei Bürgermeister neben den königlichen Schultheiß, der die Zölle und Abgaben einzog sowie dem Frankfurter Reichsgericht vorsaß. 1372 konnte die Bürgerschaft das Amt erwerben. Nach und nach gerieten die städtischen Ämter in die Hände eines Patriziats, dem mächtige Kaufleute – einstmals freie Bauern – angehörten, die mehr und mehr städtischen wie ländlichen Grundbesitz hinzugewannen. Bereits seit 1266 ist ein „Rat" belegt, in dem die vornehmsten Bürger die Geschicke der Stadt entschieden.

Keinesfalls sollte man jedoch die Herrschaft der großen Frankfurter Familien wie der Glauburg oder der Holzhausen, nach denen noch heute Straßen benannt sind, mit einer städtischen Demokratie verwechseln. Man war stolz auf die häufige Anwesenheit von Kaisern, hielt sich aus Gebietskämpfen weitgehend heraus und hatte mit der Herrschaft über die Zünfte und die niederen

Stände reichlich zu tun. Öfter kam es zu gewalttätigen Aufständen. Von bürgerlicher Gleichheit konnte überhaupt keine Rede sein, denn ‚Bürger' durfte sich nur nennen, wer durch Besitz, Gewerbe, Einkauf oder Heirat in die herrschenden Kreise aufstieg. Nur ein Viertel der Einwohner verfügte über die Bürgerrechte, die Voraussetzung für Ämter und Privilegien waren. Die ‚Beisassen', Gesellen, Diener, Hausgesinde oder kleinere Händler, wurden in politischer Unmündigkeit gehalten. Ganz unten aber standen die Dorfbewohner, der Pöbel, immerhin etwa 6000 Einwohner von Niederrad und Oberrad, Bornheim, Hausen, Bonames oder Niedererlenbach. Sie lebten zum Teil weiter in Leibeigenschaft und hatten unterschiedliche Frondienste zu leisten. Auch die etwa 3000 Juden gehörten nicht zur Gemeinde der Bürger. Mit eigener Verfassung, der sogenannten Judenstättigkeit, mussten sie im Ghetto leben, waren vom Handwerk ausgeschlossen und durften Handel nur mit erheblichen Einschränkungen treiben. Ihnen blieben der Trödelmarkt und das Geldgeschäft, mit dem auch nur ganz wenige – wie die Rothschilds – zu Wohlstand gelangen konnten.

Mit der Goldenen Bulle, dem ‚Reichsgrundgesetz', schuf Kaiser Karl IV. im Jahre 1356 ein Dokument, das die Stellung von Frankfurt im Heiligen Römischen Reich Deutscher Nation dauerhaft festigte. In dieser Urkunde wurden die Modalitäten der Königswahl durch die Kurfürsten festgelegt. Vielleicht ist das eine gute Gelegenheit darauf hinzuweisen, dass „Kur"-fürst von „küren" = (aus-) wählen kommt. In der Privilegienkammer des Instituts für Stadtgeschichte wird eines der sieben Originalexemplare sicher aufbewahrt. Für die fünf Kurfürsten wurde das „keiserliche rechtbuch" an Ort und Stelle kopiert, die Exemplare für Frankfurt und Nürnberg wurden später von dem des Kaisers gefertigt. Goldene Bulle heißt dieses Buch, weil seine Kapseln mit den kaiserlichen Siegeln aus Goldblech hergestellt sind.

Die Goldene Bulle sollte im Reich endlich die Königsfolge in geordnete Bahnen lenken und den Frieden garantieren – nicht gerade bescheidene Ziele.

Vor 1356 hatte es neunmal eine Doppelbesetzung der Königsstelle gegeben; seit 1198 hatten etwa zur Hälfte der Zeit zwei Könige gleichzeitig regiert. Das war ein gefährlicher und unhaltbarer Zustand, der das Reich immer wieder zu spalten drohte.

Nach dem Ende der Stauferherrschaft, nach 1254 wurden zum Beispiel Alfons von Kastilien und Richard von Cornwall gleichzeitig zu deutschen Königen gewählt. Skurrile Formen nahm 1314 die Wahl von Ludwig dem Bayern an. Nach

Doppelseite aus der Frankfurter Goldenen Bulle, 1356

dem Tod Heinrichs VII. hatte sich die Mehrheit der Kurfürsten für Ludwig entschieden. Auf der anderen Mainseite, in Sachsenhausen, wählten Köln und Pfalz Friedrich den Schönen. Von Frankfurt unterstützt, trug Ludwig die Krone davon; die Stadt erhielt dafür weitere Messeprivilegien. Auf einem Reichstag in Frankfurt, am 4. August 1338, teilte Ludwig den Beschluss der Kurfürsten mit, dass der gewählte König künftig nicht mehr vom Papst bestätigt werden müsse und dem deutschen König nunmehr auch die Kaiserkrone zustünde. Der ‚gebührende Ort' für die Wahl des Königs sollte Frankfurt sein und in Aachen darauf die Krönung stattfinden. So wurde es in der Goldenen Bulle festgelegt. Auch der Wahlakt selbst war genau bestimmt. So sollten zunächst eine Messe gefeiert und ein Eid abgelegt werden.

Das Kurfürstenzimmer im Frankfurter Römer vor der Zerstörung im Zweiten Weltkrieg

*„Wenn die Kurfürsten oder ihre Gesandten … diesen Eid geleistet haben, sollen sie zur Wahl schreiten und fortan die ehgenannte Stadt Frankfurt nicht verlassen, bevor die Mehrzahl von ihnen der Welt oder Christenheit ein weltliches Oberhaupt gewählt hat, nämlich einen römischen König und künftigen Kaiser. Falls sie dies jedoch binnen dreißig Tagen, vom Tag der Eidesleistung an gerechnet, noch nicht getan hätten, sollen sie von da an, nach Verlauf dieser dreißig Tage, forthin nur Brot und Wasser genießen und keinesfalls aus besagter Stadt weggehen, bevor sie oder die Mehrzahl von ihnen einen Herrscher oder ein weltliches Oberhaupt der Gläubigen gewählt haben, wie oben steht."*[4]

Wer die Macht haben sollte, die Fürsten des Reichs zu Wasser und Brot zu zwingen, wurde allerdings nicht erwähnt. Auch sonst gab es Lücken in den Bestimmungen. Was würde geschehen, wenn ein Nachfolger noch zu Lebzeiten eines Königs gewählt werden sollte? Karl IV. nutzte die Unklarheit und ließ seinen Sohn Wenzel wählen. Unter den 23 deutschen Königen wurden nach 1356 17 in Frankfurt gewählt. Zu einer letzten Doppelwahl-Posse kam es 1410. Auf dem Friedhof hinter dem Dom wurde Sigmund von Ungarn gewählt, im Dom wählten die Gegner dieser Lösung elf Tage später Jobst von Mähren zum König. Im Jahr darauf starb Jobst, und die Kurfürsten einigten sich in einer neuen Wahl auf Sigmund.

In der Reformationszeit geriet auch der Wahlort Frankfurt in Schwierigkeiten. Karl V. ließ seinen Bruder Ferdinand am 5. Januar 1531 in Köln wählen, das schien ihm sicherer. Erst mit dem Augsburger Religionsfrieden von 1555, der das Nebeneinander von römisch-katholischer und lutherisch-augsburgischer Konfession regelte, wurde Frankfurt wieder unbestrittene Wahlmetropole. Nun sollte die Stadt – abermals durch einen kuriosen Zufall – auch Schauplatz der Krönungen werden. Denn bis dahin waren die Könige weiterhin nach Rom gereist, um vom Papst gekrönt zu werden. Maximilian I. aber blieb mit seinem Geleitzug auf dem Weg nach Rom in Trient, und seither wurde auf die päpstliche Krönung verzichtet. Der Titel, der immer ein wenig ungenau blieb, lautete seit Maximilian I. „Erwählter Römischer Kaiser". 1562 wurde Maximilian II. nach altem Brauch in Frankfurt gewählt. Weil der Erzbischof von Köln, der Maximilian im Dom zu Aachen hätte krönen sollen, während der Königswahl in Frankfurt starb, wurde die Krönung gleich in Frankfurt vorgenommen, zumal die Kurfürsten nicht die Absicht hatten, mitten im Winter die beschwerliche Reise anzutreten.

Zwar ließ sich Aachen sein Recht als Krönungsstadt noch einmal ausdrücklich verbriefen, künftig aber wurde kein einziger Herrscher mehr dort gekrönt. Zehn Könige bekamen in Frankfurt, vier in Regensburg und Augsburg die Krone.

Einmal kam es im Zuge einer Krönung zu großen Unruhen. Bevor die Wahl- und Krönungshandlungen begannen, mussten die Frankfurter Bürger jedes Mal feierlich einen Sicherheitseid leisten und geloben, dass den Kurfürsten und ihrer Begleitung nichts angetan würde. Die Bürger pflegten sich dabei auf dem Römerberg zu versammeln. Hätten sie den Eid verweigert, wären auch ihre kostbaren Privilegien verloren gewesen und die Stadt der Reichsacht verfallen. Am

Plünderung der Judengasse, Kupferstich von Matthäus Merian

16. Mai 1612 leisteten die Bürger den Eid, und Wahl und Krönung von Matthias hätten ihren Lauf nehmen können, aber die Bürger bestanden darauf, die Privilegien mit eigenen Augen zu sehen, die sie 100 Jahre lang nicht zu Gesicht bekommen hatten. Dies wurde ihnen verweigert, und nun kam es zu einem fragwürdigen Aufstand gegen den Rat der Stadt und die herrschenden Familien. Vor allem die Zünfte und die niederen Stände rebellierten nicht nur gegen die Oberen, sondern lenkten ihre Wut auch gegen die Juden. Unter der Führung des Lebkuchenbäckers Vinzenz Fettmilch wurde 1614 die Judengasse geplündert, die Bewohner wurden dabei vom Pöbel auf üble Weise verfolgt und verjagt.

Erst 1616 endete mit der Hilfe des Kaisers, des Kurfürstentums Mainz und der Landgrafschaft Hessen-Kassel der Aufstand, und der Rädelsführer Fettmilch wurde hingerichtet. Die Juden erlangten vom Kaiser ein Mandat, zogen unter militärischem Schutz wieder in die Stadt ein und gedachten fortan regelmäßig des Tages der Rückkehr, den sie „Puri Vinz“ nannten. 1619 wurde dann Ferdinand II. in dem wieder befriedeten Frankfurt gewählt und gekrönt.

Über den Ablauf der Wahlen und Krönungen im 17. und 18. Jahrhundert informieren die sogenannten Diarien, in denen viele Einzelheiten, etwa über Teilnehmer, Vorkommnisse und Quartiere festgehalten wurden. Im 18. Jahrhundert entstand dann eine kaum zu überblickende Literatur, die das gigantische Wahl- und Krönungsspektakel in Reiseberichten, Memoiren und Abhandlungen beschreibt.

In „Dichtung und Wahrheit“ zeigte sich Johann Wolfgang Goethe von Wahl und Krönung Josephs II. im Jahre 1764 stark beeindruckt:

*„Der Zulauf und das Gedränge war außerordentlich. Ich wusste mich in dem Römer, den ich wie eine Maus den heimischen Kornboden genau kannte, solange herumzuschmiegen, bis ich an den Haupteingang gelangte, vor welchem die Kurfürsten und Gesandten, die zuerst in Prachtkutschen herangefahren und sich oben versammelt hatten, nunmehr zu Pferde steigen sollten. Die stattlichsten, wohlzugerittenen Rosse waren mit reich gestickten Waldrappen überhangen und auf alle Weise geschmückt. Kurfürst Emmerich Joseph, ein schöner behaglicher Mann, nahm sich zu Pferde gut aus ... Auch die Botschafter der abwesenden weltlichen Kurfürsten in ihren goldstoffnen, mit Gold überstickten, mit goldnen Spitzentressen reich besetzten spanischen Kleidern taten unsern Augen wohl; besonders wehten die großen Federn von den altertümlich aufgekrempten Hüten aufs prächtigste.“*[5]

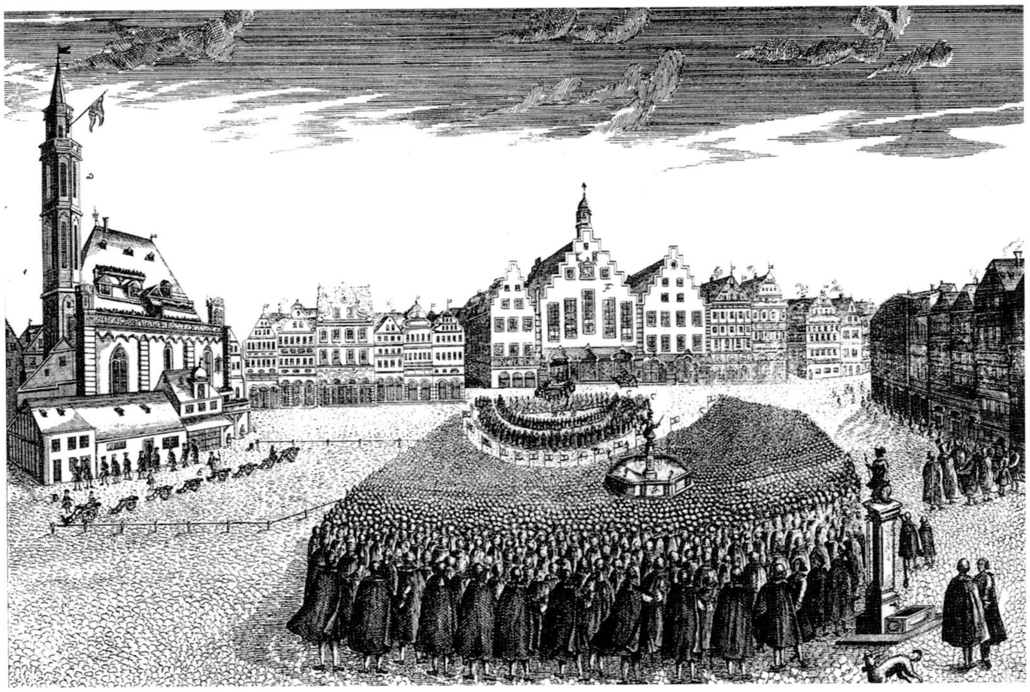

Huldigung der Frankfurter auf dem Römerberg vor Joseph II., 1764, Stich von J. Wisger

In seinen Erinnerungen schwelgt Goethe ausführlich in ebenso gut informierten wie scharfen Beobachtungen. Die Mischung aus städtischem Volksfest und feierlicher Huldigung der Monarchie ist bei ihm in hervorragender Weise getroffen. Solange Wahl und Krönung andauerten, herrschte in der Stadt ein feierlicher Ausnahmezustand: Trinkgelage, Essorgien, Straßentheater mit Gauklern und Bärenführern und nicht zuletzt das unvergleichliche Schauspiel des Krönungszuges. Übrigens war es bis zur Reformation guter Brauch, dass die Stadt dem Kaiser und seinem Gefolge Dirnen zur Verfügung stellte und die Kosten übernahm. Im Jahre 1394 sollen während des Reichstages 800 fahrende Frauen in die Stadt gekommen sein, und während der Messen brachten auch die Bordellwirte der Nachbarstädte ihre Dirnen nach Frankfurt, wobei sie sich auf die Messfreiheit beriefen, die den ungehinderten Betrieb eines jeglichen Gewerbes garantierte.
Es kam aber auch zu erheblichen Belastungen der Bevölkerung. So mussten bei der Krönung des Wittelsbachers Karl VII. im Jahre 1741 mehrere zehntausend Gäste in der Stadt untergebracht werden – und das bei nur etwa 25 000 einheimischen Frankfurtern. Die Bürger waren – wie die Familie Goethe – verpflichtet, Quartiere zu schaffen. Maximilian I. brauchte für seinen Hofstaat 262 Bürgerhäuser und Stallungen für 3141 Pferde.
Am 2. Juni 1759 besetzten französische Soldaten Frankfurt. Zum Glück für die Stadt waren die preußischen Truppen am Karfreitag 1759 in der Schlacht bei

Bergen von den Franzosen geschlagen worden; sonst nämlich hätte die Stadt mit Belagerung und Beschießung rechnen müssen. Die Besatzung dauerte bis zum Kriegsende im Februar 1763 und machte zwar einerseits den Bürgern schwer zu schaffen, auf der anderen Seite führte sie aber zu einem zivilisatorischen Entwicklungsschub: Die Straßen wurden nach Pariser Vorbild gepflastert und beleuchtet, die Häuser nummeriert, und die ersten Mietdroschken nahmen den Betrieb auf.
Nach der Kanonade von Valmy am 20. September 1792 und dem Rückzug der Koalitionstruppen eroberten die Franzosen Speyer, Worms und Mainz und besetzten erneut Frankfurt. Kurz vorher war Franz II. zum König gewählt und gekrönt worden, angesichts der Verhältnisse nach der Französischen Revolution ein gigantischer Spuk. Das Heilige Römische Reich Deutscher Nation ging jetzt ganz entschieden seinem Ende entgegen, und um Frankfurts einst glänzende Stellung als Reichsstadt, Wahl- und Krönungsort war es damit geschehen. Am 11./12. Juli 1806 schließlich unterschrieben die meisten deutschen Staaten den Beitritt zum Rheinbund, einer Konstruktion Napoleons.

## Messestadt Frankfurt

Schon im 11. Jahrhundert dürfte in Frankfurt eine Erntemesse abgehalten worden sein, bei der vor allem Getreide, Wein, Holz, Wolle, Wachs, Seife und Nutztiere verkauft wurden. Erwähnt wird diese Messe bereits 1160 im Kommentar des Eliser Ben Nathan zum Talmud und 1227 in einem Brief Heinrich VII. an die Stadt Regensburg. Am 11. Juli 1240 machte dann Kaiser Friedrich II. „aller Welt bekannt, dass Wir alle insgesamt und jeden Einzelnen der zu den Messen nach Frankfurt Reisenden unter Unseren und des Reiches Schutz aufnehmen. Wir gebieten, dass niemand sich auf dem Hinweg zu diesen Messen oder auf dem Rückweg in irgendeiner Weise zu belästigen oder zu behindern wagen soll.“[6]
Diesem weltweit ersten kaiserlichen Privileg als offizielle Messestadt ließ Kaiser Ludwig der Bayer am 25. April 1330 die Bestätigung für eine Fasten-, also Frühjahrsmesse folgen. So war der wirtschaftliche Aufstieg Frankfurts gesichert, denn die beiden Urkunden garantierten die Sonderstellung des Messeplatzes am Main im Reich. Frankfurt war zum ‚Kaufhaus der Deutschen' geworden. Neben den üblichen Gebrauchsgütern wurden Luxuswaren angeboten, die als Fenster in

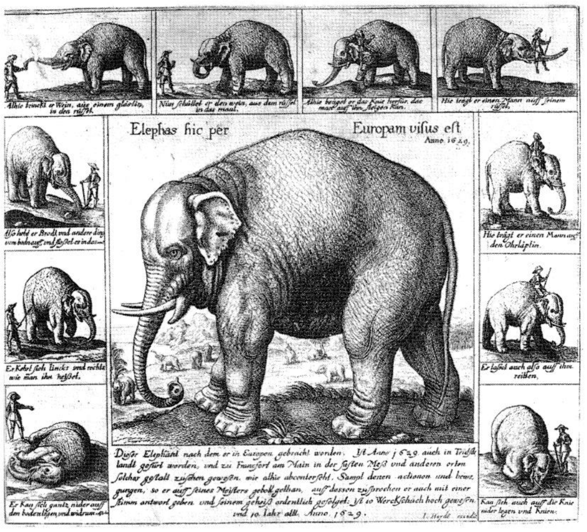


Ein Elefant als besondere Attraktion auf der Fastenmesse 1629, Kupferstich von J. Heyde nach Wenzel Hollar

ferne Weltgegenden dienten: Gewürze aus dem Orient, kostbare Seidenstoffe aus den Mittelmeerländern, Pelze aus Russland. Aber auch gute Weine aus dem Elsass, aus Franken und vom Mittelrhein sowie gesalzener Fisch aus Lübeck zur Fastenzeit. Mit den Waren kamen von überall her die Kaufleute; so war es Frankfurt seit jeher gewohnt, Fremde willkommen zu heißen. Und so ist es auch nicht verwunderlich, dass die Messen und ihre populären Begleitumstände zu den vielfältigsten Kommentaren und literarischen Zeugnissen Anlass boten.
König Franz I. nannte Frankfurt den „vornehmsten und berühmtesten Handelsplatz nicht allein Deutschlands, sondern beinahe des ganzen Erdkreises", womit er allerdings dem Rat schmeicheln wollte. Martin Luther hingegen war das Messetreiben zuwider. Er hätte im Zuge der Reformation am liebsten auch gleich die Messe als Ursache vieler Übel abgeschafft:

*„Rechne Du, wieviel Geldes in einer Messe zu Frankfurt aus deutschen Landen geführt wird, ohne Not und Ursache. Frankfurt ist das Gold- und Silberloch, dadurch aus deutschem Land fleußt, was nur quillt und wächst, gemünzt und geschlagen wird bei uns. Wäre das Loch zugestopft, so dürfte man jetzt die Klage nicht hören, wie allenthalben eitel Schuld und kein Geld, alle Land und Städte mit Zinsen beschwert und ausgewuchert sind."*[7]

Ulrich von Hutten hingegen war zur selben Zeit einigermaßen angetan von der Messe und schrieb über sie: „Weither suchen die Völker sie auf und wandern die Menschen, denn für die Waren der Welt ist der wimmelnde Markt."[8]
Die Buchmesse war zunächst nur ein Teil der Warenmesse. Seit 1480 fand sie dann eigenständig mit einem einzigartigen Gepräge statt, das der Rat der Stadt durch eine liberale Handhabung der Zensur noch förderte. Frankfurt wurde nun zum Mekka für Autoren, Drucker, Verleger und Buchkäufer.
Während der Messen herrschte eine Art verkehrte Welt, ein Karneval, in dem die strengen Polizeiordnungen aufgehoben waren. Die Kirchen erlaubten auch an Fastentagen den Verzehr von Fleisch. Die Handwerker und Kaufleute erhielten die Genehmigung, auch sonntags Geschäfte zu treiben, die Wirtshäuser durften auch in der Nacht geöffnet haben, und es konnten beliebig lange Messer und Schwerter getragen werden. Dabei ging es wild zu. Es kamen nicht nur ehrbare Herrschaften, sondern auch Huren, Vaganten und jede Menge Bettler und Diebe. Bald hatte Frankfurt den Ruf einer ‚stinkreichen' Stadt, in der man sich Sachen erlauben konnte, von denen Einwohner anderer Städte nur träumten.

Ihren zahlenden Gästen gegenüber zeigten sich die Frankfurter liberal und weltoffen, und so hatte es die Stadt wohl ihren Messen zu verdanken, dass sich bei aller Reglementierung des öffentlichen Lebens außerhalb der Messen allmählich ein Klima der Toleranz bildete.

Die Reformierten konnten nun endlich in eigenen städtischen Kirchen ihre Gottesdienste feiern, nachdem sie zuvor nach Bockenheim hatten ausweichen müssen. Auch die Lage der bis dahin ausgepressten Dorfbewohner verbesserte sich erheblich. Ihre Frondienste wurden spürbar verringert, und sie konnten sich leichter von der Leibeigenschaft freikaufen. Anders als in der Nachbarstadt Mainz führte dann auch die Französische Revolution nicht zu jakobinischen Aktivitäten. Nur in Sachsenhausen wurde ein Jakobinerclub gegründet, der aber ohne Wirkung blieb.

Gegen Ende des 17. Jahrhunderts begann sich das Bild der Messe zu wandeln. Der Buchhandel verlagerte sich angesichts der immer rigoroser werdenden Zensur nach Leipzig. Die politischen Wirren, in die Frankfurt als eines der Zentren des Reichs hineingezogen wurde, kamen dem Messeplatz Leipzig weiter zugute, bis die Stadt an der Pleiße die Mainmetropole schließlich um 1800 ein- und überholte. Frankfurt konnte nur seine Bedeutung als Banken- und Börsenzentrum wahren, während die Messen zu regionalen Verkaufsschauen mit Jahrmarktscharakter herabsanken. Auch die Gründung der Messe- und

Buchdrucker bei der Arbeit, Stich von Jodocus Badius Ascensius, 1520

Die Messe. Titelkupfer aus dem Lobgedicht des Obristen Johann Albrecht Jormann, 1696

Ausstellungsgesellschaft im Jahr 1907 brachte nur einen kurzen Aufschwung (mit der Eröffnung der Festhalle 1909), der bis zur Wirtschaftskrise 1929 andauerte.
Nach dem Zweiten Weltkrieg wiederholte sich die Entwicklung, die zum Niedergang der Frankfurter Messe geführt hatte, mit umgekehrtem Vorzeichen. Nun rückte Leipzig an die Peripherie. Unmittelbar nach der Währungsreform, im Oktober 1948, fand die erste Herbstmesse in Frankfurt statt. Seit 1949 wird die Buchmesse wieder in Frankfurt veranstaltet, die sich seitdem zur wichtigsten internationalen Buchmesse entwickelt hat. Der 1991 fertiggestellte Messeturm schließlich ist eines der höchsten Bürogebäude Europas und mittlerweile ein allgemein akzeptiertes Wahrzeichen der Stadt.
Doch nun zurück zur ‚großen Geschichte'. Wir nehmen den Faden im 16. Jahrhundert wieder auf und befassen uns mit der Zeit Philipps des Großmütigen.

## Philipp der Großmütige und das Zeitalter der Reformation

Man sollte sich davor hüten, in der Geschichte großzügig Parallelen zu konstruieren, aber es ist doch erstaunlich, dass Philipp von Hessen, den man später freundlich „den Großmütigen" nennen sollte, in einer ähnlichen Konstellation an die Regierung kam wie Landgraf Heinrich I. von Hessen. Wieder war der Vater – Landgraf Wilhelm II. – früh gestorben, wieder musste die Mutter – Landgräfin Anna – sich in aufreibenden Kämpfen, diesmal mit den Ständen und der Ritterschaft, durchsetzen, und abermals gab es einen unmündigen Sohn, der dann bald darauf die Regierung übernahm.
Im Spätsommer 1506 musste der schwer an der Syphilis erkrankte Landgraf Wilhelm II. in Kassel seine Regierungstätigkeit aufgeben. Zunächst übernahmen die Stände unter der Führung des Statthalters Ludwig von Boyneburg die Macht, bis 1508 Landgräfin Anna von Mecklenburg für ihren erst vierjährigen Sohn Philipp die Regierung übernahm. Dabei kam ihr die Verwandtschaft, nämlich die sächsischen Fürsten, zu Hilfe, die sich dadurch einen größeren Einfluss versprachen.
Obwohl im 16. Jahrhundert in Hessen allmählich ein vorabsolutistischer Staat mit einer modernen Verwaltung, einer bürgerlichen Beamtenschaft und einem verbesserten Bildungswesen entstand, war die Herrschaft doch weiter von un-

ermüdlichen Gebietskämpfen, Verwandtschaftsintrigen, Auseinandersetzungen mit dem Reich, also dem Kaiser, von immer neuen Bündnissen, Verrat und auch von Willkür geprägt.

Landgraf Philipp, der in Hessen unter enormen Schwierigkeiten und Rückschlägen die Reformation durchsetzte, hatte, so kann man es aus heutiger Sicht beschreiben, zwei Gesichter. Das eine war rückwärtsgerichtet, in die überkommenen Verhältnisse mit Kriegen, Krisen, Machtgehabe; das andere schaute in die Zukunft und war der Modernisierung des Staates, der Bildung und der großen Bewegung der Reformation zugewandt.

Mit 13 Jahren wurde er von Kaiser Maximilian I. für mündig erklärt, und im März 1518 übernahm er von seiner Mutter die Regierungsgeschäfte. 1521 besuchte Philipp den Reichstag zu Worms unter Karl V., der seinem 1519 gestorbenen Großvater Kaiser Maximilian I. nachgefolgt war. Über den siebzehnjährigen Landgrafen äußerte sich der päpstliche Nuntius auf dem Reichstag später zwiespältig. Er sei zwar mit glänzenden Gaben ausgestattet, leider aber von „übelster erzlutherischer Gesinnung". Der Nuntius führte das auf den Einfluss von Philipps einstigem Vormund zurück, also auf den sächsischen Kurfürsten Friedrich den Weisen, der ein Freund und Beschützer Luthers war. Und damit lag der päpstliche Gesandte nicht einmal falsch. Philipp hing zwar Luthers Lehre noch nicht konsequent an, zeigte aber an seinen umstürzlerischen religiösen Auffassungen ein außerordentliches Interesse.

Luther wurde durch seinen Auftritt beim Wormser Reichstag sehr populär. Hier hatte er sich vor dem Kaiser, den Fürsten und Städten des Reichs, vor der maßgeblichen Reichsöffentlichkeit also, geweigert, die vom Papst verdammten Äußerungen zurückzunehmen: „Hier stehe ich. Ich kann nicht anders. Gott helfe mir! Amen", soll er gesagt haben.

Der Auftritt Luthers muss den jungen Landgrafen sehr beeindruckt haben; denn er suchte ihn in seinem Quartier auf, um ihn höchstselbst zu befragen. Zwar führte die Unterredung noch nicht zum religiösen Übertritt Philipps, aber doch zu weiterer Verunsicherung: „Habt ihr Recht, so helfe euch Gott", sagte er Luther zum Abschied und setzte sich für die Einhaltung des freien Geleits ein, das man Martin Luther zugesichert hatte.

Fünf Jahre später führte er die Reformation offiziell im Lande Hessen ein. Am 27. August 1526 hatte der Reichstag zu Speyer dafür die gesetzlichen Voraussetzungen geschaffen. Er hatte es den Reichsständen freigestellt, bis zu einem künftigen Konzil sich so zu entscheiden, wie man es „gegen Gott und kaiserliche Majestät"

Luther wurde durch seinen Auftritt beim Wormser Reichstag sehr populär. Hier hatte er sich vor dem Kaiser, den Fürsten und Städten des Reichs, vor der maßgeblichen Reichsöffentlichkeit also, geweigert, die vom Papst verdammten Äußerungen zurückzunehmen: „Hier stehe ich. Ich kann nicht anders. Gott helfe mir! Amen", soll er gesagt haben.

Die Homberger Stadtkirche, in der 1526 die Synode stattfand

verantworten zu können glaube. Man nannte solche Beschlüsse ‚Abschiede'; in ihrer Bedeutung lassen sie sich mit Gesetzen vergleichen, wie sie heute vom Bundestag beschlossen werden. Wenig später, am 20. Oktober 1526, wurde auf der „Homberger Synode" die Gründungsschrift der Reformation von den hessischen Ständen angenommen: die „Reformatio ecclesiarum Hassiarum" (Reformation der Kirchen Hessens). Sie war von dem ehemaligen südfranzösischen Franziskanermönch Franz Lambert von Avignon verfasst worden, der in engem Kontakt mit den Schweizer und oberdeutschen Reformatoren stand. Der führende hessische Theologe und Hofprediger Adam Krafft hatte sie auf Deutsch vorgetragen. Die Synode in Homberg an der Efze war von Landgraf Philipp einberufen worden, um den Übertritt Hessens zur Reformation durch Vertreter von Ritterschaft, Städten und Geistlichkeit besiegeln zu lassen. Luther allerdings war mit diesem offiziellen Akt gar nicht einverstanden. Er sprach sich deutlich dafür aus, die Reformation in einem allmählichen Übergang mit schrittweisen Veränderungen und nicht durch einen ‚Haufen Gesetze' zu vollziehen. Erst 1539 wurde dann in der „Ziegenhainer Zuchtordnung" die evangelische Kirchenverfassung festgelegt. Die Lager formierten sich. Fortan und für lange Zeit standen sich die ‚Altgläubigen' und die Anhänger der Reformation – oft unversöhnlich – gegenüber.

Ohne tiefgreifende Veränderungen in der gelebten Religion, der Glaubenspraxis, wäre die Reformation in Hessen keine stabile, lebensfähige Größe geworden. Bahnbrechend war vor allem die neue Lehre, man könne allein durch den Glauben zur Seligkeit gelangen. Er allein – die oft zitierte theologische Formel lautete „sola fide" –, also das Hören von Schrift und Predigt, sollten entscheiden. Damit wurden die vielfältigen stellvertretenden Vermittlungsinstanzen der Katholiken überflüssig. Nicht die neben der Gemeinde praktizierte Frömmigkeit der Mönche und Nonnen, nicht das Wirken der Priester und die kirchlichen Praktiken der Sündenvergebung und insbesondere nicht die Herrschaft des Papstes ebneten den Weg zu Gott, sondern das unmittelbare Christuszeugnis, wie es in der Bibel festgelegt war. Luthers Gott ließ nicht mit sich handeln. Ob die armen Sünder am Tag des Jüngsten Gerichts verdammt würden oder der ewigen Seligkeit teilhaftig, das sollte nun nicht mehr von ihren Werken, ihren Spenden und Gebeten abhängen, sondern allein von der Gnade Gottes.

1527 wurden etwa 50 Klöster in Hessen aufgehoben. Für jedermann sichtbar verschwand das auf diese Weise eingenommene Geld nicht einfach im Staatssäckel, sondern es diente der allgemeinen Wohlfahrt. So wurden vier bedeutende Klöster in Landeshospitäler für Arme, Sieche, Blinde, Epileptiker und Irre umgewandelt: Haina in Oberhessen, Merxhausen in Niederhessen, Gronau in der Niedergrafschaft Katzenelnbogen und Hofheim in der Obergrafschaft. Drei von ihnen bestehen noch heute. Hinzu kamen Stadthospitäler und neue Schulen. Die Besoldung der Pfarrer wurde transparent und einheitlich geregelt, die ‚arbeitslos' gewordenen Mönche und Nonnen versorgt.

Am wichtigsten aber war die Gründung der ersten evangelischen Landesuniversität in Marburg. Am 30. Mai 1527 schrieben sich die ersten Studenten ein. Acht Wochen später begann der Lehrbetrieb mit zunächst 88 Studenten und Professoren, darunter als Theologen Adam Krafft und Franz Lambert. An der Marburger Universität sollten vor allem Pfarrer ausgebildet werden, die als ‚Motoren' der Reformation zu dienen hatten.

1528 trat dann der Erzbischof von Mainz die geistliche Gerichtsbarkeit an Hessen ab. Dadurch war Philipp auch kirchenrechtlich gestärkt.

Die Einführung der Reformation verlief gewiss nicht ohne erhebliche Konflikte. Sie wurden aber durch das besonnene Vorgehen des Landgrafen und eine feste Ordnung des hessischen Staatswesens entschärft, etwa in den Fällen der ‚Abendmahlsfrage' und der Bewegung der Täufer.

Denkmal Philipps des Großmütigen in Homberg

In Ersterem traten deutliche Widersprüche zwischen den kursächsischen und den schweizerisch-oberdeutschen Theologen hervor. Philipp neigte eher dem Zürcher Reformator Huldreich Zwingli zu, der weniger dogmatisch und deutlich weltoffener dachte als die Sachsen um Luther. Im Religionsgespräch auf dem Marburger Schloss Anfang Oktober 1529 gelang es dem Landgrafen, zwischen den beiden Richtungen zu vermitteln. In 14 Artikeln wurde die neue Glaubensrichtung einvernehmlich formuliert, nur beim Kernpunkt, der umstrittenen Abendmahlslehre, konnte man sich nicht einigen. Es ging dabei um die Frage, wie die Gegenwart Christi im Abendmahl aufzufassen sei. Zwingli und später auch der Schweizer Reformator Johann Calvin verstanden das Abendmahl als Eingedenken, als Gedächtnishandlung der versammelten Gemeinde, um im Glauben stärker zu werden. Luther jedoch bestand weiterhin darauf, dass beim Abendmahl mit Brot und Wein wirklich der Leib und das Blut Christi empfangen würden.

Der zweite Konflikt nahm seinen Ausgang von dem Umstand, dass die Reformatoren nicht nur von den ‚Altgläubigen' bekämpft wurden, sondern auch die sogenannten Täufer zu ihren Gegnern zählten, denen die neue Lehre nicht weit genug ging. Sie waren nämlich der Ansicht, nur durch eine im Erwachsenenalter bewusst und entschieden zu vollziehende Taufe könne man als wahrer Christenmensch existieren. Als ‚entschiedene Christen' wollten sie mit der neuen Kirche ebenso wenig zu tun haben wie mit der katholischen. Im Reich wurden sie als Ketzer mit der Todesstrafe bedroht. Philipp, der nicht nur in dieser Frage toleranter war, lehnte die Vollstreckung der Strafe ab. Durch eine straffe Kirchenordnung, Verhöre und Drohungen wollte man in Hessen der Täufer-Bewegung Herr werden, die sich zunächst im Osten des Landes, dann im Raum Gießen und Marburg ausbreitete. Der Landgraf bat den Straßburger Reformator Martin Bucer um Hilfe, und es gelang ihm schließlich 1538/39, den Konflikt zu lösen. In der schon erwähnten „Ziegenhainer Zuchtordnung" von 1538 wurde eine Art zweite Taufe festgelegt, die Konfirmation, auf die ein Katechismus-Unterricht vorbereitete. Die aus diesem Kompromiss mit den Täufern hervorgegangene evangelische Konfirmation besteht im Wesentlichen bis heute.

Dass Landgraf Philipp die hohe Bedeutung symbolischer Handlungen kannte und sie für die Durchsetzung der Reformation zu nutzen wusste, geht aus einer in unterschiedlichen Versionen überlieferten Episode hervor: Am 18. Mai 1539 kam er mit vielen Adligen, Vertretern der städtischen Führung und des Handwerks in die Marburger Elisabethkirche. Die Kirche war an diesem Sonntag voller Gläubiger aus der Stadt und dem Umland, die den Gottesdienst besuchen wollten. Es war wohl bekannt geworden, dass der Landgraf im Hoheitsgebiet des Deutschen Ordens, dem die Kirche unterstand, ein Zeichen setzen wollte. Adam Krafft hielt zunächst die erste evangelische Predigt in der Elisabethkirche. Anschließend begab sich Philipp an den Zugang zum Elisabethenschrein, wo die Gebeine der Heiligen Elisabeth, der Ahnfrau des hessischen Fürstenhauses und Ikone der Volksfrömmigkeit, in einem kunstvoll verzierten Behälter aufbewahrt wurden. Die Situation spitzte sich zu. Es wurde verhandelt, gefordert und gedroht, der Komtur aber blieb bei seiner Weigerung. Schließlich ließ Philipp die Schlösser aufbrechen und den Schrein öffnen. Mit den Worten „Kum her, mum Els. Das ist mein elder Mutter *(meine Ahnfrau)*, her cometur“ entnahm er die Gebeine und ließ sie zusammen mit dem Schädel, der in einem besonderen Reliquar aufbewahrt wurde, auf das Marburger Schloss bringen.[9]

Die Elisabethkirche in Marburg

So kühn und besonnen Philipp und die evangelischen Theologen in Glaubensfragen agierten, so sehr blieb der Landgraf im politisch-militärischen Handeln den Mustern seiner Zeit verhaftet.

Zwar unterschied er sich auch hier gelegentlich vom blinden Wüten anderer Herren, etwa nachdem er im Bauernkrieg 1525 den Aufstand der hersfeldischen und fuldaischen Bauern niedergeworfen und kräftig dabei geholfen hatte, den legendären Mühlhäuser Haufen bei Frankenhausen am Kyffhäuser zu besiegen. Er beteiligte sich anschließend nämlich nicht an der gnadenlosen Vernichtung der geschlagenen Bauern durch seine fürstlichen Kollegen, sondern verbot vielmehr seinen Truppen Ausschreitungen, ging besonders krassen Missständen nach und gewährte einigen flüchtigen Bauernführern sogar Asyl im Land.

Auf dem Reichstag in Speyer im Jahre 1529 traten dann die Konflikte mit dem Reich in scharfer Form hervor. Im Abschied wurden sämtliche kirchlichen Veränderungen seit 1526, besonders auch in Hessen, reichsoffiziell verurteilt. Daraufhin protestierten die Fürsten der Reformation und eine Anzahl von Reichsstädten energisch und verbaten sich die Einmischung in religiöse Fragen. Ihr Widerspruch führte zu der Bezeichnung „Protestanten“.

Nach diesen Vorgängen waren sie gewarnt. Am 27. Februar 1531 schlossen sie sich im thüringischen Schmalkalden zum „Schmalkaldischen Bund“ zusammen: sechs Fürsten und zehn Städte, allesamt Anhänger der Augsburgischen Konfession, die so genannt wurde, nachdem Philipp Melanchton beim Reichstag die gemäßigte Bekennerschrift „Confessio Augustana" vorgelegt hatte. Zu diesem Bund gehörten auch die vier oberdeutschen Städte Straßburg, Konstanz, Lindau und Memmingen, die sich zur „Confessio Tetrapolitana" (= Bekenntnis der vier Städte) zusammengefunden hatten. An der Spitze des Bundes standen Kurfürst Johann von Sachsen und Landgraf Philipp von Hessen, die zu dieser Zeit die führenden Figuren des Protestantismus in Deutschland waren. Gegen den Kaiser und das Haus Habsburg baute Philipp nun das Bündnis aus, gewann auf europäischer Ebene Frankreich hinzu und nahm Verbindung mit England, Dänemark und Ungarn auf. Unter Philipps Führung betrieb man so eine Art Großmachtpolitik. Selbst das katholische Bayern, das sich dem Kaiser widersetzte, stand dem Schmalkaldischen Bund nahe. In einem ebenso frechen wie kühnen Unternehmen führte Philipp im Frühjahr 1534 Herzog Ulrich von Württemberg, der zuvor, im Jahre 1526 als Flüchtling in Kassel aufgenommen worden war, in dessen von den Habsburgern besetztes Herzogtum zurück, aus dem ihn 1519 der Schwäbische Bund vertrieben hatte. Daraufhin trat auch Württemberg dem Schmalkaldischen Bund bei und Philipp schien bei seinem Versuch, den Protestantismus auch politisch zu organisieren, von Erfolg zu Erfolg zu eilen. 1538 verabredeten jedoch König Ferdinand sowie etliche mittel- und norddeutsche Fürsten in Nürnberg ein katholisches Gegenbündnis, das ebenfalls rasch wuchs. Neben Dänemark, Brandenburg und Mecklenburg traten auch die Herzöge von Sachsen der jüngeren albertinischen Linie diesem Bündnis bei. Zwar handelte es sich in beiden Fällen eigentlich um Defensivbündnisse, man belauerte sich jedoch gegenseitig, trotz wiederholter friedlicher Religionsgespräche und vieler Kontakte, in ständiger Furcht, die anderen könnten zuerst losschlagen.

Kaiser Karl V. hingegen, der Bruder König Ferdinands, bekämpfte den Schmalkaldischen Bund offensiv. Es mag sein, dass Philipp, der stets auf Ausgleich bedacht war, die kriegerische Absicht des Kaisers verkannte – vielleicht sind solche Vermutungen aber auch nur der Versuch der Geschichtsschreibung, die nun folgende Entwicklung zusätzlich zu dramatisieren: hier der eher gutmütige Landgraf, der auf Argumente und Vernunft setzte, dort der starke, kriegsentschlossene Kaiser. Wie dem auch sei, es geschah etwas Einmaliges, das offenbar den Niedergang des Landgrafen einleitete.

Philipp hatte sich wie sein Vater Wilhelm II. durch ein ungeregeltes Sexualleben die Syphilis in schwerer Form zugezogen. Zudem litt er an einer seltenen geschlechtlichen Anomalie, die im Medizinerjargon ‚Triorchie' heißt: Er besaß drei Hoden und ein – vielleicht deshalb – kaum zu befriedigendes Sexbedürfnis. Das führte zu Gewissensnöten und erheblichen Selbstzweifeln. Mit anderen Worten: Die Beziehung zu seiner Frau, Christine von Sachsen, mit der er vier Söhne und sechs Töchter hatte und mit der er auch aus bündnispolitischen Gründen verheiratet war, verlief unglücklich. In einem seinerzeit einmaligen Akt verfiel er der Bigamie: Er heiratete zusätzlich seine siebzehnjährige Geliebte, Margarethe von der Sale, ein Hoffräulein seiner Schwester Elisabeth von Sachsen-Rochlitz. Das geschah am 4. Mai 1540 in Rotenburg an der Fulda. Luther und Melanchton hatten ihm, vielleicht unter Druck, Zustimmung signalisiert. Das Ganze hätte eigentlich geheim bleiben sollen, sprach sich im gesamten Reich aber schnell herum und wuchs sich zum Skandal des Jahrhunderts aus. Auf Bigamie stand nach der kaiserlichen Halsgerichtsordnung die Todesstrafe, also war Philipp als Bigamist der Gnade des Kaisers preisgegeben. Der Schmalkaldische Bund wurde dadurch aufs Höchste strapaziert. Der Kaiser konnte sich die evangelischen Lande am Niederrhein ohne Widerstand aneignen, und bald sah er die Stunde gekommen, gegen die Protestanten zu Felde zu ziehen. Er löste 1546 auf dem Reichstag zu Regensburg Bayern aus der antihabsburgischen Politik und verpflichtete das Land zur Neutralität. Zudem schlugen sich mehrere evangelische Fürsten auf Karls Seite, zu Philipps großem Schmerz war auch sein Schwiegersohn Moritz von Sachsen darunter. Der Schmalkaldische Bund hatte 15 Jahre Frieden gebracht, nun war es um ihn geschehen.

Am 24. April 1547 nahm Karl V. auf der Lochauer Heide bei Mühlberg den sächsischen Kurfürsten mit seinen Truppen gefangen. Auch Philipp verlor dabei seine Streitmacht. Nach monatelangen Kapitulationsverhandlungen unterwarf er sich am 19. Juni in Halle mit Kniefall der Gnade des Kaisers. Er wurde zwar nicht hingerichtet, musste aber fünf Jahre in kaiserlicher Gefangenschaft in den Niederlanden verbringen, wobei er in der ständigen Furcht lebte, nach Spanien in des Kaisers Stammland verschleppt zu werden, um für immer von der Bildfläche zu verschwinden.

Schließlich wurde Philipp im Rahmen der großen Fürstenerhebung 1552 aus der Gefangenschaft befreit. An der Spitze des Befreiungsheeres standen sein Sohn Wilhelm und der Kurfürst Moritz von Sachsen. Hessen war mehr oder weniger unbeschadet durch die Zeit ohne den Herrscher gekommen. Der protestantische Staat hatte sich mit seinen Institutionen wie Kirche, Beamtenschaft, Adel und Bürgertum als stabil erwiesen.

Margarethe von der Sale (Kopie eines verschollenen Gemäldes von 1539)

Anders gesagt: Der vormoderne Staat war so gefestigt, dass er sich auch ohne die Gegenwart des Regenten als lebensfähig erwies. Im Augsburger Religionsfrieden von 1555 schließlich wurde das Nebeneinander der katholischen Kirche und des Protestantismus im Rahmen der Reichsgesetze festgeschrieben. Bis zu seinem Tod am 31. März 1567 in Kassel blieben Philipp nach der Befreiung aus der Gefangenschaft des Kaisers noch 15 Jahre. Es heißt, er sei in diesen Jahren, geläutert durch Niederlagen, religiöse, politische und familiäre Kämpfe, bestrebt gewesen, zwischen den evangelischen Bekenntnissen zu vermitteln und den Krieg als politisches Mittel hintanzustellen.

Sein Land hatte durch die Kriege, Besetzungen und Reparationskosten stark gelitten, wenn es auch politisch stabil geblieben war. Man sagt, Philipp habe die letzte Lebenszeit auf den mühseligen und geduldigen Wiederaufbau verwandt. Vielleicht nannte man ihn, der sich großer Sünden schuldig gemacht hatte, auch deshalb „Philippus Magnanimus“, Philipp den Großmütigen. Er war eine herausragende Gestalt nicht nur der hessischen Geschichte.

## Hugenotten in Hessen

Es ist nicht vollkommen geklärt, woher der Begriff „Hugenotten“ stammt; man nimmt aber an, dass es sich um eine französische Verballhornung von „Eidgenossen“ handelt. Seit der Mitte des 16. Jahrhunderts verbreitete sich der Calvinismus von der Schweiz aus in Frankreich; die französischen Protestanten formulierten 1559 auf ihrer ersten Nationalsynode in Paris ihr Bekenntnis „Confessio Gallicana“.

Es ist nicht vollkommen geklärt, woher der Begriff „Hugenotten“ stammt; man nimmt aber an, dass es sich um eine französische Verballhornung von „Eidgenossen“ handelt.

Nach blutigen Konfessionskriegen gewährten die französischen Könige den Hugenotten politische Sonderrechte und Ansätze von Religionsfreiheit. Aber schon 1685 wurden ihnen im sogenannten Revokationsedikt von Fontainebleau unter Ludwig XIV. die Rechte wieder aberkannt. Die Hugenotten konnten sich nur noch als „Église du désert“ (Kirche der Wüste) halten. 200 000 von ihnen wanderten daraufhin aus; sie nannten sich „Réfugiés“, Flüchtlinge. Diese Réfugiés sollten für die wirtschaftliche und kulturelle Entwicklung der Gastländer von erheblicher Bedeutung werden.

Nach 1685 wurden in Kurhessen von den Hugenotten 21 Orte neu gegründet. Darunter befanden sich die Städte Karlshafen und Kassel-Oberneustadt. Unter allen deutschen Staaten hat Hessen-Kassel im Verhältnis zur Größe und Bevölkerung des eigenen Landes die meisten Réfugiés aufgenommen. Dabei trat ganz besonders Landgraf Karl von Hessen-Kassel hervor. Mit seiner am 18. April 1685 erlassenen „Freiheitskonzession und -begnadigung" bot er den Hugenotten an, in sein Land zu kommen.

Die bedeutendste Hugenotten- und Waldensersiedlung in Hessen ist zweifellos bis heute Bad Karlshafen; denn dort hat das Deutsche Hugenotten-Zentrum mit Archiv und Museum ebenso seinen Sitz wie die Deutsche Hugenotten-Gesellschaft. Die Waldenser beriefen sich auf die Lehre des Petrus Waldus, der um 1150 als Kaufmann in Lyon lebte. Als Ketzer wurden sie von der mittelalterlichen Kirche verfolgt. Im 16. Jahrhundert schlossen sie sich der calvinistischen Lehre an, und sie wurden dann wie die Hugenotten bekämpft und verfolgt.

1699 wurde Sieburg, das sich erst 1717 nach dem Landgrafen in Karlshafen umbenannte, gegründet. Karl hatte mit dieser markanten Hugenottensiedlung kühne wirtschaftliche Pläne verbunden. Mit einem neu angelegten Hafen an der Weser wollte er ein ‚hessisches Tor zur Welt' schaffen. Außerdem sollte ein Kanal Kassel mit der Mündung der Diemel in die Weser verbinden. Damit aber hatte sich der Landgraf übernommen. An das überdimensionierte Projekt erinnert noch heute das Hafenbecken in Bad Karlshafen.

Schon 1688 war nach den Entwürfen des berühmten Architekten Paul du Ry Kassel-Oberneustadt als Planstadt entstanden, und diese Hugenottenkolonie

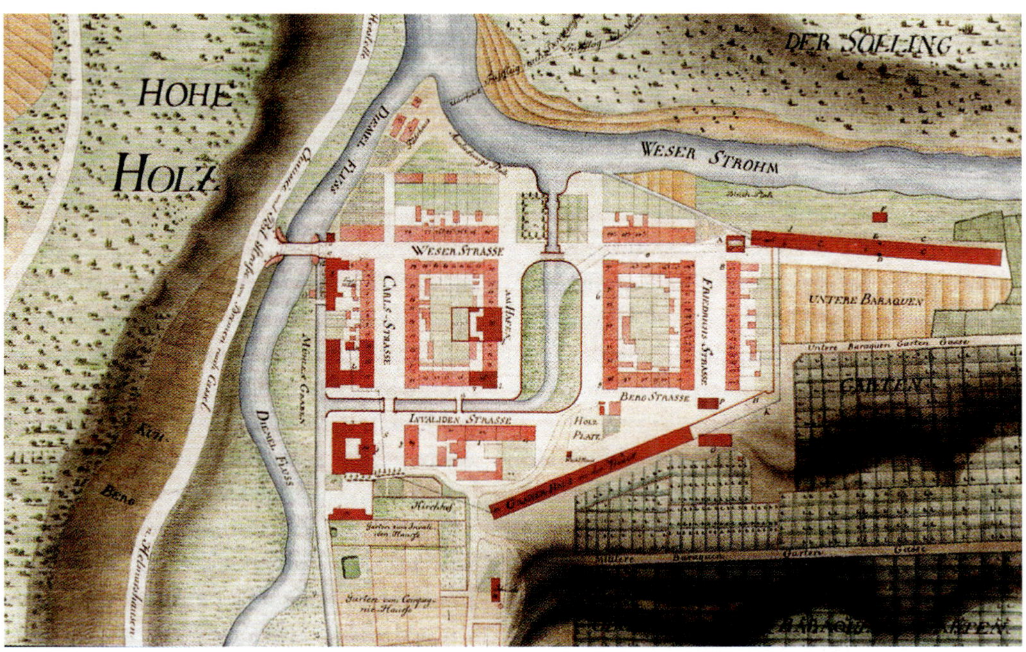


Plan der Stadt Karlshafen von Johann Conrad Rudolph, 1818

sollte bald zum Mittelpunkt im hessischen ‚Refuge' werden: so nannten die Réfugiés ihre Gebiete; der Ausdruck wird noch heute verwendet.
Die Orte Hombressen, Hümme, Immenhausen, Grebenstein und Frankenhausen nahmen für kürzere oder längere Zeit Hugenotten auf; eigene, ländliche Siedlungen entstanden mit Carlsdorf und Mariendorf (nach der Gemahlin des Landgrafen, Maria Amalia von Kurland). In einer zweiten Besiedlungswelle kamen Hugenotten nach Wolfhagen, Helmarshausen, Hersfeld, Philippsthal, Treysa und Hofgeismar, wo heute ebenfalls im Regionalmuseum an die Geschichte der Hugenotten erinnert wird.
Die meisten Réfugiés siedelten in ländlichen Gebieten. Oft kultivierten sie Wüstungen oder Plätze, die kaum noch bewirtschaftet wurden. Später kam es häufig zu Konflikten mit der alteingesessenen Bevölkerung, die die Nutzungsrechte an Äckern, Weiden und Wäldern einklagte. Als weitere ländliche Kolonien in der nordhessischen Region sind Leckringhausen, Kelze, Schöneberg oder St. Ottilien zu nennen, die in den neunziger Jahren des 17. Jahrhunderts gegründet wurden. Friedrichsdorf bei Hofgeismar verdankt seinen Namen Landgraf Friedrich II. von Hessen-Kassel, der den Ort 1775 gründete, um Platz für die Réfugiés aus Kelze zu schaffen, die dort keinen Platz mehr gefunden hatten. Gewissenruh und Gottestreu heißen zwei Dörfer, die 1722 an der Weser zur Aufnahme von Waldenserfamilien geschaffen wurden.
Seit Ende des 17. Jahrhunderts hatten Hugenotten in Hessen-Kassel einen festen Platz in Kultur und Geschichte des Landes und der Hauptstadt. Der Physiker Denis Papin aus Blois wirkte in Kassel als Pionier der Dampfkraft und des Luftdrucks; die Architektenfamilie du Ry prägte in drei Generationen die Stadtbilder von Kassel und Karlshafen. Erst im 20. Jahrhundert machte man sich bewusst, dass die berühmte Märchenerzählerin Dorothea Viehmann („die Viehmännin") hugenottischer Herkunft war. In den deutschen Volksmärchen der Brüder Grimm fand man nun deutliche Spuren der französischen Kunstmärchen.
Aber die Landgrafschaft Hessen-Kassel war nur ein Zentrum hugenottischer Besiedlungen. Auch in den südhessischen Gebieten wurde die Ansiedlung der Réfugiés gefördert. Landgraf Friedrich II. von Hessen-Homburg soll gesagt haben: „Lieber will ich mein Silbergerät verkaufen, als diesen armen Leuten die Aufnahme versagen." In der Grafschaft entstanden ab 1685 die Ansiedlung Homburg-Neustadt („Louisenstadt"), ab 1687 Friedrichsdorf und 1699 schließlich die Waldensersiedlung Dornholzhausen.

Dorothea Viehmann, die (hugenottische) Märchenerzählerin, der die Brüder Grimm einen großen Teil ihrer Märchen verdanken

Walldorf (Mörfelden) und das südlich von Darmstadt gelegene Rohrbach-Wembach-Hahn gehen auf Waldensergründungen in der Landgrafschaft Hessen-Darmstadt zurück. In Nassau-Usingen wies der Fürst im Jahre 1699 30 hugenottischen Handwerker- und Kaufmannsfamilien Bauplätze in der Usinger ‚Neustadt' zu. Hier assimilierten sich die Flüchtlinge rasch, und schon 1715 kam es zur Vereinigung der Usinger Alt- und Neustadt.
Johann Philipp, Graf zu Isenburg und Büdingen, residierte seit 1687 in Offenbach, wo er 1698/99 hugenottische und waldensische Flüchtlinge aufnahm. Für sie gründete er u. a. den Ort Neu-Isenburg.
1985 gedachte man der 300-jährigen hugenottischen Tradition in Hessen mit einer großen Ausstellung im Museum Fridericianum in Kassel. Noch heute bildet der dazu erschienene Katalog ein gründliches und spannendes Kompendium der vielfältigen Einflüsse der Réfugiés.

## Die Teilung Hessens

Philipp der Großmütige hätte es gern gesehen, wenn seine vier ehelichen Söhne in der Lage und bereit gewesen wären, die Landgrafschaft Hessen gemeinsam zu regieren. Das waren sie aber keineswegs. In seinem Testament hatte Landgraf Philipp für den befürchteten Fall, dass sich der erstgeborene Wilhelm IV. (1532–1592), Ludwig IV. (1537–1604), Philipp, genannt der Jüngere (1541–1583) und Georg (1547–1596) nicht auf eine – schwierige – gemeinsame Regierung einigen könnten, die Aufteilung Hessens unter ihnen vorgesehen. Und dazu kam es schließlich auch.
Was aber würden die sieben Söhne aus seiner umstrittenen, manche sagen, verhängnisvollen Ehe ‚linker Hand' (ein merkwürdiger Begriff, denn eine solche Ehe war niemals vorgesehen) dazu zu sagen haben? Dazu später mehr.
Die problematische und wohl auch ungerechte Aufteilung der Landgrafschaft barg reichlich Sprengstoff, wie sich bald zeigen sollte. Zwar einigten sich die vier Söhne auf einige wichtige, gemeinsam wahrgenommene Aufgaben, die territoriale Aufspaltung der Landgrafschaft aber wurde nun vollzogen.
Niederhessen (Hessen-Kassel) kam an Landgraf Wilhelm IV., Landgraf Ludwig IV. erhielt Oberhessen (Hessen-Marburg), die Niedergrafschaft Katzenelnbogen (Hessen-Darmstadt) ging an Landgraf Philipp den Jüngern, und Landgraf Georg I. bekam die Obergrafschaft Katzenelnbogen (ebenfalls Hessen-Darmstadt). Alle

Philipp der Großmütige

trugen den Titel ‚Landgraf' und führten das gleiche Wappen, und man verstand sich zunächst auch als eine Art getrennt regierendes Kollektiv. Wilhelm IV. galt nicht zuletzt deshalb, weil er den Vater aus der Gefangenschaft befreit hatte und über die größte Erfahrung im Regierungsgeschäft verfügte, als ‚Primus inter Pares', als Erster unter Gleichen.

Hessen-Kassel machte etwa die Hälfte der Landgrafschaft Hessen aus. Damit gebot Landgraf Wilhelm IV. aber auch nur über etwa 175 000 Einwohner auf einer Fläche von 6100 Quadratkilometern. Von der verbleibenden Hälfte Hessens bekam Landgraf Ludwig IV. wiederum eine Hälfte, nämlich Hessen-Marburg. Die beiden anderen Söhne mussten sich das übriggebliebene Viertel des Landes teilen. Dem derart aufgeteilten Gebiet standen am Anfang die noch gemeinsam verwalteten Angelegenheiten gegenüber. Dazu gehörten die kirchliche Verwaltung, die Landeshospitäler, die Universität Marburg und das Rechtswesen. Die hessische Kirchenordnung von 1566 wurde 1574 gestrafft und als verbindlich erlassen. In Teilen blieb sie bis 1806 unverändert.

Am 28. Mai 1568 unterschrieben die vier Söhne aus Philipps erster Ehe in der Landesfestung Ziegenhain den sogenannten erblichen Brüdervergleich, der dann von den Landesständen verbürgt wurde. Damit war die Teilung Hessens festgeschrieben.

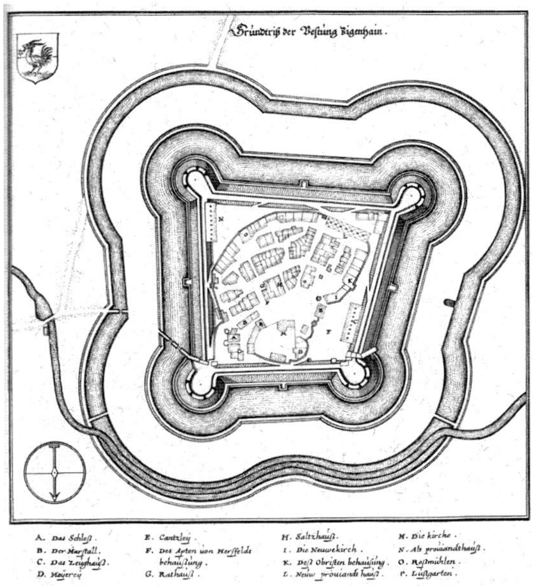

Festung Ziegenhain, Stich von Matthäus Merian, 1646

## Nassau-Dillenburg und die Befreiung der Niederlande

Bevor jedoch das weitere Schicksal der nun getrennten hessischen Territorien unter Philipps Söhnen beschrieben wird, werfen wir einen Seitenblick auf die nassauische Residenzstadt Dillenburg, wo zur selben Zeit, am 14. April 1568, Abgesandte der aufständischen niederländischen Provinzen Prinz Wilhelm von Nassau-Oranien die Führung ihres Kampfes gegen König Philipp II. von Spanien übertrugen. Der älteste Sohn Graf Wilhelms des Reichen von Nassau-Dillenburg hatte mit dem niederländischen Besitz seines Vetters René auch das Fürstentum Orange in der Provence geerbt. Daher stammt der Name der Oranier. Wilhelm von Oranien war am Hof Kaiser Karls V. in Brüssel aufgewachsen und später Feldherr in spanischen Diensten geworden. Nun aber wurde er zum Wortführer der niederländischen Opposition, deren Aufstand trotz militärischer Rückschläge letztlich erfolgreich war. Wilhelm von Nassau-Oranien wurde bei der Führung der Erhebung von den deutschen Verwandten,

insbesondere von seinem jüngeren Bruder Johann VI. von Nassau-Dillenburg, unterstützt. Auch nach der Ermordung Wilhelms von Oranien im Jahre 1584 blieben die Nassauer weiterhin Erbstatthalter der Niederlande.
In Dillenburg hatte sich ein intellektuelles Klima entwickelt, das für den Widerstand gegen die spanischen Besatzer in den Niederlanden von größter Bedeutung war. Hier wurden Streitschriften und Begründungen für die Auflehnung gegen Herzog Alba verfasst. Die Gegner Oraniens nannten Dillenburg ein „Rattennest" der schlimmsten Sorte.
Und noch eine weitere Entwicklung sollte für die hessische Geschichte große Bedeutung erlangen: Graf Johann VI. von Nassau-Dillenburg trat 1577/78 zum Calvinismus über. 1584 begann an der von ihm neu begründeten Hohen Schule von Herborn der Vorlesungsbetrieb. An dieser Akademie wirkten nun reformierte Theologen, die den Untertanen den Calvinismus nahezubringen hatten. Der Wetterauer Grafenverein unterstützte diesen ersten Versuch, auf nicht reichsfürstlichem Territorium eine Hochschule zu begründen. Zwar erhielt die Hohe Schule in Herborn nie den vollen Rang einer Universität, für die Stärkung und Ausbreitung der calvinistischen Lehre aber war die Einrichtung außerordentlich wichtig. Hier wurde ein calvinistisches Staatsrecht formuliert, hier lehrten europäische Größen wie der berühmte tschechische Pädagoge und Philosoph Amos Comenius oder der Theologe Johannes Piscator, dessen in Herborn gedruckte Bibelübersetzung weit verbreitet war.
Die unmittelbare Nähe dieser calvinistischen Hochburg zu Hessen sollte für das Land ebenso wichtig werden wie die spätere Ehe von Moritz, dem Sohn Landgraf Wilhelms IV. von Hessen-Kassel, mit Juliane von Nassau. Aber wenden wir uns nach diesem Exkurs wieder den vier Söhnen Philipps des Großmütigen zu.

Wilhelm von Oranien

## Kassel als Zentrum der Wissenschaften und der Künste

Als ‚Senior' unter den Landgrafen galt Wilhelm IV. von Hessen-Kassel. Es heißt, er habe unter der Ehetragödie seiner Eltern sehr gelitten. Er stotterte und lispelte und heiratete selbst sehr spät. Heute würde man seine ‚Behinderungen' wahrscheinlich auf die Verhältnisse zurückführen, die ihm insbesondere der Vater zugemutet hatte.
Wegen seiner ausgeprägten wissenschaftlichen Interessen nannte man ihn auch Wilhelm den Weisen. Er bildete sich auf ausgedehnten Reisen und machte

Karte der Landgrafschaft Hessen, 1579

den Kasseler Hof zu einem internationalen wissenschaftlichen Zentrum. Auf dem Söller des Kasseler Schlosses ließ er die erste Sternwarte in Europa errichten, und der berühmte dänische Gelehrte Tycho Brahe kam eigens nach Kassel, um hier die neuesten Techniken astronomischer Forschung zu studieren. In seinem botanischen Garten ließ er – ebenfalls als einer der Ersten – Kartoffeln pflanzen. Er galt als defensiver Politiker, vielleicht baute er deshalb Kassel zu einer der bedeutendsten Festungen Deutschlands aus. Als einer der ersten Herrscher im Reich war er bereit, den niederländischen Aufständischen zu helfen, gewährte Wilhelm von Oranien Kredite und unterstützte 1568 auch militärisch den Aufstand, womit er sich gegen die strengen Lutheraner stellte, die das Reich von den niederländischen Unruhen um jeden Preis frei halten wollten. Er hielt enge Kontakte mit führenden Hugenotten, was ihn aber nicht zum Anhänger der Reformierten machte. Vielmehr war er immer bestrebt, zwischen den theologischen Schulen und den sich bekämpfenden konfessionellen Strömungen zu vermitteln. Er pflegte das gute Verhältnis zu Kursachsen und Kurbrandenburg, mit denen Erbeinigung bestand. Besonders wird stets seine Gewissenhaftigkeit betont, die über Hessen-Kassel hinaus als Pedanterie gefürchtet war.

Als Feind jeder Form von Verschwendung wollte Wilhelm auch seine Untertanen zur Mäßigung verpflichten. Denn trotz aller Verbote wurde, wie der Chronist Wilhelm Dilich berichtet, gerade von der Landbevölkerung jede Gelegenheit wahrgenommen, um kräftig zu zechen.

*„Darumb verwarten sie mit besonderm Verlangen die Kirchmessen und Jahrmärckte und lassen es ihnen als dan an Fressen und Sauffen nicht mangeln. Kompt als dan etwa einer, sey frempt oder nicht, seiner Gescheffi halber in das Hauß oder Losament oder gehet ein Bekannter vor demselbigen Ort, in welchem man die Zeche helt, vor uber, ruffen sie ihn an, reichen ihm einen Trunck und halten den jenigen, so ihnen solchen abschlegt, entweder vor einen Feind oder aber zum wenigsten vor einen groben ungezogenen Gesellen. Under dem Zechen geben sie einander die Hende, so offt einer dem andern zutrincket. Wan sie ahnfenglich zusamen kommen, underreden sie sich zwar freundlich undereinander, weret aber nur allein so lang, biß ihn das Getränck in Kopf steiget: Als dan singen und ruffen sie also größlich, daß auch einer den andern nicht vernehmen kann. Wan sie nuhn erregter massen toben, kömpt es leichtlich zum Gezenck, vom Gezenck zum Schlägen, je auch bißweilen gar zum Ermorden."*[10]

Bei aller Friedfertigkeit und ökonomischen Rationalität hatte Landgraf Wilhelm IV. aber durchaus Sinn für sichtbare Machtentfaltung. Er baute u. a. die Schlösser von Rotenburg an der Fulda, Schmalkalden, Melsungen, Spangenberg und Eschwege im repräsentativen Renaissance-Stil aus und sammelte in der Kasseler Kunstkammer Goldschmiedearbeiten und Naturkuriositäten.
Er korrespondierte mit Gelehrten in aller Welt und gründete 1580 die Kasseler Bibliothek. Dabei vernachlässigte er den – maßvollen – territorialen Ausbau der Landgrafschaft Hessen-Kassel nicht und war bis zu seinem Tod am 25. August 1592 immer bemüht, als ältester Sohn Philipps des Großmütigen bei den Konflikten mit den Brüdern ausgleichend zu wirken.
1576 legte er, um solche Auseinandersetzungen in seiner Nachfolge einen Riegel vorzuschieben, für seinen Sohn Moritz die Primogenitur fest, das Alleinerbe des erstgeborenen Sohnes.

## Ungleiche Brüder

Ludwig IV. von Hessen-Marburg, der zweitälteste Sohn Philipps, wird meistens als mehr oder minder bedeutender Auslöser des verhängnisvoll genannten Marburger Erbfolgestreits dargestellt. Dabei war sein Hauptproblem die Tatsache, dass er keine Kinder hatte.
Von seinem Vater Philipp, der ihn wegen seines Hangs zu Alkohol, Spiel und Frauengeschichten für sittlich gefährdet hielt, war er als junger Mann an den Stuttgarter Hof nach Württemberg geschickt worden, das als strenges lutherisches Musterländle galt. Als Landesfürst vergrößerte er später sein Territorium geschickt, verbesserte, ähnlich wie sein Bruder, Rationalität und Effektivität des Staatswesens und residierte im unbestrittenen Zentrum Hessens, in Marburg. Dort befanden sich zwei nach wie vor wichtige gesamthessische Einrichtungen: die Universität und das Samthofgericht.
1558 war der inzwischen zum Marburger Superintendenten aufgestiegene Adam Krafft als konsequenter Lutheraner gestorben. Auf ihn berief sich Ludwig bei der Abwehr reformierter oder philippistischer Tendenzen (benannt nach Philipp Melanchthon). Nun traten die Widersprüche zwischen Wilhelms reformierten Neigungen und Ludwigs streng lutherischer Position offen zutage. Treibende Kraft dabei waren die Theologen der Marburger Universität.

Ludwig IV. von Hessen-Marburg, der zweitälteste Sohn Philipps, wird meistens als mehr oder minder bedeutender Auslöser des verhängnisvoll genannten Marburger Erbfolgestreits dargestellt. Dabei war sein Hauptproblem die Tatsache, dass er keine Kinder hatte.

Und so löste sein Testament von 1595 den Marburger Erbfolgekrieg aus. In dessen Verlauf sollte es auch mit Moritz, dem ältesten Sohn Wilhelms IV., der inzwischen in Kassel regierte und zunehmend calvinistische Tendenzen pflegte, zu schwerwiegenden Konflikten kommen.

Richten wir unsere Aufmerksamkeit aber zunächst auf die beiden jüngsten Söhne Philipps, Landgraf Georg I. und Philipp, genannt der Jüngere.

Dieser Philipp herrschte in St. Goar über die niedere Grafschaft Katzenelnbogen. In diesem kleinen Land umgab er sich gern mit großem Prunk und spielte die Rolle eines kunstliebenden lutherischen Renaissancefürsten, der glänzende Feste gab und der Musik wie dem Theater verfallen war. Rasch waren die Finanzen zerrüttet, zumal der kleine Fürst viel trank und sich wenig um die Ökonomie kümmerte. Er starb früh und war mit einem Achtel des hessischen Territoriums nahezu ein Landgraf ohne Land.

Georg I., dem die obere Grafschaft Katzenelnbogen mit den Städten Darmstadt, Rüsselsheim, Dieburg und anderen zugefallen war, verfügte über ein ebenso kleines reichsgräfliches Territorium. Begabt mit ökonomischen Talenten kümmerte er sich vorrangig um so praktische Probleme wie die Rheinüberschwemmung und die Trockenlegung von Sümpfen und befasste sich professionell mit Kiefernpflanzungen und Seidenzucht. Auch er orientierte sich in Glaubensfragen am strengen Luthertum seines Marburger Bruders. Er soll so viel gearbeitet haben, dass er kaum Schlaf fand und vielleicht deshalb so früh – nämlich mit 49 Jahren – starb. Wenn jedoch so das Bild eines rationalen und äußerst fleißigen Landgrafen entstanden ist, so muss auch dessen dunkle Rückseite beleuchtet werden.

Entgegen der verbreiteten Ansicht nämlich, Hexenverfolgungen und -verbrennungen habe es vor allem im fernen, finsteren Mittelalter gegeben, sollte hier die Tatsache nicht verschwiegen werden, dass gerade auch im Zeitalter der Reformation der Hexenwahn grassierte. Nicht nur in altgläubigen Gebieten wurde den Hexern und Hexen der Prozess gemacht, sondern zum Beispiel auch im aufgeklärt-lutherischen Darmstadt. Am 26. September 1582 berichtete Georg I. seinem Bruder in Kassel, der ihm empfohlen hatte, in diesem Fall gnädig zu sein, er habe nunmehr „das Recht ergehen lassen“ und den jungen Wolf Weber sowie das Mädchen Anne verbrennen lassen. Seit März 1582 war bereits rund ein Dutzend Jugendliche und Frauen als Hexer und Hexen hingerichtet worden. Wolf, der Sohn der als Hexe verbrannten „alten Weberin“, hatte unter der Folter über einen Hexensabbat am Griesheimer Brunnen berichtet, wo er mit der Mut-

Hexenverbrennung gegen Ende des 16. Jahrhunderts

ter und den Geschwistern gewesen sei und wo Anne, die Enkelin der hingerichteten „Dreieicherin“, mit dem Teufel getanzt habe.
In Friedberg und Assenheim in der Wetterau war es schon 1574/75 zu Hexenprozessen gekommen; in Darmstadt folgten 1586 weitere Verbrennungen. Insgesamt starben unter Georg I. in Darmstadt und den umliegenden Dörfern 17 der Hexerei beschuldigte Frauen und Kinder auf dem Scheiterhaufen. Dies alles geschah nach zwar wahnhaftem und grausamem, aber dennoch geltendem Recht. Die „Peinliche Gerichtsordnung“ von 1575, die Landgraf Georg erlassen hatte, bedrohte „die allenthalben unter den Weibspersonen durch Gottes gerechten Zorn und Verhängniß“ eingerissene Zauberei mit dem Tod. Im folgenden Jahrhundert sollten während des Dreißigjährigen Krieges noch ganz andere Grausamkeiten geschehen – vorzugsweise auch wieder im Namen Gottes.

## Moritz der Gelehrte

Am 9. Oktober 1604 starb Landgraf Ludwig IV., Landesherr des Oberfürstentums Hessen, in seinem Residenzschloss in Marburg. In seinem Testament hatte er verfügt, dass sein Territorium zu gleichen Teilen an die Neffen in Kassel und Darmstadt fallen sollte.
Bedingung jedoch sei, dass der lutherische Glaube im Oberfürstentum beibehalten werde. Die Räte entschieden nun, dass Landgraf Moritz mit dem nördlichen Teil inklusive Marburg bedacht werden sollte, mit dem südlichen einschließlich der Festung Gießen der Darmstädter Ludwig V., der Sohn Georgs I.
Damit aber war Ludwig V. nicht einverstanden. Mit einer Anfechtungsklage beim Reichshofrat verlangte er die Teilung nach Köpfen, nach der Zahl der Untertanen also. Ein Viertel für Moritz, drei Viertel für sich und seine Brüder Philipp III. von Hessen-Butzbach und Friedrich I. von Hessen-Homburg. Es begann ein jahrzehntelanger erbitterter Streit um das Testament, der „hessische Brüderzwist“ spitzte sich gefährlich zu.
Hessen-Kassel und Hessen-Darmstadt mit den Landgrafen Moritz und Ludwig V. hatten sich nicht nur ‚auseinandergelebt‘, wie es in Beziehungen vorkommen kann, es waren Konflikte, ja Feindschaften entstanden, die sich in Hass verwandeln und in blutigen Kämpfen entladen sollten.
Moritz war 1592 an die Regierung gelangt, sein Vetter Ludwig V. regierte in Darmstadt als Landesfürst seit 1596. Sicher trug die schrittweise Annäherung

Moritz der Gelehrte im Alter von 44 Jahren (1616), Stich von Crispin van de Passe d.Ä.

von Moritz an das reformierte Bekenntnis mit allen landes- und reichspolitischen Konsequenzen zur tiefen Spaltung Hessens bei, und mit der Konfessionalisierung der Politik lag er eindeutig im Trend der Zeit. Immerhin verstieß er mit seinen calvinistischen Tendenzen aber eindeutig gegen das Testament seines Onkels Ludwig IV.

Moritz war eine durch und durch widersprüchliche Figur. Wie viele seiner ‚Kollegen' rieb er sich an der Tatsache auf, dass einem universellen Geist und kosmopolitischen Habitus ein sehr kleines Land gegenüberstand, das von konfessionellen, ständischen und regionalen Konflikten im Inneren und nach außen von kriegerischen Auseinandersetzungen gezeichnet war. In den Künsten und Wissenschaften herrschte ein internationales, weltoffenes Klima, politisch spielten sich auf kleinster Fläche die größten Konflikte ab.

Geradezu schwärmerisch porträtiert der ehemalige Marburger Archivdirektor Hans Philippi den jungen Landgrafen:

*„Moritz hatte eine vorzügliche Erziehung erfahren, sein Lehrer war Tobias Homberg. Der Prinz lernte spielend, disputierte zeitig über gelehrte Themen und beherrschte die europäischen Kultursprachen in Wort und Schrift. Körperlich gewandt und mit allen Gaben der Natur ausgerüstet, war er ein schmucker, witziger, geistreicher Herr. Mit theologischen wie militärischen Fragen war er vertraut, in administrativen ließ er sich beraten, mit vielen bedeutenden Gelehrten der Zeit unterhielt er regen, brieflichen Verkehr."*[11]

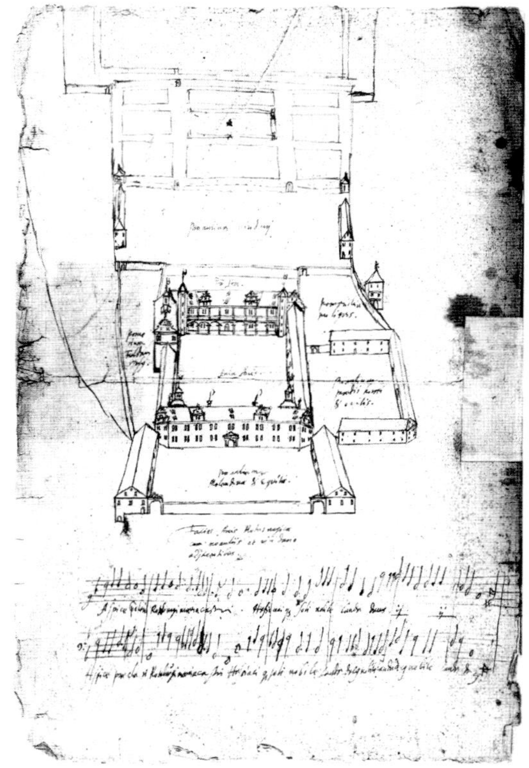

Schloss Rotenburg. Federzeichnung von Moritz von Hessen-Kassel mit Noten für ein zweistimmiges hymnisches Lied, um 1616

Unter dem Titel „Moritz der Gelehrte. Ein Renaissancefürst in Europa" wurde 1997/98 eine große Ausstellung in Lemgo und Kassel veranstaltet. Die Beiträge des aufwendig gestalteten Katalogs befassen sich mit Moritz in allen Facetten seines gelehrten Lebens. Da geht es um außenpolitische Belange, zum Beispiel um die Beziehungen des französischen Königs Heinrich IV. zum Landgrafen Moritz, um die kunstvolle Inszenierung höfischer Feste, um die prachtvolle Wunderkammer des Landgrafen, um Malerei und bildende Kunst am Kasseler Hof, die hervorragenden Architekturzeichnungen von Moritz' Hand, um den berühmten Komponisten Heinrich Schütz in seiner Kasseler Zeit, um Theater, Literatur und Tanz am Hof und schließlich um die etwas dunkleren Interessen des gelehrten Landgrafen, die Alchemie und die Rosenkreuzerei. Im Vorwort des Katalogs liest man: „Dass ein Fürst neben seinen umfassenden Aufgaben als Regent auch komponierte und musizierte, dichtete und philosophierte, Theaterstücke schrieb, Architekturzeichnungen verfertigte, sich praktisch als Chirurg und Alchemist betätigte, Schulen errichten ließ und die Naturwissenschaften nach Kräften förderte, geschah selbst in der Renaissance nicht allzu häufig."[12]

Leider litten die Gaben und Talente des gelehrten Moritz unter gewissen Rahmenbedingungen der Realität. Der aufwendige Lebensstil sprengte die Kassen, die intellektuellen Höhenflüge trafen auf Ärger und Unverständnis in den Niederungen etwa des Adels und der Mitfürsten. Das hohe Tempo seiner brillanten Projekte zerrte deutlich an den langsamen Verhältnissen im Kleinstaat.

Seinen ältesten Sohn jedoch setzte Moritz 1604 als Administrator des Stiftes Hersfeld durch, das fortan – mit einer Unterbrechung während des Dreißigjährigen Krieges – bei Hessen blieb. 1603 heiratete Moritz in zweiter Ehe Juliane von Nassau-Dillenburg, was seine Beziehungen zu den Grafen dieser Linie intensivierte. 1605 nahm er das reformierte Bekenntnis seiner Frau offiziell an. Nun war es mit der konfessionellen Einheit Hessens ganz offenkundig vorbei. Moritz führte in seiner Landgrafschaft die sogenannten Verbesserungspunkte ein: ein offener, nicht nur konfessioneller, sondern auch politischer Affront. In den Kirchen wurden nun gemäß der calvinistischen Doktrin die Bilder entfernt, im Gottesdienst sollte es nicht mehr um gelehrte Auslegungen, sondern um das reine Wort der Bibel gehen. Deshalb gab es beim Abendmahl keine Hostien mehr, sondern Brot. Moritz konnte diese Neuerungen nur mit Macht gegen die lutherische Geistlichkeit Oberhessens durchsetzen. Das wiederum führte dazu, dass Landgraf Ludwig von Hessen-Darmstadt, der Herr über ganz Oberhessen werden wollte, aller Welt kundtat, dass Moritz das Marburger Testament verletzt hatte.

Landgraf Moritz und Landgräfin Juliane mit den 14 Kindern der zweiten Ehe, um 1637

## Der erbitterte Kampf um das Marburger Erbe

Die Universität Marburg verlor in der Folge ihre Funktion als wissenschaftlich-theologische Klammer der hessischen Landgrafschaften. Weil in Marburg nun die Reformierten am Ruder waren, gründete Ludwig 1605 in Gießen ein eigenes Gymnasium, das die lutherischen Professoren aus Marburg aufnahm und vom Kaiser 1607 als Universität anerkannt wurde. Überhaupt war Ludwigs Nähe zum Kaiserhaus unübersehbar. Konfessionelle Gegensätze wogen hier offenbar nicht so schwer wie politische Interessen. Es gab sogar Gerüchte, Ludwig wolle zum Katholizismus übertreten. Während des Frankfurter Fettmilchaufstandes 1612 setzte ihn der Kaiser zusammen mit dem Mainzer Erzbischof als kaiserlichen Kommissar ein, was bei den Frankfurter Bürgern die Angst schürte, Ludwig könnte versuchen, sich Frankfurt, wie schon zuvor Wetzlar, zu unterwerfen.

Landgraf Ludwig V. von Hessen-Darmstadt, um 1615, Kupferstich von Lukas Kilian

Zwar blieb Ludwig evangelisch, aber das calvinistische Hessen-Kassel und das lutherische Hessen-Darmstadt mit deutlicher Nähe zum Kaiser rückten wieder ein Stück weiter auseinander – so weit, dass sie im Dreißigjährigen Krieg verschiedenen Lagern angehören sollten und sich, trotz oder gerade wegen ihrer engen Verwandtschaft, erbittert bekämpften.

Im November und Dezember 1619 nahm Landgraf Moritz am Unionstag der Evangelischen in Nürnberg teil. Landgraf Ludwig stieß im März 1620 zur Versammlung der katholischen Mächte in Mühlhausen. Dort verpflichteten sich Mainz, Köln, Trier und Bayern, dem Kaiser beizustehen. Inzwischen hatten die Kriegshandlungen begonnen. Die ‚Kaiserlichen' hatten dem Kurfürsten Friedrich von der Pfalz Böhmen abgenommen; der spanische Feldherr Spinola war in die Pfalz eingefallen und marschierte in die Wetterau. Im August 1621 brannten spanische Söldner die Kloster- und Kirchengebäude von Lorsch nieder. Das war ein erster markanter Schreckensakt des Dreißigjährigen Krieges.

Der Pfalz zu Hilfe kam im November 1621 Herzog Christian von Braunschweig, den man den ‚tollen Christian' nannte. Er eroberte die Mainzer Festung Amöneburg und wütete heftig in den oberhessischen Gebieten von Landgraf Ludwig. Zwar wurde Christian vom kaiserlichen Feldherrn, dem bayerischen General Graf Tilly, aus Hessen abgedrängt, er kehrte aber im März 1622 in die Wetterau zurück. Pfälzische Truppen marschierten nun den Braunschweigern entgegen, eroberten Anfang 1622 Darmstadt und nahmen Landgraf Ludwig und seinen Sohn gefangen. Rasch änderte sich die Lage wieder. Die kaiserlich-bayerische

Armee unter Tilly schlug die protestantischen Truppen am 20. Juni 1622 bei der noch unfertigen Brücke über den Main bei Höchst.

Nun zeigte Landgraf Moritz die kümmerliche Kehrseite seines kulturell glänzenden Hoflebens und trug militärisch und politisch entscheidend zum Niedergang Hessens bei. Das fürstliche Vermögen war verbraucht und mit den Landständen, den Rittern vor allem, lag er über Kreuz.

1621 hatte er die Grafschaft Waldeck besetzt, die von der Lehnsabhängigkeit von Hessen hatte loskommen wollen. Im April 1623 verließ Moritz wochenlang sein Land; ohne Widerstand drang General Tilly als Feldherr des Ligaheeres in Hessen-Kassel ein und lehnte die Neutralitätsangebote der Stände ab, die ihm nicht weit genug gingen. Die hessische Ritterschaft nahm nun an Moritz vorbei direkte Verhandlungen mit Tilly und dem Kaiserhof auf; der Adel drang auf einen Kompromiss. Tilly, der vom Herbst 1623 bis zum Januar 1625 faktisch in Kassel regierte, berief sogar einen hessischen Landtag ein.

Auch im Marburger Erbfolgestreit verlor Landgraf Moritz. Am 1. April 1623 entschied der Reichshofrat, dass Moritz seine Hälfte der Marburger Erbschaft an Hessen-Darmstadt geben müsse und die aus dem Gebiet gewonnenen Einkünfte zurückzuzahlen habe. Moritz verließ erneut das Land, setzte in einer

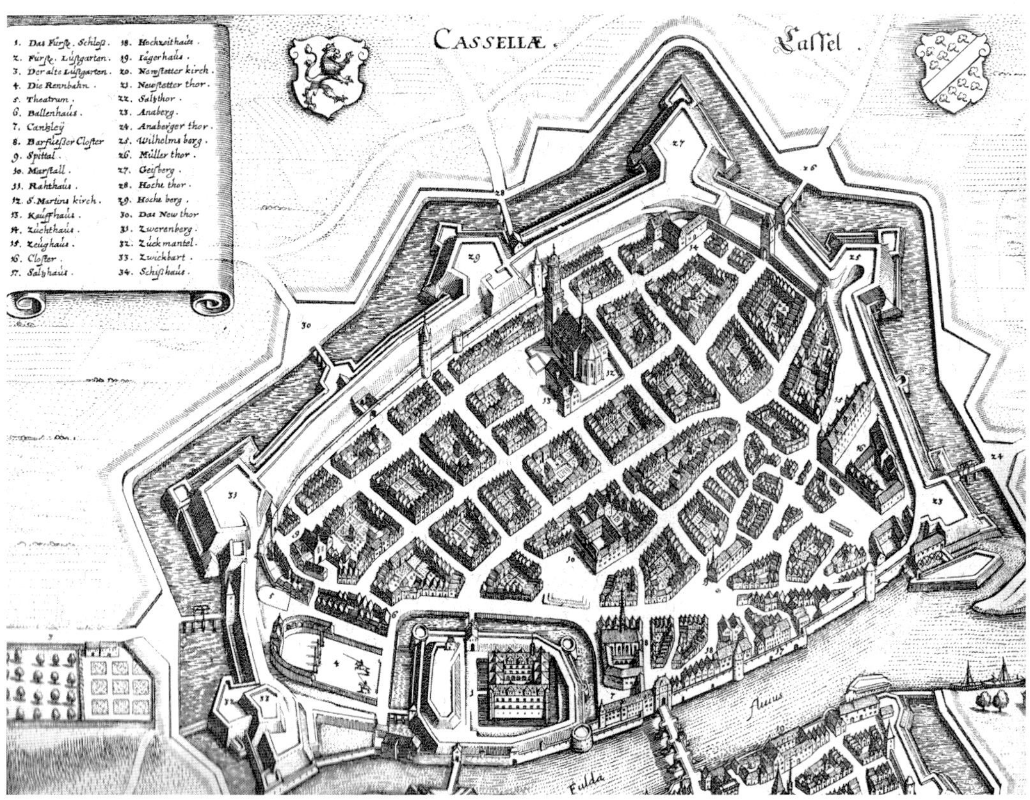


Kassel aus der Vogelschau, Stich von Matthäus Merian, 1646 (Ausschnitt)

verzweifelten Geste seinen Sohn Wilhelm als Statthalter ein und konnte doch nichts daran ändern, dass sich die hessischen Ritter Tilly unterwarfen.
Im Herbst 1625 besetzte der kaiserliche Feldherr von Wallenstein die Werragegend, im Winter wüteten Tillys Soldaten in Nordhessen. Moritz besann sich seiner militärischen Reformen und versuchte, die Städte an der Ritterschaft vorbei zum Widerstand zu führen. Auch damit scheiterte er, ebenso verlief ein Entlastungszug Christians von Braunschweig im Mai 1626 ergebnislos. Die hessische Ritterschaft hatte am 12. März 1625 in direkten Verhandlungen mit Tilly einen kaiserlichen Schutzbrief erwirkt, um die Verwüstungen des Landes in Grenzen zu halten.
Tilly zwang Landgraf Moritz zur Kapitulation, der darauf an Landgraf Ludwig Entschädigung zahlen musste und an den Darmstädter Landgrafen auch noch pfandweise die Herrschaften Rheinfels und Schmalkalden verlor.
Am 17. März 1627 dankte Moritz ab, setzte aber noch durch, dass seine Frau Juliane von Nassau mit ihren Söhnen den vierten Teil seines Gebietes, die sogenannte Rotenburger Quart, erhielt.
Seinem Land hinterließ Moritz nicht nur prächtige Gebäude wie das Kasseler Ottoneum, sondern auch einen katastrophal hohen Schuldenberg.
Wohl als Vergeltung stürzten 1628 die Ritterschaft und Moritz' Nachfolger, sein Sohn Wilhelm V., den engsten Berater des gescheiterten Landgrafen, Wolfgang Günther, und ließen ihn hinrichten.
Wilhelm V. hatte von seinem Vater eine zerrüttete Landgrafschaft geerbt. Mit Hessen-Darmstadt musste er im September 1627 den sogenannten Hauptakkord schließen, in dem er unter anderem auf Oberhessen, die Niedergrafschaft Katzenelnbogen und die Herrschaft Schmalkalden verzichtete, und außerdem die Ranggleichheit beider Landgrafen im Reich anerkennen.
Im Zuge eines ‚Versorgungsausgleichs' wurden den Kindern aus der zweiten Ehe seines Vaters die Ämter und Städte Rotenburg, Wanfried, Sontra, Eschwege, Witzenhausen und Ludwigstein zum Unterhalt angewiesen. Es zahlte sich eben bei allem Ungemach meistens doch noch aus, von fürstlicher Abstammung zu sein.

## Im Dreißigjährigen Krieg

Landgraf Wilhelm V. hatte keine sehr günstige Ausgangslage, als ihm im November 1630 vom Schwedenkönig Gustav Adolf, der wie er selbst ein Urenkel Philipps des Großmütigen war, ein Bündnis angeboten wurde.

Am 20. Februar 1631 schlossen sich die evangelischen Stände im Leipziger Bündnis zusammen, darunter Wilhelm V. mit Hessen-Kassel. Hessen-Darmstadt gehörte nicht dazu. Wilhelm blieb mit Gustav Adolf in Verbindung und stellte nach dem militärischen Fiasko seines Vaters neue Regimenter auf, von denen aber nur das „weiße Regiment" unter General Johann Geyso den Dreißigjährigen Krieg überdauern sollte.

„Die Plünderung und Zerstörung eines Dorfes" von Jacques Callot (Detail)

Nun konnte Wilhelm die kaiserlichen Besatzungstruppen vertreiben und schließlich, am 22. August 1631, in Werben an der Elbe ein Bündnis mit Gustav Adolf schließen. Vorübergehend stellten sich jetzt militärische Erfolge ein. Wilhelm konnte Hersfeld zurückerobern, Fritzlar einnehmen und an der Seite des zunächst siegreichen Schwedenkönigs voranschreiten.

Am 23. Dezember 1631 siegte Gustav Adolf über Mainz und eroberte die von Hessen-Darmstadt besetzten Taunusfestungen Falkenstein, Kronberg und Königstein. Der schwedische König schonte aber Landgraf Georg von Hessen-Darmstadt, der weiter dem Kaiser ergeben blieb. Bis zu Gustav Adolfs Tod in der Schlacht bei Lützen am 6. November 1632 gerieten weite Gebiete in die Hand Wilhelms: die Abtei Fulda, die Stifte Paderborn und Corvey, das Stift Münster unter der Voraussetzung, dass Wilhelm nunmehr endgültig bereit wäre, zugunsten von Landgraf Georg auf das Marburger Erbe zu verzichten. Schließlich wurde auch am 28. Juni 1633, nach erheblichem Widerstand und dem Sieg von Oldendorf über die Kaiserlichen, Westfalen erobert und Landgraf Wilhelm zugesprochen.

Im Herbst 1634 verloren die Schweden die Schlacht bei Nördlingen und mussten das gesamte Süddeutschland den kaiserlichen Truppen überlassen. Auf der

Flucht vor den Kaiserlichen nach Mitteldeutschland richteten sie vor allem in Hessen-Darmstadt entsetzliche Verwüstungen an. Dazu schreibt Karl Demandt:

*„Im Winter 1634/35 verwandelte sich die Obergrafschaft in eine Wüste; Raub, Mord und Pest herrschten, so dass schließlich außer den wenigen festen Städten kaum noch ein Ort bewohnt war. Gleichwohl stärkten die wachsenden Erfolge der Kaiserlichen die Stellung Landgraf Georgs II. von Hessen-Darmstadt, während sich die Verhältnisse Landgraf Wilhelms von Hessen-Kassel immer bedrohlicher gestalteten."*[13]

Zwar intervenierte seit 1634 König Ludwig XIII. von Frankreich zugunsten von Wilhelm und griff im folgenden Jahr in den Krieg ein, doch wurde der Kasseler Landgraf zunehmend isoliert. Anders als Hessen-Darmstadt, das Erzbistum Mainz und die Stadt Frankfurt konnte er dem Prager Frieden des Kaisers vom 30. Mai 1635 mit dem Kurfürsten von Sachsen nicht beitreten, denn als Calvinist war er geächtet und durfte den Pakt nicht unterzeichnen.
Georg II., der seinem am 27. Juli 1626 bei der Belagerung von Rheinfels gefallenen Vater Ludwig V. nachgefolgt war, stand erheblich besser da. Er bekam die Grafschaften Isenburg-Büdingen und Erbach sowie das kurpfälzische Amt Kaub am Rhein. Also führte Wilhelm V. den Krieg wohl oder übel weiter. Am 13. Juni 1636 gelang es seinen Truppen, die inzwischen von Westfalen an den Main marschiert waren, die seit Monaten unter Graf Wilhelm von Lamboy von kaiserlichen Kräften belagerte Stadt Hanau zu befreien. In Westfalen jedoch nahmen ihm wenig später die Kaiserlichen wichtige Städte wie Soest, Dortmund und Hamm wieder ab.

„Die Gehenkten" von Jacques Callot (Detail)

Jetzt schloss er ein Bündnis mit dem König von Frankreich, was dazu führte, dass der Kaiser ihn zum Feind des Reiches erklärte und Georg II. von Hessen-Darmstadt mit der Verwaltung von Niederhessen betraute. Der neu gewählte Kaiser Ferdinand III. ließ im Februar 1637 seine gefürchteten Kroatenregimenter in Hessen einfallen, die entsetzliche Verwüstungen anrichteten. Am 27. April plünderten und brandschatzten die Kroaten die Stadt Allendorf. Eschwege wurde eingeäschert, Waldkappel bis auf eine Scheune niedergebrannt, Rotenburg an der Fulda zur Hälfte vernichtet. Es brannten Grebenstein, Hessisch Lichtenau, Spangenberg. 18 Städte, 47 Rittersitze und mehrere hundert Dörfer wurden zerstört. In diesem grauenvollen ‚Kroatenjahr' herrschte – wie die Chronik „Theatrum Europaeum" berichtet – „groß Jammer und Elend im Hessenland". Landgraf Wilhelm floh mit Heer und Familie nach Friesland, wo er am 1. Oktober 1637 starb.

Titelkupfer der Simplicissimus-Ausgabe von 1668

## Simplicius Simplicissimus

An dieser Stelle soll der bedeutendste Chronist des Dreißigjährigen Krieges, Hans Jacob Christoffel von Grimmelshausen, zu Wort kommen. Zwar ist die Frage nicht geklärt, inwieweit von einer autobiographischen Identität des Dichters und seiner Figur Simplicius Simplicissimus ausgegangen werden kann – um einen authentischen Eindruck der verheerenden Wirklichkeit des Dreißigjährigen Krieges zu bekommen, muss diese Frage aber nicht beantwortet werden. Grimmelshausen kannte den Krieg. Er ist der einzige Dichter des Barock, dessen Werke heute noch – nicht nur von Spezialisten – gelesen werden. Genauer gesagt handelt es sich dabei um ein einziges Werk, um den „Abentheuerlichen Simplicissimus Teutsch", der 1668, also 20 Jahre nach dem Westfälischen Frieden, erschien.

Grimmelshausen wurde 1621 oder 1622 in Gelnhausen geboren. Sein Vater war schon früh gestorben, wahrscheinlich wurde er von seinem Großvater, einem Bäckermeister, erzogen. Als 1634 kaiserliche Truppen die Stadt plünderten, floh er aus Gelnhausen, kam nach Hanau und diente dann landauf, landab in wechselnden Armeen und an vielen Fronten. Als Grimmelshausen 1649 heiratete und wenig später Gastwirt wurde, hatte er den Krieg in all seinen Schrecken erlebt. 1667 übernahm er das Amt eines Schultheißen, also eines Bürgermeisters, in Renchen in der Ortenau. Erst 1666 begann er mit der

Publikation seiner Werke. Berühmt wurde er mit den „Simplicianischen Schriften", darunter der „Simplicissimus" von 1668. Er zog es vor, seine Bücher unter komplizierten Pseudonymen zu veröffentlichen, da er wohl um sein einkömmliches und beschauliches Amt fürchtete. Als Autor des bald zum Bestseller gewordenen „Simplicissimus" zeichnet ein gewisser German Schleifheim von Sulsfort – wenn man die Buchstaben anders anordnet, kommt man auf Grimmelshausen. Es dauerte jedoch bis zur Mitte des 19. Jahrhunderts, bis man hinter den Anagrammen – so nennt man diese vertrackten Buchstabenverdrehungen – den Namen Christoffel von Grimmelshausen entdeckte. Bis heute sind noch lange nicht alle Geheimnisse dieses Autors gelüftet, der das Spiel mit Worten und ein weltweises Lachen benutzte, um mit der verkehrten Welt zurechtzukommen, die er aus eigener Anschauung nur allzu gut kannte.
Im folgenden Ausschnitt aus dem ersten Buch des „Abentheuerlichen Simplicissimus Teutsch" erzählt der junge Held, der keiner ist, wie er nach Gelnhausen kam und von dort nach Hanau weiterzog:

*„Da es taget, füttert ich mich wieder mit Waitzen, begab mich zum nächsten auff Gelnhausen, und fande daselbst die Thor offen, welche zum theil verbrennet, und jedoch noch halber mit Mist verschantzt waren: Ich gieng hinein, konte aber keines lebendigen Menschen gewahr werden, hingegen lagen die Gassen hin und her mit Todten überstreut, deren etliche gantz, etliche aber biß auffs Hemd außgezogen waren. Dieser jämmerliche Anblick war mir ein erschröcklich Spectacul, massen ihm jedermann selbsten wol einbilden kan; meine Einfalt konte nicht ersinnen, was vor ein Unglück das Ort in einen solchen Stand gesetzt haben müste. Ich erfuhre aber ohnlängst hernach, daß die*

„Die Plünderung eines Bauernhofs" von Jacques Callot (Detail)

*Kaiserliche Völcker etliche Weymarische daselbst überrumpelt. Kaum zween Steinwürff weit kam ich in die Statt, als ich mich derselben schon satt gesehen hatte, derowegen kehrete ich wieder umb, gieng durch die Au neben hin, und kam auff ein gänge Landstraß, die mich vor die herrliche Vestung Hanau trug: So bald ich deren erste Wacht ersahe, wolte ich durchgehen, aber mir kamen gleich zween Mußquetier auff den Leib, die mich anpackten, und in ihre Corps de Guarde führten."*[14]

## Landgräfin Amalie Elisabeth und der „Hessenkrieg"

Mit Amalie Elisabeth, der Frau des verstorbenen Landgrafen Wilhelm, übernahm dann, nach Sophie von Brabant und Landgräfin Anna, abermals eine Frau in hessischen Landen die Regierung für einen unmündigen Erstgeborenen, und zwar für Prinz Wilhelm VI., der die Regentschaft erst im Jahr 1650 antrat.

Mit Amalie Elisabeth, der Frau des verstorbenen Landgrafen Wilhelm, übernahm dann, nach Sophie von Brabant und Landgräfin Anna, abermals eine Frau in hessischen Landen die Regierung für einen unmündigen Erstgeborenen, und zwar für Prinz Wilhelm VI., der die Regentschaft erst im Jahr 1650 antrat.

Sie verbündete sich am 22. August 1639 mit Schweden und Frankreich, und ihre Truppen siegten nach Rückschlägen und Erfolgen am 17. Januar 1642 bei Krefeld über die Kaiserlichen. Die Ämter Naumburg und Schwarzenfels gelangten darauf an Hessen-Kassel, und sie erreichte in einem Erbvertrag, dass auch Hanau an Hessen-Kassel fallen würde, wenn einmal männliche Erben ausblieben. 1640 hatte sie bereits einen großen Teil der Grafschaft Schaumburg erworben. Durch solche Erfolge gestärkt, wagte sie sich an die alten hessischen Zankäpfel heran und verlangte nun, unterstützt von den schwedischen und französischen Verbündeten, Oberhessen, die Niedergrafschaft Katzenelnbogen und die Herrschaft Schmalkalden zurück. Amalie Elisabeth, eine der starken hessischen Frauen, kündigte 1644 den Hauptakkord von 1627 auf und beauftragte General Geyso im Herbst 1645 mit der Rückeroberung der Hessen-Kassel verloren gegangenen Gebiete.

Johann Geyso überrannte Oberhessen, nahm am 6. November 1645 Butzbach, am 20. die Stadt Marburg ein und ließ sich am 25. Januar 1646 das immer noch hochbedeutende und symbolisch besetzte Schloss übergeben. In aussichtsloser Lage hatte der Kommandant, der 74-jährige Oberst Christian Willich, kapituliert und wurde deswegen von Georg II. wegen Verrats zum Tode verurteilt und hingerichtet.

Schon im Frühjahr und Sommer 1646 eroberte Landgraf Georg Teile der von Johann Geyso besetzten Gebiete zurück. Am 20. November aber besiegte der

General die Darmstädter Truppen bei Frankenberg, worauf Georg II. einen Waffenstillstand bis zum 1. April 1647 erreichte.
Damit war aber der „Hessenkrieg" noch nicht zu Ende. Mit Amalie Elisabeth verbündete französische Truppen unter dem Feldherrn Marschall Turenne nahmen Darmstadt ein. Die Franzosen wollten Georg II. zum Kompromiss mit der Landgräfin von Hessen-Kassel drängen, der darauf aber nicht einging, sondern in Gießen auf kaiserliche Unterstützung hoffte und die Frist des Waffenstillstands verstreichen ließ. Jetzt eroberten die Kasseler die Niedergrafschaft Katzenelnbogen, und am 4. Juli musste die starke Festung Rheinfels aufgeben. Darauf wurde Georg ein sehr unangenehmer Waffenstillstand diktiert.
Inzwischen war es im Reich zu einigen Friedensschlüssen gekommen; im März 1647 zum Beispiel zwischen den Bayern und den Schweden und Franzosen in Ulm. Kurbayern und Kurköln mussten sich daraufhin von Hessen-Darmstadt trennen, Kurmainz musste sich neutral verhalten, Georg II. schien am Ende. Doch in einem letzten Gefecht rückte der kaiserliche Feldmarschall Melander im Herbst 1647 in Niederhessen ein, vertrieb den schwedischen Feldherrn Wrangel und hielt damit beinahe die gesamte Niedergrafschaft. Nun sollte die Landgräfin einem Ausgleich mit dem Kaiser und Georg II. zustimmen, was sie, die sich im gut befestigten Kassel behauptete, aber ablehnte. Dabei blieb sie auch, als Ende 1647 die Stadt Marburg – diesmal mit Ausnahme des Schlosses – zurückerobert wurde. Vom gehaltenen Schloss aus wurde mit Kanonen das Hauptquartier des kaiserlichen Feldherrn Melander beschossen, der daraufhin am 18. Dezember 1647 abzog. Die Schweden und Franzosen fielen abermals in die Obergrafschaft Hessen-Darmstadt ein, besetzten die Veste Otzberg und eroberten Darmstadt. In sinn- und ziellosem Hin und Her schleppte sich der ebenso absurde wie grausame Hessenkrieg dem Ende entgegen.

Darmstadt mit Schloss, Stich von Matthäus Merian 1646 (Ausschnitt) (links)

Marburg, Stich von Matthäus Merian, 1646 (rechts)

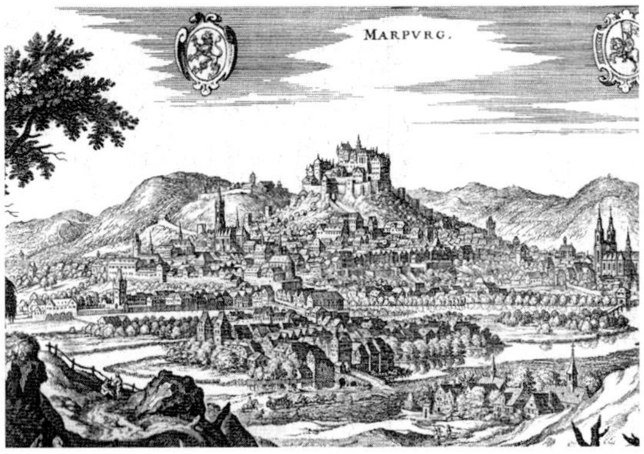

Das absurde Resultat des Bruderzwists, des Erbstreits, des Hessenkriegs wie der gesamten Schlachten und Verheerungen des Dreißigjährigen Krieges bestand für Hessen-Darmstadt darin, dass die Landgrafschaft weit schlechter dastand als nach dem Tod Philipps des Großmütigen.

Der hessische Generalleutnant Geyso besiegte am 4. Juni 1648 bei Grevenbroich den kaiserlichen General Lamboy in der letzten Feldschlacht des Dreißigjährigen Krieges.

Am 14. April 1648 schloss Landgraf Georg II. mit Hessen-Kassel den Einigkeits- und Friedensvertrag. Damit war der ohnehin schon gebrochene Hauptakkord von 1627 aufgehoben.

Dieser Einigkeitsvertrag wurde im Frieden von Münster und Osnabrück bestätigt. Hessen-Darmstadt musste an Hessen-Kassel die Hälfte des vormals heiß umkämpften Marburger Landes zurückgeben, ebenso die früheren Besitzungen Hessen-Kassels in der Niedergrafschaft Katzenelnbogen, die Herrschaft Schmalkalden und den Anteil an Groß-Umstadt, der schon früher zu Hessen-Kassel gehört hatte. Die Universität Marburg wurde wieder von beiden Landgrafschaften genutzt, und in ganz Oberhessen war das lutherische Bekenntnis wieder zugelassen. Der Landgraf von Hessen-Kassel jedoch durfte überall im Land reformierte Gemeinden gründen.

Das absurde Resultat des Bruderzwists, des Erbstreits, des Hessenkriegs wie der gesamten Schlachten und Verheerungen des Dreißigjährigen Krieges bestand für Hessen-Darmstadt darin, dass die Landgrafschaft weit schlechter dastand als nach dem Tod Philipps des Großmütigen. Oder, wie es bei Demandt heißt: „Das Unternehmen endete daher im Ganzen gesehen mit einem Fehlschlag."

Im Westfälischen Frieden von 1648 wurde die für das Heilige Römische Reich kennzeichnende Doppelherrschaft von Kaiser und Reichsständen festgeschrieben. In Hessen war das Reich vor allem in den Reichsstädten gegenwärtig; in Friedberg, das von den Adligen in der Burg beherrscht wurde, in Wetzlar, wohin 1693 das aus Speyer vertriebene Reichskammergericht verlegt wurde, und besonders ausgeprägt in Frankfurt, wo der kaiserliche Wahl- und Krönungskarneval gefeiert wurde.

Die Fürsten drängten nach oben zur Mitsprache und ließen sich vom Kaiser in ihren reichsständischen Rechten nicht beschneiden; nach unten, den eigenen Landesständen gegenüber, hielten sie von Mitbestimmung überhaupt nichts. Damit wurde in beiden hessischen Landgrafschaften eine Entwicklung machtvoll zurückgeschraubt, die besonders während der Bruderkämpfe an Bedeutung gewonnen hatte: Die althessische Ritterschaft, aber auch die übrigen Stände hatten während des Krieges oft zusammengehalten und in der Not selbstständig agiert. Nun wurden sie wieder auf ihr angestammtes Recht der Steuerbewilligung zurückgeworfen und von der Landesverwaltung, von der sie doch schließlich einiges verstanden, weitgehend ausgeschlossen. Die innenpolitische Macht der Fürsten, die sie durch Kriege und Krisen hindurch noch lange behalten sollten, war die Voraussetzung für den Absolutismus, der sich nun auch und gerade in Hessen zu entfalten begann. Als zunächst eher intellektuelle Bewegung brachte die Aufklärung neue, auf Humanität und Vernunft gegründete Impulse. Mit der Rolle des Herrschers verbanden sich diese so zur Figur des ‚aufgeklärt-absolutistischen Fürsten'. Dieser konnte eher der prachtvollen Entfaltung von Hof und Staat zuneigen oder mehr der Philosophie, den Künsten und dem freien Verkehr großer Gedanken. Fritz Wolff fasst die absolutistische Herrschaftsform bündig zusammen:

*„Absolutismus bedeutet: Zentralisierung der Staatsgewalt in der Person des Fürsten, die Zurückdrängung konkurrierender Kräfte im Staate, nämlich der Kirche, des Adels und vor allem der Landstände, dann die Ausbildung eines spezialisierten und effektiven Verwaltungsapparates mit einer disziplinierten und dem Willen des Fürsten unterworfenen Beamtenschaft, die Schaffung eines stehenden Heeres und schließlich die Nutzung und Förderung der wirtschaftlichen Kräfte des Landes: Zentralismus, Bürokratismus, Militarismus, Merkantilismus. Hinzu kamen die äußeren Attribute der Macht: Prunkbauten, eine glanzvolle Hofhaltung, prächtige Feste, Feiern und Paraden."*[15]

In Kassel folgte auf Landgraf Wilhelm VI., der 1658 dem gegen Habsburg gerichteten und von Frankreich dominierten Rheinbund beigetreten war, für nur kurze Zeit sein Sohn Wilhelm VII., der schon 1670 mit 19 Jahren starb. Neuer Landgraf wurde sein Bruder Karl, und wieder regierte zunächst als Vormund eine Frau, nämlich seine Mutter Hedwig Sophie, die Schwester Friedrich Wilhelms, des Großen Kurfürsten von Brandenburg. Karl, der bis 1730 regierte, tat zunächst alles, um das Reich gegen die Übergriffe des Sonnenkönigs Ludwig XIV. zu verteidigen. Dabei wurde er unterstützt und angeleitet vom Grafen Georg Friedrich von Waldeck, von dem später noch die Rede sein wird.

## Absolutismus und Soldatenhandel

1701/1702 schloss Landgraf Karl mit England und Holland sogenannte Subsidienverträge ab. Solche Verträge wurden im gesamten 18. Jahrhundert zu einem Eckpfeiler der hessischen Politik. Sie beinhalteten die

Der Herkules mit den Kaskaden (links)

Schloss Wilhelmshöhe, 1842 (rechts)

Überlassung landeseigener oder anderswo angeworbener Soldaten gegen Bezahlung, also deren ‚Verkauf' oder doch zumindest ‚Verleih'. Mit dem daraus gewonnenen Geld begann er eine rege Bautätigkeit. So schuf der 1701 berufene italienische Architekt Giovanni Francesco Guerniero den mit zahlreichen kleinen Bauwerken geschmückten Bergpark in Kassel. Krönender Abschluss des Ensembles ist der 63 Meter hohe Riesenpalast, das Oktogon, mit der in Kupfer getriebenen Nachbildung des farnesischen Herkules. An den darunterliegenden Kaskaden beginnen die fast den ganzen Park durchziehenden Wasserspiele. Das Gegenstück zum Oktogon bildet das später, zwischen 1786 und 1798, unter Landgraf Wilhelm IX. erbaute Schloss Wilhelmshöhe, das ursprünglich aus drei selbstständigen, nur mit Terrassen verbundenen Flügeln bestanden hatte.

Landgraf Karl starb 1730 und hinterließ seinem Nachfolger ein geordnetes Land mit gesunden Finanzen. Das lag vor allem am gut laufenden Subsidien-Geschäft. Über bis zu 12 000 Mann verfügte der Landgraf, um sie an die zahlenden Großmächte zu ‚verleihen'. Auch außenpolitisch stand Hessen-Kassel gut da. Karls Sohn Friedrich heiratete 1715 die schwedische Thronerbin und hätte glanzvoll König von Schweden werden können, wenn die dortige Monarchie nicht zu völliger Bedeutungslosigkeit hinabgesunken gewesen wäre. Friedrich wurde zwar zum König gewählt, regierte aber nicht, sondern ging auf die Jagd und spürte schönen Frauen nach.

Nach Karls Tod übernahm Friedrichs Bruder als Wilhelm VIII. die Regierung. Er verminderte die absolutistische Prachtentfaltung, schaffte die Hofkapelle ab, beendete manch monströses Bauprojekt und widmete sich mit einer neuen Zunftordnung und einer Reihe verwaltungstechnischer Änderungen der Wirtschaftsförderung. Obwohl der Staat in merkantilistischer Manier das Manufakturwesen und die Einrichtung von Fabriken förderte, blieb Hessen doch vor allem ein Agrarland. Einzig in der Textilproduktion florierte die Wirtschaft, wobei die Tuchlieferungen an die Armee eine große Rolle spielten.

1736 kam im Erbgang die reiche Grafschaft Hanau an Hessen-Kassel, was aber wenig Wirkung zeitigte. Das Gebiet wurde nämlich faktisch in der nächsten Generation schon wieder von Hessen-Kassel getrennt, als der älteste Sohn des Landgrafen Wilhelm, Erbprinz Friedrich, zur katholischen Kirche übertrat. Das protestantische Bekenntnis war in Hessen-Kassel nämlich gleichsam Vorschrift, und man duldete in wichtigen staatlichen Ämtern keine Katholiken. Daher wurde die Ehe des katholischen Erbprinzen mit der englischen Prinzessin Maria aufgelöst, und sogar die Erziehung seiner Söhne blieb ihm verwehrt. Der älteste von ihnen, der spätere Landgraf Wilhelm IX., bekam die Hanauer Grafschaft schließlich als eigenständigen Besitz zugewiesen.

Der Friedrichsplatz in Kassel, kolorierter Stahlstich

Wilhelm VIII. hatte, bevor er zunächst als Statthalter seines Bruders Friedrich die Regierung auf sehr sparsame und, wie es heißt, freundlich-patriarchale Art übernahm, als Offizier in den Niederlanden gedient. Dort war er ein Freund der niederländischen Malerei geworden. Auf ihn geht der Erwerb der großen niederländischen Gemälde, besonders der Bilder von Rembrandt, für die Kasseler Galerie zurück. Wilhelm berief Johann Heinrich Tischbein zum Hofmaler, der zum Begründer einer hessischen Malerschule wurde. Unter Wilhelm wurde auch wieder mehr gebaut. Schloss Wilhelmsthal besticht in seiner Rokoko-Pracht noch heute.
Die Gelder flossen wiederum vor allem durch die Subsidienverträge nach Kassel. Im österreichischen Erbfolgekrieg wäre es dadurch aber fast zur Katastrophe gekommen. Hessen-Kassel lieferte Soldaten an seine alten Alliierten England und Preußen. Nun aber unterstützte England die Ansprüche Maria Theresias, während Preußen mit Frankreich die österreichische Herrscherin bekämpfte und sich auf der Seite des wittelsbachischen Kaisers Karl VII. befand. In beiden Lagern dienten also hessische Söldner; mit Mühe und Not konnte verhindert werden, dass sie in offener Feldschlacht aufeinandertrafen.
Auch diese unglückliche Konstellation trug dazu bei, dass der Soldatenhandel in Verruf geriet. Allerdings dauerte es noch 30 Jahre, bis es als moralisch anstößig empfunden wurde, dass Fürsten über ihre Soldaten nach eigenem Belieben verfügen konnten. Erst die amerikanische Freiheitsbewegung und eine zugespitzte bürgerliche Aufklärung schufen die Grundlage für die Verachtung dieser Variante des Menschenhandels.

Die Ruine der im Siebenjährigen Krieg zerstörten Hersfelder Stiftskirche

## Die Landgrafschaft Hessen-Kassel nach dem Siebenjährigen Krieg

Am Siebenjährigen Krieg von 1756 bis 1763 war Hessen-Kassel nicht mehr nur als Soldaten-Lieferant beteiligt. An der Seite von Preußen und England hatten die Hessen nun aktiv den Krieg im Westen zu bestreiten. Auf hessischem Gebiet bewegten sich die feindlichen Armeen hin und her. Kassel wurde viermal von den Franzosen besetzt und zweimal belagert. Für das Land wirkte sich dieser Krieg verheerend aus. Ähnlich wie im Dreißigjährigen Krieg wurden Dörfer vernichtet, Städte zerstört, war das Land verwüstet und verarmt.

1760 starb während des Krieges Landgraf Wilhelm VIII. Erst drei Jahre später kehrte sein Sohn und Nachfolger Friedrich II. in das zum Teil zerstörte Kassel zurück. Dennoch gilt seine Regierungszeit als Höhepunkt des ‚aufgeklärten Absolutismus'. Seine Namensgleichheit mit dem preußischen König sollte nicht nebensächlich bleiben. Der preußische Hof mit seiner philosophisch-aufgeklärten Kultur wurde zum unmittelbaren Vorbild für den hessischen Friedrich. Zwar war der ja, wie oben erwähnt, zum katholischen Glauben übergetreten, es schien aber so, als sei in seiner Person das Toleranzdenken eines Lessing verkörpert. Er konnte mit dem Papst ebenso intensiv verkehren wie mit dem preußischen König oder Voltaire, der mit dem hessischen Landgrafen eine Korrespondenz unterhielt.
Nach den gravierenden Folgen des Siebenjährigen Krieges ging es unter Friedrich II. erst einmal darum, das Land zu sanieren, die Wirtschaft anzukurbeln und die Finanzen in Ordnung zu bringen. Und wieder waren es die Subsidiengelder, die dabei halfen. England zahlte noch mehrere Jahre nach dem Krieg weiter, und so konnte der Landgraf in merkantilistischem Eifer Manufakturen und Fabriken errichten lassen, die Landwirtschaft intensivieren, die Schafzucht für die heimische Wollproduktion fördern und insgesamt helfen, einen beachtlichen Wohlstand zu schaffen.
Die Lage der Landbevölkerung hielt mit diesen Verbesserungen allerdings nicht Schritt. Zu den herkömmlichen Abgaben kamen Dienste für den Grundherren hinzu: Spanndienste, Handdienste und Jagddienste. Nur zögerlich wurden die Frondienste durch die Arbeit im Tagelohn ersetzt.
Im Jahre 1776 wurde mit England ein neuer Subsidienvertrag geschlossen, ein glänzendes Geschäft für den Landgrafen, aber auch eine moralische Niederlage; denn nun kämpfte nicht ein Heer gegen ein anderes in einem Kabinettskrieg, sondern es handelte sich um den Aufstand der englischen Kolonien in Amerika, und dieser Aufstand berief sich auf allgemeine Menschenrechte und Demokratie. England zahlte für die 12 000 hessischen Soldaten jährlich 450 000 Taler, so dass Friedrich II. bei Kriegsende einer der reichsten Fürsten des Kontinents war. In ganz Europa waren die Ideen der amerikanischen Revolution populär geworden, nun sprach man von ‚Menschenschacher für Blutgeld', und Friedrich Schiller geißelte in seinem Drama „Kabale und Liebe", das 1784 in Frankfurt uraufgeführt wurde, den Menschenhandel.
Hessen galt als ‚Pflanzschule guter Soldaten' und als ein Land, das sich mit guter Politik und geschickter Diplomatie aus den schlimmen Schäden des Siebenjährigen Kriegs emporgearbeitet hatte.

Friedrichs Sohn Wilhelm IX. schloss weitere Subsidienverträge ab und beauftragte das Bankhaus Rothschild in Frankfurt mit der Verwaltung und Anlage der Gewinne. Er residierte in Hanau und hatte den Ruf eines aufgeklärten und modernen Herrschers, in dessen Land das politische Klima von Toleranz und Glaubensfreiheit geprägt sei. In Kassel änderte sich vor allem der Geschmack. Man schaute nun nach England, ersetzte die kunstvoll gestutzten Rokokogärten durch englische Parks, in denen die Natur walten durfte, und ließ die Löwenburg gleich als Ruine bauen, weil die englische schauerromantische Mode Ruinen von Ritterburgen schätzte. Nach der Französischen Revolution von 1789 sah sich Wilhelm IX. in seiner antifranzösischen Haltung bestätigt. Im Bündnis mit Preußen und England nahm er am Ersten Koalitionskrieg gegen Frankreich teil und schied wie Preußen 1795 aus dem Kampf aus. Am Ende des Alten Reichs, im Jahr 1803, wurde Wilhelm zum Kurfürsten erhoben, seitdem spricht man von Kurhessen. Aber da gab es Hessen-Kassel, das sich seit 1795 bis über die Jahrhundertwende hinaus neutral gehalten hatte, in dieser Form schon beinahe nicht mehr.

## Die Landgrafschaft Hessen-Darmstadt bis zum Ende des Alten Reichs

Die Regentschaft Landgraf Georgs II. überdauerte das Ende des Dreißigjährigen Krieges. Die Reichsverfassung garantierte nach wie vor die Existenz der Landgrafschaft. Die Landstände konnten sich bis zu ihrer Aufhebung im Jahre 1806 an der Innenpolitik in hohem Maße beteiligen. Die drei sogenannten Kurien waren die Kirche mit drei Prälaten, die von der lutherische Universität Gießen gestellt wurden, 20 bis 30 Vertreter des Adels und 25 Vertreter der Städte. Vor allem wegen der Kriegsfolgen konnte der Landgraf auf die Finanzhilfe der Stände nicht verzichten. Die Finanzverfassung des Landes gliederte sich in die Einnahmen aus landesherrlichem Grundbesitz und Zöllen sowie in direkte Steuern, die von den Ständen bewilligt wurden und für die militärischen Ausgaben bestimmt waren. Wann immer der Fürst wieder zeitlich befristete Steuern verlangte, mussten die Stände im Landtag zusammenkommen und konnten bei dieser Gelegenheit den Landesherrn mit ihren eigenen Forderungen konfrontieren. Und immer wieder ging es in der Landgrafschaft um Geld. Es wurde mehr ausgegeben, als vorhanden war, der Hof verschlang entschieden

zu viel. 1653 machte man eine Art Inventur und zählte 133 zu besoldende Personen: Haushofmeister, Pagen, Leibarzt, Schreiber, Bäckermeister, Kapellmeister, Seidensticker, Trompeter, Gärtner, Sattel- und Stallknechte, um nur einige zu nennen. Um in der Liga der absolutistischen Staaten mitspielen zu können, musste man in die repräsentative Darstellung der Macht einiges investieren.
Um sich außenpolitisch abzusichern, schloss sich der Landgraf 1659 dem Bund deutscher Fürsten mit Frankreich und Schweden an, der ein Jahr zuvor auf Anraten des Erzbischofs Johann Philipp von Mainz begründet worden war.
Es war nach dem Dreißigjährigen Krieg das erste bedeutende Bündnis zwischen evangelischen und katholischen Landständen.
Als 1661 Landgraf Ludwig VI. seinen Vater beerbte, machte er erst einmal einen Kassensturz. Das Minus betrug 220 000 Gulden. Zur Vergrößerung des Territoriums waren Güter wie Eberstadt und Gräfenhausen gekauft worden. Für den Erwerb von Kleidern und Silbergeschirr hatte man bei christlichen und jüdischen Geldverleihern in Frankfurt hohe Kredite aufnehmen müssen. Der Fürst versuchte, die Hofhaltungskosten durch seine Abwesenheit zu verringern. Doch die Hoffnung, ein reisender Hofstaat sei billiger, ging ebenso fehl wie der Versuch, Kredite von Frankreich oder Schweden zu bekommen, denen man sich als Bündnispartner anbot. Dabei wurden Mittel für den Wiederaufbau des nach wie vor unter den Zerstörungen des Dreißigjährigen Krieges leidenden Landes bitter benötigt. Stattdessen hielt auch der Frieden nicht lange. 1673 besetzten französische Soldaten die Wetterau und das untere Maingebiet, 1674 eroberten sie die Bergstraße und zerstörten das Schloss Auerbach, 1689 die Festungen und Burgen Rüsselsheim und Dornberg, und 1693 nahmen sie Zwingenberg ein und brandschatzten Darmstadt.

Johann Heinrich Merck nach G. F. Schmoll

In dieser Situation wurde in Hessen-Darmstadt das stehende Heer eingeführt. 1704 überließ Landgraf Ernst Ludwig, der Sohn Ludwigs VI., gegen Subsidien drei Regimenter dem Herzog von Braunschweig-Lüneburg, der dann 1705 und 1706 im Spanischen Erbfolgekrieg mit dem kaiserlichen Heer gegen die Franzosen kämpfte. Die bescheidenen Subsidienverträge Hessen-Darmstadts waren aber mit denen in Hessen-Kassel nicht zu vergleichen.
Landgraf Ernst Ludwig hatte sich an einigen Reformen versucht und unter anderem das städtische Zunftwesen neu geordnet. Er verschlimmerte die Lage in

der Landgrafschaft aber in hohem Maße dadurch, dass er 1708 trotz Geldnot die französischen Parforcejagden einführte, Hetzjagden zu Pferd, bei denen das Wild durch laut bellende Hunde so lange gejagt wurde, bis es völlig ermattet aufgab. Der jagdsüchtige Landgraf ließ eine ganze Reihe von Jagdschlösschen und -häusern bauen, wie zum Beispiel das Schloss Kranichstein.

Zwischen 1709 und 1722 erlebte Hessen-Darmstadt ungeachtet der katastrophalen Finanzlage eine kurze Periode kulturellen Glanzes. Der berühmte Baumeister Louis Remy de la Fosse aus Hannover errichtete für den nicht weniger berühmten Komponisten Christoph Graupner in Darmstadt ein Opernhaus, eine französische Truppe von Komödianten belebte das Theater, und nach dem Brand des Darmstädter Residenzschlosses bewilligten die Landstände 1715 300 000 Gulden für den Neubau nach den Plänen de la Fosses. Doch dieser blieb ebenso wie die Orangerie im Bessunger Forst unvollendet, weil die Baugelder zweckentfremdet wurden. Ernst Ludwig verlor mehr und mehr den Kontakt zu den Verwaltungsgremien, zog sich auf seine Jagdschlösschen zurück und steigerte das abenteuerliche Finanzgebaren ins Groteske. Seit 1733 beteiligte er sich an der Herstellung minderwertiger Goldgulden, die den schönen Namen Ernest d'Or trugen. Der faule Gewinn wurde zur Finanzierung der Hofkapelle unter Graupners Leitung verwendet.

Kaiser und Reich unterbanden schließlich die Goldmünzprägung. 1739 berief Ernst Ludwig den Landtag ein, um neue Steuern bewilligen zu lassen, doch nun kam es zum offenen Konflikt. Die Stände verlangten ultimativ, künftig die vom Landgrafen als Reichsstand in Regensburg oder auf dem Frankfurter Oberrheinischen Kreistag bewilligten Steuern vorher selbst zu genehmigen. Das war eine empfindliche Einbuße an herrschaftlicher Souveränität. Die desolate Lage des Darmstädter Hofs zeigte sich nicht zuletzt auch daran, dass die Stände weitere Mittel zur Vollendung des Schlossbaus verweigerten; so blieb das prächtig geplante Barockschloss als Neubauruine mit zugenagelten Fenstern bis zum Beginn des 19. Jahrhunderts ein Denkmal für die finanziellen Kalamitäten der absolutistischen Landgrafen.

Die desolate Lage des Darmstädter Hofs zeigte sich nicht zuletzt auch daran, dass die Stände weitere Mittel zur Vollendung des Schlossbaus verweigerten; so blieb das prächtig geplante Barockschloss als Neubauruine mit zugenagelten Fenstern bis zum Beginn des 19. Jahrhunderts ein Denkmal für die finanziellen Kalamitäten der absolutistischen Landgrafen.

Auch Ludwig VIII., der sogenannte Jäger-Landgraf, der Ernst Ludwig nachfolgte, war kein begnadeter Ökonom, der den Haushalt hätte sanieren können. Immerhin kam jetzt aber die im Elsass gelegene Grafschaft Hanau-Lichtenberg zu Hessen-Darmstadt. Dort hatte sich der spätere ‚Soldaten-Landgraf' Ludwig IX. etabliert, der im ebenfalls zu Hessen-Darmstadt gehörenden Pirmasens ein kleines Potsdam errichten wollte. Nach preußischem Vorbild sollte ein klug und sparsam wirtschaftender Staat geschaffen werden, was in den entlegenen Gebieten der Landgrafschaft sogar in Ansätzen gelang.

In Darmstadt aber grassierte weiter die Jagdleidenschaft und fegte alle guten Vorsätze hinweg. Das Wild wurde zum Fluch für die Bauern und die städtischen Ackerbürger, da sie nichts gegen Rehe, Wildschweine und Hirsche unternehmen durften, die die Saaten und die Triebe der Bäume fraßen. Als der manische ‚Jäger-Landgraf' während einer Vorstellung des Hoftheaters starb, soll sich die Trauer der Untertanen in Grenzen gehalten haben.

Nun folgte am Darmstädter Hof eine kulturelle Blütezeit, die jedoch nicht ohne Merkwürdigkeiten blieb. Ludwig IX. weilte meistens in Pirmasens, wo er die Freude an seinen Regimentern auslebte. In Darmstadt residierte ab 1772 seine Frau, die legendäre Landgräfin Karoline Henriette. Zum leitenden Minister und Präsidenten aller Landesbehörden wurde der preußische Staatstheoretiker Friedrich Karl von Moser berufen, der die Spezialaufgabe hatte, die Finanzen in Ordnung zu bringen.

Karoline Henriette, von Goethe die „große Landgräfin" genannt, schuf am Darmstädter Hof ein Zentrum des europäischen Geisteslebens. Friedrich der Große bewunderte sie, berühmte Musiker wie Willibald Gluck und große Dichter wie Herder und Wieland verkehrten an ihrem Hof. Goethes Darmstädter Jugendfreund, der Kriegsrat Johann Heinrich Merck verlegte Klopstocks Oden und Elegien und Goethes „Götz von Berlichingen". Gleichzeitig war der Hof ein Brennpunkt der protestantischen Frauenkultur pietistischer Prägung.

Auch Mosers Arbeit als Minister war, solange man ihn gewähren ließ, erfolgreich. Er rettete das Land vor dem Staatsbankrott und schuf eine moderne, effiziente Verwaltung. 1780 trat er zurück, angeblich, weil man sich nicht an seinen Vorschlag hielt, das Lotto abzuschaffen.

Die „große Landgräfin", mit der Voltaire Briefe wechselte und die für die literarische Mode der Empfindsamkeit eine Art Schirmherrin war, starb 1774, nachdem sie aus St. Petersburg, wo ihre Tochter Wilhelmine den russischen Thronfolger geheiratet hatte, schwer krank zurückgekehrt war.

Ihr Mann, Landgraf Ludwig IX., hatte das Militär gestärkt, ohne Subsidienverträge abzuschließen. Dieser militärischen Potenz sollte sich der Aufstieg Hessen-Darmstadts zu einer deutschen Mittelmacht verdanken. Erbprinz Ludwig X. residierte, anders als sein Vater, seit 1777 wieder in Darmstadt. Der Ausbau der Residenzstadt wurde dann allerdings von den Kriegen gegen das revolutionäre Frankreich unterbrochen. Erst 20 Jahre später konnte man an die architekto-

Grabmal der Großen Landgräfin, Stich von J. C. Susemihl

nischen Pläne des Landgrafen anknüpfen, der später der erste Großherzog wurde.

Nach dem Frieden von Lunéville kamen die Gebiete aus der Hanauer Erbschaft im Elsass an Frankreich, Hessen-Darmstadt aber wurde reichlich dafür entschädigt. Vor allem erhielt es lukrative Teile der von Frankreich kassierten geistlichen Fürstentümer, so dass die zum Großherzogtum aufgestiegene Landgrafschaft schließlich besser dastand als vor den Koalitionskriegen. Als Partner des revolutionären Frankreich hatten sich die Beziehungen zum Heiligen Römischen Reich, das kurz vor der Auflösung stand, auf ein Minimum reduziert.

## Johann Wolfgang Goethe

Johann Wolfgang Goethe hat sich nie als Hesse gefühlt, und Frankfurt ist zwar seine Geburtsstadt, nicht aber der Mittelpunkt seines Lebens gewesen. Es fing nicht gut an am 28. August 1749. In „Dichtung und Wahrheit“ beschreibt Goethe seine Geburt:

Goethes Geburtshaus am Frankfurter Hirschgraben (nach dem Umbau)

*„Am 28. August 1749, mittags mit dem Glockenschlage zwölf, kam ich in Frankfurt am Main auf die Welt … Durch Ungeschicklichkeit der Hebamme kam ich für tot auf die Welt, und nur durch vielfache Bemühungen brachte man es dahin, dass ich das Licht erblickte.“*[16]

Goethes Verhältnis zur Vaterstadt, die ihm das Ehrenbürgerrecht verweigerte, sollte immer zwiespältig bleiben. Nach der Kindheit im Haus am Großen Hirschgraben ging er 1765 zum Studium nach Leipzig. Drei Jahre später kehrte er, auf Leben und Tod erkrankt, in sein Elternhaus zurück. 1770 wechselte er zur Fortsetzung des Studiums nach Straßburg und wurde schon ein Jahr darauf in Frankfurt als Advokat zugelassen. Um seinen juristischen Horizont zu erweitern, ging er als Praktikant an das Reichskammergericht in Wetzlar, wo er Charlotte Buff kennenlernte, seine Lotte aus den „Leiden des jungen Werthers“.

Am 30. Oktober 1775 verließ er Frankfurt in Richtung Weimar, wohin ihn Herzog Karl August berufen hatte. Von da an kam er nach Frankfurt nur noch zu Besuch.

Eine enge Freundschaft aber verband ihn mit dem Bankier Johann Jakob von Willemer und seiner Frau Marianne. Der Landsitz der Familie war die Gerbermühle, am Main im Frankfurter Stadtteil Oberrad gelegen. Die Liebesbeziehung von Goethe und Marianne von Willemer wurde poetisch verrätselt, es ist aber erwiesen, dass Marianne zum Buch Suleika des „West-östlichen Divan" einige Gedichte beigesteuert hat. Ebenso erwiesen ist, dass Goethe während seines Aufenthalts im Stadthaus der Willemers und in der Gerbermühle vom 8. bis 15. September 1815 einige der Gedichte dieses Buches direkt an Marianne von Willemer gerichtet hat. Das älteste lautet so:

Johann Wolfgang Goethe, nach einer Kreidezeichnung von Johann Heinrich Lips, 1791

*„Nicht Gelegenheit macht Diebe,*
*Sie ist selbst der größte Dieb,*
*Denn sie stahl den Rest der Liebe*
*Die mir noch im Herzen blieb.*

*Dir hat sie ihn übergeben*
*Meines Lebens Vollgewinn,*
*Dass ich nun, verarmt, mein Leben,*
*Nur von Dir gewärtig bin.*

*Doch ich fühle schon Erbarmen*
*Im Karfunkel deines Blicks*
*Und erfreu in Deinen Armen*
*Mich erneuerten Geschicks."*[17]

Nach diesem Besuch sah Goethe Marianne nie wieder, er hatte sich, wie von vielen anderen, von ihr ‚losgeschrieben'.
1792 bot ihm die Stadt Frankfurt die Stelle eines Ratsherren an. Er lehnte ab. Am 2. Dezember 1817 ließ er sich aus steuerlichen Gründen aus dem Frankfurter Bürgerbuch streichen, in das er am 3. September 1771 nach geleistetem Advokateneid eingetragen worden war. So scheint es, als habe in Goethes Beziehung zu Frankfurt das Geld eine nicht geringe Rolle gespielt.
Immerhin wurde die Frankfurter Universität nach ihm benannt, und da wird über ihn noch heute geforscht und gelehrt. Auch über sein Verhältnis zu Marianne von Willemer, das immer noch Geheimnisse birgt – und so soll es auch bleiben.

## Jüdisches Leben in Hessen[18]

Schon in karolingischer Zeit lebten Juden in Frankfurt und Mainz, wahrscheinlich waren sie bereits mit den Römern an Rhein und Main gekommen. Aus dem 11. Jahrhundert sind jüdische Gemeinden entlang der wichtigen Handelsstraßen bezeugt: in Trier, Worms, Mainz, Speyer, Frankfurt und Köln. Aber der Ansiedlung folgten seit dem 12. Jahrhundert Verfolgung, Vernichtung oder Vertreibung. Auf dem Weg ins ‚Morgenland' ermordeten die Kreuzritter nicht selten Juden, deren Stellung sich im Reich wegen der judenfeindlichen geistlichen Gesetzgebung seit dem Laterankonzil von 1215 weiter verschlechterte. Einen entsetzlichen Höhepunkt brachte die Pestepidemie, die bei ihrer ersten großen Verbreitung 1348/49 ein Drittel der Bevölkerung West- und Mitteleuropas hinwegraffte. In immer wiederkehrender, dumpfer und böswilliger Unterstellung wurden die Juden als ‚Christusmörder' für das Wüten der Pest verantwortlich gemacht. Sie hätten, so beschuldigte man sie, die Brunnen vergiftet, die Luft verpestet und so den Tod der Christen herbeigeführt. Etwa 300 jüdische Gemeinden wurden im Zuge dieser Racheorgien ausgerottet. In Gelnhausen trieb man die Juden im Jahr 1349 vor der Stadt zusammen und verbrannte sie auf einem Scheiterhaufen. In Frankenberg waren bereits 1295 die Juden in einer Scheune verbrannt worden.

Darstellung einer „Judenverbrennung" in der 1493 erschienenen Weltchronik von Hartmut Schedel

In der Reichsstadt Wetzlar lebten Juden schon um die Mitte des 12. Jahrhunderts. Auch hier überlebten nur wenige die fanatischen Verfolgungen während der Pest. Abgesehen von einigen wenigen geschützten Winkeln teilten die Juden in den hessischen Städten und auf dem Land den Leidenszyklus von immer wieder angezettelten Pogromen und dem Versuch, sich aufs Neue anzusiedeln und zu überleben. Man sollte bei der aktuellen Diskussion über religiösen Fundamentalismus auch diese Vernichtungsspur des Christentums nicht vergessen.

Auf der Flucht vor den Verfolgern gelangten viele Juden in die östlichen Länder Europas, nach Polen, Galizien und in die Ukraine. Aber auch nach Oberhessen zogen sich etliche Juden schon seit dem 14. Jahrhundert zurück. Rund um den Vogelsberg, in der Wetterau, im Odenwald und im Gebiet um Fulda, dem ‚Fuldaländche', entstanden damals jüdische Gemeinden.

In der zweiten Hälfte des 17. Jahrhunderts nahmen oftmals die Gebieter über kleine Patrimonialherrschaften wie Ritter oder Adelsherren Juden auf, die aus den größeren Grafschaften, Städten oder kirchlichen Territorien vertrieben worden oder freiwillig gegangen waren. Gerade die kleinen Herren waren an Flüchtlingen wie Hugenotten, Juden oder Calvinisten interessiert, die die Zahl ihrer Untertanen und Steuerzahler erhöhen sollten. Dabei waren die Junker, Ritter und Adelsherren nicht nur zur Aufnahme der Flüchtlinge bereit, sie verfügten auch über eine unerschöpfliche Fantasie, wenn es um die Erfindung neuer Steuern ging, die man vor allem bei den Juden eintreiben konnte. Sie mussten oft das Vierfache eines christlichen Untertanen zahlen.

Zwiespältig war die Judenpolitik Philipps des Großmütigen. Im Jahre 1524 wurden die Juden aus dem Land vertrieben, sechs Jahre später durften sie, versehen mit Schutzbriefen, wieder in die Landgrafschaft zurückkehren. Die Reformation war den Juden nicht gerade gewogen. Luther hatte in seiner schändlichen Schrift „Von den Juden und ihren Lügen" ähnlich wie Martin Bucer dafür plädiert, die Juden wegen ihres falschen Glaubens empfindlich zu bestrafen und sie aus dem Land zu jagen. Die Reformation hatte mit ihrer Judenfeindschaft wie auch in der Hexenverfolgung und dem unbarmherzigen Kampf gegen die aufständischen Bauern große schwarze Flecken der Blindheit und des Wahns. Zwar setzte sich der auch in dieser Frage ein wenig tolerantere Philipp gegen seine theologischen Ratgeber durch; es blieb aber dabei, dass das Leben der Juden in Hessen durch harte Verordnungen und Verbote reglementiert wurde. Die Juden durften keine neuen Synagogen bauen, und sie mussten sich zu Bekehrungsgottesdiensten und ‚Schuldeingeständnissen' melden.

Die meisten Juden verließen schließlich Marburg und Kassel, zumal die gestrenge Landgräfin Amalie Elisabeth auf die strikte Einhaltung der Judenordnungen pochte. Die Zwangspredigten führten zu Tumulten, die Juden verstopften sich die Ohren, wollten aus den Kirchen fliehen und den missionarischen Zumutungen nicht ausgesetzt sein. Erst in der Mitte des 18. Jahrhunderts verschwanden die Zwangspredigten aus der hessischen Judenordnung.

Die Herren von Buseck hatten seit dem Anfang des 18. Jahrhunderts gegen hohe Zahlungen im Busecker Tal bei Gießen besonders viele Juden aufgenommen. Man nannte das Tal das hessische Palästina. In einigen wenigen Orten wie etwa in den nordosthessischen Dörfern Nentershausen, Imshausen und Solz hatten jüdische Familien unter dem Schutz der Freiherren von Trott zu Solz, von Frankenberg und von Baumbach ein besseres Leben gefunden als andernorts in Hessen. Auch in Sontra, Reichensachsen und Hünfeld gab es viele Adlige mit Burgen oder Gehöften, die aus alter Tradition Juden aufnahmen, die dann wie in Rhina, wo ein Drittel der Einwohner Juden waren, oder in Rimbach, wo sie 1885 einen Anteil von zehn Prozent der Bevölkerung stellten, stabile Gemeinden bildeten.

Die Herren von Buseck hatten seit dem Anfang des 18. Jahrhunderts gegen hohe Zahlungen im Busecker Tal bei Gießen besonders viele Juden aufgenommen. Man nannte das Tal das hessische Palästina.

In Michelstadt im Odenwald duldeten die Grafen von Erbach ‚ihre Juden', darunter den weit über die Region hinaus bekannte Baal-Schem von Michelstadt, einen jüdischen Wundertäter. Im ersten Drittel des 18. Jahrhunderts kamen viele Juden und auch Christen nach Michelstadt, um sich bei Seckel Löb Wormser – so hieß Baal-Schem eigentlich – Trost, Rat und Hilfe zu holen. Es entstanden Wundergeschichten und Heilslegenden.

Viele hessische Orte haben ihre eigenen, gewiss nicht immer den Tatsachen entsprechenden ‚Juden-Geschichten'. In Schwalbach im Taunus etwa fanden die Juden während des Dreißigjährigen Krieges in der Burg Hohenstein keinen Schutz, sie mussten sich im Wald verstecken. Dort soll ein Platz noch im 20. Jahrhundert „Beim Judenborn" geheißen haben. Von den Grafen von Münzenberg heißt es hingegen, sie sollen schon im 12. Jahrhundert jüdische Flüchtlinge aufgenommen haben, die aus den rheinischen Städten hatten fliehen müssen. In der alten Reichsstadt Friedberg existierte seit dem 13. Jahrhundert eine große jüdische Gemeinde. Die Friedberger Mikwah, ein Bad für die rituelle Reinigung der jüdischen Gläubigen, die um 1260 errichtet wurde, ist bis heute besonders gut erhalten. Im 16. Jahrhundert wohnten die Juden in Friedberg auf engstem Raum in der Judengasse, die zudem abends verschlossen wurde. Nach den Verheerungen des Dreißigjährigen Krieges lebten dann in Friedberg zeitweilig mehr Juden als Christen.

Wie manche in der Nazizeit zerstörte oder zweckentfremdete Synagoge gehört die Friedberger Mikwah zu den Denkmälern der vernichteten jüdischen Kultur und Religion in Hessen, die heute restauriert sind und besucht werden können. In Gelnhausen hat sich in der Synagoge ein prächtiger barocker Thora-Schrein als Einziger in Deutschland nur deshalb erhalten, weil er während der NS-Zeit so ruchlos wie ungewollt konservierend zugemauert worden war.
Barbara Suchy zieht am Ende ihres Aufsatzes über jüdisches Leben in hessischen Kleinstädten und Dörfern ein Resümee, das wir hier wiedergeben:

*„Die hessischen Juden waren sehr bodenständig; sie waren mit ihrer Heimat verwurzelt trotz ihrer großen Mobilität. Allerdings waren sie in den Kleinstädten und auf dem Lande der oft feindseligen Haltung der christlichen Bevölkerung viel unmittelbarer, viel direkter ausgesetzt als in den Städten. Doch fehlte es auch nie an Beispielen eines sehr guten Auskommens zwischen den Landjuden und ihren Nachbarn … Es gab Juden bei der Feuerwehr, bei den Karnevalsgesellschaften, in der Gemeindevertretung, in den Gesang- und Turnvereinen, im Fußballklub und, vor allem, in den Kriegervereinen. Es gab institutionalisierte Orte der Begegnung: bei Begräbnissen oder patriotischen Feiern wie beispielsweise zum Kaisergeburtstag. Aber deshalb darf der Historiker diese Erscheinungen nicht als harmonisches Einvernehmen bezeichnen, über das dann – gleichsam von oben – die dämonische Macht des Nationalsozialismus hereinbrach. Es war immer eine Kluft geblieben zwischen der Minderheit und der großen Mehrheit, denn die Mehrheit empfand die nie vollständige religiöse und kulturelle Anpassung der Juden immer als Verweigerung und Herausforderung, während sie aber durch den mehr oder weniger ausgeprägten Antisemitismus dafür sorgte, dass die Distanz zwischen ihr und den Juden aufrechterhalten wurde.“*[19]

[1] In diesem Sinn zum Beispiel bei Walter Heinemeyer: Das Hochmittelalter. In: Ders. (Hrsg.): Das Werden Hessens. Marburg 1986, S. 185.

[2] Zitiert nach: Karl Heinemeyer: Der Prozess Heinrichs des Löwen. In: Hans Patze (Hrsg.): Der Reichstag von Gelnhausen. Marburg/Köln 1981, S. 15 f.

[3] Magnus Wintergerst: „franconofurd“ – eine königliche Pfalz. In: Archäologie in Deutschland, Heft 2 (2010), S. 34.

[4] Konrad Müller (Übers.): Die Goldene Bulle. Dortmund $^{3}$1989, S. 109.

[5] Johann Wolfgang Goethe: Sämtliche Werke. Hrsg. von Ernst Beutler. Band 10: Aus meinem Leben. Dichtung und Wahrheit. München 1977, S. 208, 219 und 221

[6] Zitiert nach: Frankfurt. Edition deutscher Städte. München 1994, S. 94.

[7] Zitiert nach: Ebenda

[8] Zitiert nach: Ebenda

[9] Nach: Wolfgang Breu-Kunkel: Marburg und die Reformation in Hessen. In: Heidenreich/Böhme, a.a.O., S. 163 ff.

[10] Wilhelm Dilich: Hessische Chronica. Frankfurt am Main 1617, S. 8.

[11] Zitiert nach: Volker Press: Hessen im Zeitalter der Landesteilung (1567–1655). In: Walter Heinemeyer: Das Werden Hessens, a.a.O., S. 288.

[12] Heiner Borggrefe/Vera Lüpkes/Hans Ottomeyer: Moritz der Gelehrte. Ein Renaissancefürst in Europa. Schloß Brake u.a. 1997, S. 9.

[13] Demandt, a.a.O., S. 195.

[14] Hans Jacob Christoffel von Grimmelshausen: Simplicissimus Teutsch. Hrsg. von Dieter Breuer. Frankfurt am Main 2005, S. 69 f.

[15] Fritz Wolff: Absolutismus und Aufklärung in Hessen-Kassel 1730–1806. In: Uwe Schultz, a.a.O., S. 133.

[16] Johann Wolfgang Goethe: Sämtliche Werke. Band 10: Aus meinem Leben. Dichtung und Wahrheit. München 1977, S. 15.

[17] Ebenda. Band 3: Epen. West-östlicher Divan. Theatergedichte. München 1977, S. 345.

[18] Bei den Ausführungen folgen wir besonders: Barbara Suchy: Zwischen Geborgenheit und Gefährdung. Jüdisches Leben in hessischen Kleinstädten und Dörfern. In: Uwe Schultz, a.a.O., S. 145–159.

[19] Ebenda S. 159.

# Von Kurfürstentümern, Großherzogtümern, Herzogtümern und Fürstentümern

## Hessen am Ende des Alten Reichs

Es war eine kleine Gruppe, die am 24. August 1802 in Regensburg zusammenkam. Aber sie sollte weitreichende Entscheidungen treffen. Viel Spielraum hatte sie dabei allerdings nicht. Den Rahmen gab der Friedensvertrag von Lunéville vor, den der deutsche Kaiser Franz II. und Napoleon im Februar 1801 geschlossen hatten. Alle linksrheinischen Gebiete waren darin Frankreich zugesprochen worden. Nun mussten die Entschädigungen für die deutschen Fürsten festgelegt werden. Damit alles seine Ordnung hatte, beschloss der Reichstag die Bildung einer achtköpfigen Reichsdeputation, der auch ein Vertreter des Landgrafen von Hessen-Kassel angehörte. Während sich die kleine Gruppe die Köpfe heißredete, wurden im Hintergrund von Frankreich und Russland die Fäden gezogen. Denn das waren die beiden stärksten Mächte in Europa, nicht mehr Preußen und Österreich.

Eine Schlüsselrolle spielte der französische Außenminister Talleyrand, der von allen Seiten Bestechungsgelder annahm und dann das machte, was seinem Land am meisten nützte. Als am 25. Februar 1803 der „Reichsdeputationshauptschluss" verabschiedet wurde, war das Ende des Heiligen Römischen Reiches Deutscher Nation besiegelt. Zu den Verlierern zählten die katholische Kirche und die Reichsstände. Bistümer, Klöster und Stifte wurden aufgehoben, ihren reichen Besitz übernahmen die Landesfürsten.

Fuldaer Dom

## Fürstentum Fulda

Auch der Fuldaer Fürstbischof musste abdanken. Seine Nachfolge trat der holländische Erbprinz Wilhelm Friedrich von Nassau-Oranien an, der es gar nicht hatte erwarten können. Schon im Dezember 1802 zog er als Fürst von Oranien-Fulda in seine neue Residenz ein. Die Fuldaer empfingen ihn mit großen Hoffnungen, dichteten sogar die Hymne „Wachse hoch, Oranien". Denn sie waren einer geistlichen Herrschaft überdrüssig, die nur wenige Freiheitsrechte gewährt hatte. Aber dem neuen Fürsten blieb wenig Zeit für Reformen, wenn er sie überhaupt ernsthaft gewollt hatte. Schon 1806 setzte Napoleon dem Kleinstaat ein Ende und stellte das Gebiet unter seine Verwaltung. Wilhelm Friedrich von Nassau-Oranien musste abtreten und ging nach Berlin. Allerdings nicht ohne einige Schätze in seinem Gepäck verstaut zu haben: „das mehrhundertteilige schwervergoldete Silberservice mit dem Wappen Busecks, dazu den barocken Bischofsstab, den silbernen Marschallstab, das mit Edelsteinen besetzte Zeremonienschwert und viele andere schöne Dinge, die unauffindbar verloren scheinen."[1]

Fuldas Geschichte blieb wechselhaft. Auf die Franzosen folgten die Österreicher, die Preußen, der Kasseler Kurfürst und schließlich wieder die Preußen. Das persönliche Schicksal Wilhelm Friedrichs gestaltete sich erfreulicher. Nach dem Ende der napoleonischen Herrschaft hätten ihn einige Fuldaer wieder gern als ihren Fürsten gesehen. Aber daraus wurde nichts. Denn als Wilhelm I. bestieg er 1815 den niederländischen Thron und regierte bis 1840.

## Kurfürstentum Hessen

Ähnlich erging es dem Kasseler Landgrafen Wilhelm IX., der zu den reichsten und zugleich geizigsten Herrschern in Deutschland zählte. Die Bestechungssummen, die er Talleyrand bot, waren so gering, dass er mit größeren Landgewinnen nicht rechnen konnte. Es blieb im Wesentlichen bei Fritzlar und dem Gebiet um Amöneburg. Über die Enttäuschung tröstete ihn die Kurfürstenwürde hinweg, die ihm mit dem Reichsdeputationshauptschluss verliehen wurde. Denn durch die Auflösung der geistlichen Herrschaften hatten drei Kurhüte keine Besitzer mehr. So durfte der Kasseler Potentat als Wilhelm I. in den erlauchten Kreis eintreten, der eigentlich den deutschen König wählte. Aber dazu sollte es nicht mehr kommen. Das ahnte aber noch niemand, als im Mai 1803 in Kassel kräftig gefeiert wurde. In seinen Lebenserinnerungen, die vor allem für seinen Sohn gedacht waren, berichtete Wilhelm:

*„Am 1. Mai erhielt ich per Stafette die Nachricht von der kaiserlichen Ratifizierung [des Reichsdeputationshauptschlusses] zu Regensburg. Ich nahm alsbald den Titel Kurfürst an und die Komplimente des Hofes und der Garnison entgegen. Ich preise Gott ob der Gnade, welche er mir erwiesen, als erster meines Hauses diese Würde erhalten zu haben."*[2]

Aber der frischgebackene Kurfürst hatte zunächst wenig Freude an seiner Standeserhöhung. Die Festlichkeiten waren kaum zu Ende, da kündigte sich schon neues kriegerisches Unheil an. Denn Napoleon war mit seinen bisherigen Eroberungen nicht zufrieden. Wilhelm versuchte offiziell neutral zu bleiben, neigte aber doch zu Preußen. Dass er Napoleon hasste und lieber an der Seite Preußens gekämpft hätte, blieb auch den Franzosen nicht verborgen. Ende Oktober 1806 besetzten sie das Kurfürstentum. Am 1. November, morgens um halb acht, musste Wilhelm I. seine Residenz verlassen. Er floh zunächst nach Schleswig und lebte ab 1808 in Prag. Dass er sein gewaltiges Vermögen retten konnte, verdankte er vor allem einem Mann, dem Hessen-Kassel'schen Oberhoffaktor Mayer Amschel Rothschild. Der in der Frankfurter Judengasse geborene Gründer des legendären Bankhauses hatte nicht, wie oft erzählt wird, das Geld des Kurfürsten in seinem Kontor versteckt, sondern, ganz im Gegenteil, gewinnbringend angelegt – vor allem in England, wo sein Sohn Nathan eine Filiale des Familienunternehmens leitete. Damit war alles für eine spätere Rückkehr Wilhelms vorbereitet. Das sollte allerdings noch einige Jahre dauern. Denn was in Deutschland geschah, bestimmte immer stärker nur ein Mann: Napoleon.

## Großherzogtum Darmstadt

Das bekam auch der Darmstädter Landgraf Ludwig X. zu spüren, der vor allem ein Ziel verfolgte: auf der Seite der Sieger zu stehen. Das war bei den wechselnden Kriegserfolgen nicht immer ganz einfach.

Da der an einer notorischen Finanznot leidende Darmstädter Hof mit Geld nur so um sich warf, wurde auch kräftig bestochen. Mit Erfolg. 1803 wuchs die Landgrafschaft um das Herzogtum Westfalen und um einige Ämter an der Bergstraße und im Odenwald. Dafür musste die weit weniger bedeutende pfälzische Grafschaft Hanau-Lichtenberg an Frankreich abgetreten werden. Typisch für das Lavieren von Ludwig war, dass er einerseits ein freundliches Verhältnis zu Frankreich unterhielt, aber andererseits mit Preußen sympathisierte. Die Nagelprobe kam, als Napoleon 4000 hessische Soldaten für seinen Feldzug gegen Österreich anforderte. Ludwig verweigerte die Hilfe, und nur wenig später, Anfang Januar 1806, wurde die Landgrafschaft von französischen Truppen besetzt. Ludwig hätte nun, wie der Kasseler Kurfürst, ins Exil gehen können, aber dafür fehlte ihm das Geld. Er entschied sich für die Unterwerfung unter Frankreich und hatte damit letztlich mehr Erfolg. Am 16. Juli 1806 trat Hessen-Darmstadt zusammen mit fünfzehn anderen deutschen Staaten dem von Napoleon geschaffenen Rheinbund bei und sagte sich wenig später vom Reich los. Daraufhin verzichtete Franz II. auf die deutsche Kaiserkrone. Das Heilige Römische Reich Deutscher Nation hatte aufgehört zu existieren. Die Rheinbund-Mitglieder profitierten davon. Die Landgrafschaft Hessen-Darmstadt wurde zum Großherzogtum und Landgraf Ludwig X. zum Großherzog Ludewig I.

Unterzeichnung der Rheinbundakte. Kupferstich von Le Beau nach Naudet (links)

Großherzog Ludewig I. mit seiner Gattin Luise (rechts)

Gleichzeitig entstand das Herzogtum Nassau, und die Isenburger sicherten sich ihre Souveränität als Fürstentum (allerdings nur bis 1815). Sie waren damit der großflächigen Einverleibung von kleineren Herrschaften entgangen. Denn die Landgrafen von Hessen-Homburg, die Fürsten und Grafen von Erbach, Solms, Stolberg und Schlitz, die Freiherrn von Riedesel und andere mehr hatten mit der Rheinbundakte ihre Selbstständigkeit verloren. Sie unterstanden nun dem Darmstädter Großherzog, der ihnen nur noch geringe Rechte einräumte. Ludewig nutzte die Gelegenheit, um gleich seinen gesamten Adel und die Geistlichkeit zu entmachten. Den geringen Widerstand, der von diesen Landständen vor allem bei Steuerbewilligungen gekommen war, beseitigte er am 1. Oktober 1806 mit einem Edikt, in dem er seinen „gnädigst gefassten" Beschluss bekannt gab,

„die Landstände sämtlicher Unserer Provinzen aus unumschränkter Macht Vollkommenheit, kraft dieses, aufzuheben und aufzulösen, und die von denselben behandelten Geschäfte an Unsere Landes Collegien, denen, nach den ihnen auferlegten Pflichten, das Beste des Landes nicht minder heilig ist als den Ständen, zu überweisen, und hoffen durch diese in die Verfassung Unserer Lande gebrachte Gleichförmigkeit Uns im Stand zu sehen, thätiger und wirksamer an dem Wohl Unserer geliebten Unterthanen arbeiten zu können."

Gleichzeitig hob Ludewig alle bis dahin bestehenden Steuerprivilegien auf. Er war nun der unumschränkte Herrscher über sein Land, allerdings von Frankreichs Gnaden.

*„Rund 175 000 Einwohner hatte Hessen-Darmstadt mit den 1803/06 ‚acquirierten' Landen dazugewonnen. Doch Napoleons Blut-Preis musste bezahlt werden. Schon in den ersten Oktobertagen 1806 marschierten die hessischen Bataillone als Verbündete Frankreichs gegen Preußen. 1808 ging es nach Spanien, 1809 nach Österreich, und 1812 mussten sich unter dem Kommando des jüngsten Landgrafen-Sohnes Prinz Emil fast 5000 Hessen-Darmstädter dem verhängnisvollen Zug der ‚Grande Armee' nach Russland anschließen, von dem dann nur ein Zehntel der Teilnehmer zurückkehren sollte."*[3]

Vom Rheinbund hatte sich Ludewig noch mehr erwartet als Gebietsgewinn und Großherzogstitel. Er träumte davon, ein hessisches Königtum zu errichten, was auch die endgültige Entmachtung des Kasseler Kurfürsten bedeutet hätte. Aber Napoleon sah das anders. Der Rheinbund war ihm Werkzeug, um Deutschland zu spalten und damit seine Macht zu sichern.

## Großherzogtum Frankfurt

Zum Fürstprimas, also zum ersten Mann des Rheinbundes, ernannte Napoleon den letzten Mainzer Kurfürsten Karl Theodor von Dalberg, der durch eine frankreichfreundliche Politik aufgefallen war. Der aus einem mittelrheinischen Adelsgeschlecht stammende Dalberg hatte schon früh Kontakt zu Künstlern und war mit Wieland, Herder und Schiller befreundet. Goethe, den er in Weimar oft besuchte, nannte ihn seinen „Freund und Gönner", erkannte allerdings schon 1780, dass Dalbergs Pläne „einer nach dem anderen scheitern" müssen. In seinen philosophischen Betrachtungen, die zum Teil stark beachtet wurden, versuchte Dalberg seine tief in der Klassik verwurzelten humanistischen Ideale mit den politischen Ideen des aufgeklärten Absolutismus zu verbinden. Als Regent hatte er erst spät Gelegenheit, seine Ideale in die Praxis zu übersetzen. Schon als frischgebackener Kurfürst, gerade ein Jahr im Amt, verlor er seine Mainzer Besitzungen, erhielt aber für sein neues Fürstentum Aschaffenburg, Wetzlar und Regensburg. 1806 kam mit der Rheinbundakte die bis dahin Freie Reichsstadt Frankfurt hinzu. Das war für die Frankfurter Patrizier ein harter Schlag. Die Wahl- und Krönungsstätte der deutschen Könige hatte ihre Selbstständigkeit verloren und war nun Teil eines Fürstentums, das Napoleon 1810 wieder umgestaltete. An die Stelle von Regensburg traten Hanau und Fulda. Aus dem Fürstentum wurde das Großherzogtum Frankfurt mit Dalberg an der Spitze. Die Frankfurter Bürgerschaft blieb zwar reserviert, aber der Fürstprimas fand trotzdem genug Helfer, um in der gesellschaftlich und politisch verkrusteten Stadt durchgreifende Reformen beginnen zu können. Seine Leistungen sind heute unbestritten. Er hatte zwar wenig Interesse daran, die erstmals gewählten Bürgerrepräsentanten wirklich mitregieren zu lassen, und auch die Pressefreiheit lag ihm nicht am Herzen. Aber er reformierte das Rechts- und Bildungssystem, garantierte die Religionsfreiheit, hob die Leibeigenschaft auf, richtete eine Handelskammer ein, ließ die Festungswälle schleifen und gewährte den lange in ihrem Ghetto eingesperrten Frankfurter Juden 1811 die vollen Bürgerrechte – gegen die gigantische Ablösesumme von 440 000 Gulden. Wie bis dahin in Frankfurt mit der jüdischen Bevölkerung umgegangen worden war, hat der in der Judengasse geborene Ludwig Börne später satirisch beschrieben.

Der aus einem mittelrheinischen Adelsgeschlecht stammende Dalberg hatte schon früh Kontakt zu Künstlern und war mit Wieland, Herder und Schiller befreundet. Goethe, den er in Weimar oft besuchte, nannte ihn seinen „Freund und Gönner", erkannte allerdings schon 1780, dass Dalbergs Pläne „einer nach dem anderen scheitern" müssen.

*„Die Juden erfreuten sich der zärtlichsten Sorgfalt ihrer Regierung. Sonntags durften sie ihre Gasse nicht verlassen, damit sie von Betrunkenen keine Schläge bekämen. Vor*

Ludwig Börne

*dem 25. Jahre durften sie nicht heiraten, damit ihre Kinder stark und gesund würden. An Feiertagen durften sie erst um sechs Uhr abends zum Tore hinausgehen, dass die allzu große Sonnenhitze ihnen nicht schade. Die öffentlichen Spaziergänge außerhalb der Stadt waren ihnen untersagt, man nötigte sie, ins Feld zu wandern, um ihren Sinn für die Landwirtschaft zu erwecken. Ging ein Jude über die Straße, und ein Christ rief ihm zu: ‚Mach Mores Jud', so musste er seinen Hut abziehen; durch diese höfliche Aufmerksamkeit sollte die Liebe zwischen beiden Religionen befestigt werden."*[4]

Die Freude darüber, endlich als gleichberechtigte Bürger anerkannt zu sein, währte nur gut vier Jahre. Nach der Niederlage der napoleonischen Armeen und dem Ende des Großherzogtums drehten die Frankfurter Stadtoberen das Rad der Geschichte wieder zurück. Die meisten der Dalberg'schen Reformen wurden aufgehoben, darunter auch die Judenemanzipation. Dalberg selbst starb nicht lange nach dem Ende seines Großherzogtums als Erzbischof in Regensburg.

## Königreich Westphalen

Eine ähnliche Entwicklung wie in dem Ländchen zwischen Frankfurt und Fulda gab es auch in Hessen-Kassel. Das Kurfürstentum wurde mit der Flucht Wilhelms I. aufgelöst. An seine Stelle trat ein Kunstgebilde, das auch der Versorgung der Familie Bonaparte diente. Nachdem Napoleon dem preußischen König den Frieden von Tilsit diktiert hatte, errichtete er am 18. August 1807 das Königreich Westphalen mit Kassel als Residenz. Der neu geschaffene Staat, der im Norden bis an die Elbe reichte, zählte rund zwei Millionen Einwohner und damit dreimal so viel wie das alte Kurfürstentum. Die Regentschaft übernahm der jüngste Bruder des französischen Kaisers, Jérôme Bonaparte, der sich als König von Westphalen in Schloss Wilhelmshöhe niederließ, das er in „Napoleonshöhe" umbenannte.
Um Jérôme, der zu Beginn seiner Herrschaft noch nicht einmal 23 Jahre alt war, ranken sich die seltsamsten Gerüchte. Offenbar hatte er einen sehr entwickelten Sinn für Skurriles und für schöne Frauen. „Morgen wieder lustik!", soll sein Wahlspruch gewesen sein. Was er darunter verstand, ging in Kassel von Mund zu Mund und wurde später in verschiedenen Büchern kundgetan. König Jérôme befehligte (was damals nicht ungewöhnlich war) ein ganzes Heer von

Mätressen, er liebte es, täglich in Rotwein oder Kalbsbouillon zu baden, und er unterhielt ein Gespann aus vier speziell abgerichteten Hirschen, die einen leichten Wagen oder einen Schlitten ziehen konnten. Eduard Vehse berichtet in seiner 1853 erstmals erschienenen Sittengeschichte der hessischen Höfe von Ausschweifungen aller Art, von „Mysterien in der goldvergitterten Theaterloge, die die langen Aktpausen im Schauspiel veranlassten" und von „Orgien mit den Sängerinnen und Tänzerinnen, die den ‚niedlichen König' jeweilen so anstrengten, dass er am Morgen darauf nicht im Staatsrat erscheinen, Gesandte nicht empfangen konnte".

Obwohl er Jacob Grimm als Privatbibliothekar beschäftigte, zeigte er wenig Sinn für Kultur. König Jérôme war vor allem an seiner eigenen Machterhaltung interessiert und soll allein 26 000 Spitzel beschäftigt haben. Seinem Bruder Napoleon stellte er 25 000 Soldaten, von denen viele die Feldzüge in den Osten nicht überlebten. Die Bürger Kassels und des ganzen Königreichs Westphalen stöhnten unter den Steuerlasten und der Misswirtschaft. Andererseits war das Königreich einer der ersten modernen Staaten auf deutschem Boden. Napoleon selbst hatte die Verfassung ausarbeiten lassen und sie im November 1807 an seinen Bruder mit den Worten geschickt:

*„Was die deutschen Völker am sehnlichsten wünschen, ist, dass auch diejenigen, die nicht von Adel sind, aber über Talent verfügen, das gleiche Recht haben, von Ihnen berücksichtigt und beschäftigt zu werden; dass jede Form von Leibeigenschaft und mittelbarer Obrigkeit zwischen dem Souverän und der untersten Klasse des Volkes vollständig beseitigt wird ... Diese Art zu regieren wird eine mächtigere Schranke gegen Preußen sein als die Elbe, als alle Festungen und der Schutz Frankreichs."*[5]

In der Tat setzte Jérôme Kernstücke des von Napoleon geforderten Modellstaats um, wie Thorsten Smidt und Arnulf Siebenecker im Katalog zur großen Kasseler Jérôme-Ausstellung feststellen. So garantierte die Verfassung „zusammen mit dem aus Frankreich übernommenen Zivilrecht, dem Code Napoléon, die Gleichheit aller Untertanen vor dem Gesetz. Die Religionsfreiheit wurde eingeführt und die rechtliche Diskriminierung der Juden beendet". Die Widerstände gegen die französische Fremdherrschaft konnten diese politischen und gesellschaftlichen Reformen aber nicht auflösen.

Zwischen 1806 und 1813 kam es in zahlreichen hessischen Orten zu Unruhen, die blutig niedergeschlagen wurden.

Jacob und Wilhelm Grimm, deren Kinder- und Hausmärchen ab 1812 erschienen

König Jérôme Bonaparte (oben)

Nach der Völkerschlacht bei Leipzig war es so weit. Mit dem Rheinbund wurde auch das Königreich Westphalen aufgelöst. Jérôme lebte zunächst als Fürst von Montfort in Österreich, Italien und der Schweiz. 1850 wurde er wieder Marschall von Frankreich, zwei Jahre später sogar Senatspräsident. Der französische Kaiser Napoleon III. ernannte ihn schließlich zum kaiserlichen Prinzen mit dem Recht der Thronfolge. Dazu kam es aber nicht mehr.
Weitaus erfolgreicher als das Großherzogtum Frankfurt oder das Königreich Westphalen war eine dritte Staatsgründung auf hessischen Gebiet, die sich dem direkten Einfluss Napoleons verdankt.

## Herzogtum Nassau

Die Nassauer Grafen, die zu den ältesten und mächtigsten Adelsgeschlechtern in Europa zählten, hatten 1255 ihr Land geteilt: in Besitzungen nördlich und südlich der Lahn. Daraus entstand eine Fülle von zum Teil sehr kleinen Grafschaften, die nur so lange existierten, wie es leibliche Erben gab. War das Grafenhaus ausgestorben, wurde das Erbe mit einer der verbliebenen nassauischen Linien vereinigt. 1803 existierten noch drei große Herrscherhäuser: Nassau-Oranien, Nassau-Usingen und Nassau-Weilburg. Im Reichsdeputationshauptschluss, bei dem Wilhelm Friedrich von Nassau-Oranien das Fürstentum Fulda erhielt, konnten auch die beiden anderen Nassauer Fürsten geringe Gebietsgewinne erzielen. Nach der Auflösung des Kurfürstentums Mainz waren sie die direkten Nachbarn der siegreichen Franzosen geworden. Nur der Rhein trennte sie von der stärksten militärischen Macht in Europa. Dass Friedrich August von Nassau-Usingen und Friedrich Wilhelm von Nassau-Weilburg zunächst den Ausgleich mit Frankreich suchten, war nur zu verständlich. 1806 gehörten sie zu den Gründern des Rheinbundes, allerdings nicht mit getrennten Fürstentümern, sondern mit dem vereinigten und damit neu geschaffenen Herzogtum Nassau, das weitere Landgewinne verbuchen konnte. Damit entstand ein relativ geschlossenes Gebiet, das von Wiesbaden bis an Lahn und Sieg reichte. An der Spitze des 270 000 Einwohner zählenden Staates stand Friedrich August von Nassau-Usingen. Nach seinem Tod, 1816, ging die Herzogswürde auf die Weilburger Linie über. Wie in anderen Rheinbundstaaten wurden auch im Herzogtum Nassau einschneidende Reformen durchgeführt. Adelsprivilegien und Leibeigenschaft verschwanden, an die Stelle von 991 Einzelsteuern trat eine allgemeine Grund- und

Gewerbesteuer. Allerdings achtete der neue Herzog genau darauf, dass seine Rechte als Gesetzgeber, oberster Gerichtsherr und militärischer Befehlshaber nicht eingeschränkt wurden. Als Souverän, der Frankreich viel zu verdanken hatte, wechselte Herzog Friedrich August erst spät ins preußisch-österreichische Lager, aber noch früh genug, um nach dem Ende der Napoleonischen Kriege ungeschoren davonzukommen. Als Europa 1814/15 auf dem Wiener Kongress neu aufgeteilt wurde, blieb das nassauische Staatsgebiet weitgehend erhalten, zwar etwas kleiner, aber dafür noch geschlossener als vorher. Es erstreckte sich nun von Höchst bis Dillenburg und von Rüdesheim bis Hachenburg.

## Landgrafschaft Hessen-Homburg

Zu den Merkwürdigkeiten des Wiener Kongresses gehörte es, dass eine Landgrafschaft wiedererstand, mit der niemand mehr gerechnet hatte: Hessen-Homburg. Der Zwergstaat, der neben Homburg selbst nur sechs Dörfer umfasste, hatte sich 1622 von Hessen-Darmstadt gelöst. Berühmt wurde vor allem ein Homburger: Landgraf Friedrich II. „mit dem silbernen Bein". Heinrich von Kleist hat ihm später in seinem Drama „Prinz Friedrich von Homburg" ein literarisches Denkmal gesetzt. Das Stück über den unverwüstlichen Haudegen wird bis heute an den Theatern gespielt. Friedrich II. hatte 1658 im Dienst des Schwedenkönigs vor Kopenhagen ein Bein verloren und sich als kunstvollen Ersatz ein silbernes anfertigen lassen. Als brandenburgischer Statthalter in Pommern erfocht er 1675 den Sieg von Fehrbellin, der Brandenburg (das spätere Preußen) zur europäischen Macht werden ließ. Was ihn so unsterblich machte, war eine Befehlsverweigerung in der Schlacht. Denn statt abzuwarten, wie es ihm sein Dienstherr, der Kurfürst, geboten hatte, stürzte er sich ins Getümmel und entschied mit seinen Reitern den Kampf für sich und damit für Brandenburg. Von Kurfürst Friedrich Wilhelm ist der Ausspruch überliefert: „Herr Landgraf, nach den Kriegsgesetzen hättet Ihr das Leben verwirkt, aber bewahre Gott mich, dass ich durch solche Strenge einen so herrlichen Sieg beflecke, indem ich den strafen wollte, dessen Tapferkeit ich ihn größtenteils verdanke."

Landgraf Friedrich II. war es auch, der das Homburger Schloss errichten ließ, in dem seine Nachfolger u. a. Wissenschaftler und Künstler bewirteten. Vor allem Landgraf Friedrich V., der von 1766 bis 1820 regierte, galt als Schöngeist. Er verfasste selbst Gedichte und philosophische Aufsätze, war mit Klopstock be-

Friedrich Hölderlin

freundet und hatte mit Isaak von Sinclair einen Schriftsteller zum Leiter der landgräflichen Regierung gemacht. Sinclair war es auch, der Friedrich Hölderlin zweimal nach Homburg holte: 1798 und 1804, als für den Dichter pro forma sogar eine Bibliothekarstelle geschaffen wurde. Über die Frage, ob Hölderlin im September 1806 geistig umnachtet von Homburg nach Tübingen in das dortige Klinikum gebracht wurde, streiten sich bis heute die Wissenschaftler. Tatsache ist, dass er in Homburg einige seiner wichtigsten Werke vollendete, darunter den zweiten Teil des „Hyperion" und das Trauerspiel „Der Tod des Empedokles". Und natürlich schrieb er Gedichte. Eines seiner berühmtesten, „Hälfte des Lebens", soll beim Betrachten des Homburger Schlossparks entstanden sein.

*„HÄLFTE DES LEBENS*

*Mit gelben Birnen hänget*
*Und voll mit wilden Rosen*
*Das Land in den See,*
*Ihr holden Schwäne,*
*Und trunken von Küssen*
*Tunkt ihr das Haupt*
*Ins heilignüchterne Wasser.*

*Weh mir, wo nehm ich, wenn*
*Es Winter ist, die Blumen, und wo*
*Den Sonnenschein,*
*Und Schatten der Erde?*
*Die Mauern stehn*
*Sprachlos und kalt, im Winde*
*Klirren die Fahnen."*[6]

Unter den Nachfolgern Friedrichs V. verlagerte sich das künstlerische Leben vom Hof in den Kurbetrieb. Hauptattraktion war die 1841 von den Brüdern Blanc eingerichtete Spielbank, die die Landgrafschaft vor dem endgültigen Bankrott rettete, dafür aber Schriftsteller wie Fjodor Michailowitsch Dostojewski finanziell ruinierte. In den Napoleonischen Kriegen hatte die kleine Landgrafschaft, die seit 1806 zum Großherzogtum Hessen gehörte, erheblich an Ansehen gewonnen. Friedrich V. gehörte schon früh zu den Gegner Napoleons, und er blieb es auch.

Homburg zu Beginn des 19. Jahrhunderts

Gegen den Willen des französischen Kaisers ließ er seine sechs Söhne in preußischen und österreichischen Heeren dienen. Der jüngste fiel 1813 in der Schlacht bei Lützen. Diese konsequente antifranzösische Haltung verschaffte seinem Land 1816 wieder die Selbstständigkeit. Das nur wenige Quadratkilometer große Territorium konnte sogar erweitert werden, um das Amt Meisenheim in der Pfalz.

Auch für den Kasseler Kurfürsten und den Darmstädter Großherzog verliefen die Verhandlungen auf dem Wiener Kongress und wenig später mit Preußen erfolgreich. Kurhessen erhielt den größten Teil des ehemaligen Fürstentums Fulda, die Darmstädter tauschten die Provinz Westfalen gegen Rheinhessen, und Ludewig I. nannte sich nun ‚Großherzog von Hessen und bei Rhein'. Nimmt man noch das Fürstentum Waldeck hinzu (von dem noch ausführlicher die Rede sein wird), so hatte Hessen schon fast seine heutigen Grenzen erreicht. Zu größeren Änderungen kam es erst wieder nach dem Ende des Zweiten Weltkriegs, als Rheinhessen und Teile von Nassau an Rheinland-Pfalz gingen.

## Der Deutsche Bund

An die Stelle des Heiligen Römischen Reichs Deutscher Nation mit dem Kaiser an der Spitze trat 1815 der Deutsche Bund, der kein Oberhaupt mehr hatte, aber von Österreich und Preußen dominiert

Frankfurt wurde Sitz des Bundestags, der im Palais Thurn und Taxis zusammentrat. In ihm saßen die Vertreter von 35 Fürsten und vier Städten. Mit unserem heutigen, demokratisch gewählten Bundestag ist er nicht zu vergleichen.

wurde. Ziel des Bundes war die „Erhaltung der äußeren und inneren Sicherheit Deutschlands und der Unabhängigkeit und Unverletzbarkeit der einzelnen deutschen Staaten“. Die deutsche Einigung stand nicht auf dem Programm. Frankfurt wurde Sitz des Bundestags, der im Palais Thurn und Taxis zusammentrat. In ihm saßen die Vertreter von 35 Fürsten und vier Städten. Mit unserem heutigen, demokratisch gewählten Bundestag ist er nicht zu vergleichen. Die Fürsten schickten mehr oder weniger einflussreiche Gesandte, die ihre zum Teil sehr persönlichen Interessen wahren sollten. Von einem Nationalstaat war der Deutsche Bund weit entfernt. Dafür hatten nämlich Österreich und Preußen wenig übrig. Sie wollten ihre Einflussbereiche vergrößern und ihr Verhältnis untereinander neu definieren. Ohne die Zustimmung der beiden großen Mächte ging im Deutschen Bund gar nichts. Die kleineren Staaten mussten Einschränkungen ihrer Eigenständigkeit hinnehmen, vor allem in der Bündnispolitik. Mehrheitsbeschlüsse des Bundestages waren bindend, und wem das nicht passte, der durfte nicht einmal austreten. Schwer zu schaffen machte gerade den kleineren Staaten der Artikel 13 der Bundesakte, also der Verfassung des Deutschen Bundes. Darin hieß es: „In allen Bundesstaaten wird eine Landständische Verfassung stattfinden.“ Während sich Preußen und Österreich Zeit ließen, diese Forderung umzusetzen, hatten die um den Bestand ihres Landes fürchtenden Nassauer bereits 1814, in vorauseilendem Gehorsam, ihre Verfassung verabschiedet. Was dabei „landständisch“ bedeutete, hat der Wiesbadener Historiker Wolf-Arno Kropat anhand der ersten Wahlen im Jahr 1818 erläutert:

*„Wahlberechtigt war damals von 250 nassauischen Untertanen nur einer, denn nur die vermögendsten Steuerzahler durften wählen. Die Landstände bestanden aus zwei Kammern: Nur die Abgeordneten der Deputiertenkammer wurden gewählt, die meist adligen Mitglieder der Herrenbank vererbten ihren Sitz oder wurden vom Herzog ernannt. So kam es, dass auch die bedeutenden Reformen der Jahre 1816 bis 1819 weitgehend ohne Mitwirkung der nassauischen Stände erfolgten.“*[7]

Der Einfluss der Landstände war von Anfang an gering. An den späteren Reformen, wie der Einführung der konfessionsübergreifenden Gemeinschaftsschule („Simultanschule“), wirkten sie kaum mit.
Eine ähnliche Verfassung erließ auch der Darmstädter Großherzog, allerdings erst 1820 und auf massiven Druck aus der Bevölkerung hin. Juristen, Studen-

ten, Bauern und die gewählten Vertreter von Städten und Dörfern hatten Bittschriften verfasst, Flugblätter entworfen und ‚wilde' Landtage einberufen. Schließlich war die Volksbewegung trotz mehrerer Verhaftungen so massiv geworden, dass der Großherzog einen ersten Verfassungsentwurf verkünden ließ. Darauf mochten allerdings die gewählten Abgeordneten der zweiten Kammer keinen Eid ablegen. Die Verfassung musste überarbeitet werden und galt danach als die beste im Deutschen Bund. Die Landstände waren stärker als in Nassau an der Neuorganisation von Justiz, Verwaltung und Handel beteiligt.

Ganz anders sah es in Kassel aus. Der zurückgekehrte Kurfürst wollte mit allem, was die französische Besatzung an Modernisierungen gebracht hatte, gründlich aufräumen.

Mit über 70 Jahren war er zu alt, zu verbittert und zu starrsinnig, um Veränderungen zu akzeptieren. Selbst die vom Deutschen Bund geforderte landständische Verfassung verhinderte er erfolgreich. Der greise Kurfürst war einer der letzten Vertreter einer untergegangenen Epoche, und er versuchte verzweifelt, den früheren Glanz zu wahren.1818, mit 75 Jahren, wollte er sogar die Großmächte davon überzeugen, ihm die Königswürde zu verleihen. Aber ebenso wenig, wie sein Darmstädter Vetter bei Napoleon Erfolg gehabt hatte, wurde die Bitte des Kurfürsten erfüllt. Er blieb der reiche Regent eines rückständigen Landes.

## Die Industrialisierung Hessens

Der Modernisierungsschub, der von Frankreich ausging, wurde nach dem Wiener Kongress abrupt gestoppt. Für die hessischen Staaten hatte das schwerwiegende Folgen. Während England und sogar das besiegte Frankreich zu industriell führenden Nationen aufstiegen, verhinderten in Kassel und Darmstadt vor allem die veralteten Verwaltungsstrukturen und die nur zögernd eingeführte Gewerbefreiheit eine Entwicklung, die anderorts später als ‚industrielle Revolution' bezeichnet wurde.

Im Gegensatz zum Ruhrgebiet, zu Sachsen oder zu Berlin ging die Industrialisierung Hessens eher gemächlich voran. Frankfurt widersetzte sich gar ganz. Fabrikschornsteine sollten nur außerhalb der Stadtgrenzen rauchen. Die Frankfurter Patrizier waren sich dafür zu fein. Sie wollten ihr Geld mit Handel und Bankgeschäften verdienen.

In den hessischen Flächenstaaten blieb dagegen die Landwirtschaft der wichtigste Erwerbszweig. Rund drei Viertel der Bevölkerung lebte von Ackerbau und Viehzucht. Der schmale Rest verteilte sich auf Handwerk und Industrie, wobei das Handwerk deutlich stärker war. Was entstand, waren vor allem Spinnereien und Webereien, Glashütten, metallverarbeitende Betriebe und Tabakfabriken. Aber während zum Beispiel in England in einer Baumwollspinnerei Tausende von Menschen arbeiteten, oft zu Hungerlöhnen, hatte eine hessische Fabrik selten mehr als einhundert Beschäftigte. Trotzdem sind in dieser Zeit zwei Unternehmen entstanden, die noch heute Weltgeltung besitzen: Buderus und Henschel.

1731 hatte die Familie Buderus die Friedrichshütte bei Laubach von dem Grafen zu Solms-Laubach gepachtet. Nach dem Tod ihres Mannes, 1753, übernahm Elisabetha Magdalena Buderus die Leitung der kleinen Firma und führte sie sicher durch den Siebenjährigen Krieg. Seit 1762 arbeitete ihr Sohn Johann Wilhelm II mit, der in den nächsten 45 Jahren aus der Eisenhütte im Vogelsberg ein kleines Eisen-Imperium machte und damit den Grundstein für die Weltfirma Buderus legte. Ihrem Sohn hatte Elisabetha Magdalena einen umfangreichen Aufgaben- und Verhaltenskatalog mit auf den Lebensweg gegeben, der die enge Schicksalsgemeinschaft von Arbeitern und Unternehmer betonte. Darin heißt es u. a. über seine Pflichten:

Die Friedrichshütte bei Laubach, Gemälde von Johann Peter Beer, um 1820 (rechts)

Elisabetha Magdalena Buderus leitete nach dem Tod ihres Mannes (1753) die Friedrichshütte, Gemälde von Johann Friedrich August Tischbein von 1776 (links)

*„Soll er sich für allen Dingen eines Christlichen Lebens Wandels und wohlanständigen Aufführung befleißigen … den Arbeitern mit gutem Exempel vorgehen, die nöthige Erinnerungen mit Anstand und Behutsamkeit und zur rechten Zeit anbringen … auf die Arbeiter die nöthige Aufsicht jederzeit halten, sie zu ihrer angewiesenen Arbeit fleißig aufmuntern, auch sich selbsten zur Erfüllung seiner Obliegenheit zu jeder Stunde unermüdet und emsig bezeigen und hieran keinen Mangel erscheinen zu lassen … und über die vorfallenden Geschäfte gemeinschaftliche Abrede zunehmen, damit alles in guter Ordnung geführet, eine beständige Eintracht, als die Seele einer guten Haushaltung erhalten und der gemeinschaftliche Nutzen gefördert werden möge“*[8].

Das war weit entfernt vom Manchester-Kapitalismus, der im Arbeiter nicht mehr den Menschen, sondern nur noch einen Kostenfaktor sah, der möglichst gering gehalten werden musste. Die brutale Ausbeutung von billigen Arbeitskräften und von Kindern setzte in Hessen sehr viel später ein als in den Ländern, die eine industrielle Revolution erlebt hatten. Die verheerenden sozialen Folgen kamen in Hessen schon in gedämpfter Form an, allerdings immer noch heftig genug, um viele Familien in die Armut zu treiben oder zur Auswanderung zu zwingen. Aber viel gravierender als die frühkapitalistische Ausbeutung der Arbeiter waren die zahllosen Steuern und Zölle, die verheerenden Missernten und die dadurch verursachten Hungersnöte.

Johann Wilhelm Buderus I (1690–1753), Gründer der Friedrichshütte bei Laubach

## Dampfschiffe und Eisenbahnen

Die großen Veränderungen, die schließlich auch das Ende der schon lange überlebten Zünfte bedeuteten, waren durch die Erfindung der Dampfmaschine ausgelöst worden. Bereits Ende des 18. Jahrhunderts wurden mit Dampfkraft große Textilfabriken in England betrieben. Damit konnte wesentlich schneller und billiger produziert werden als bisher. Auch der über Jahrhunderte auf Pferde angewiesene Waren- und Personentransport (selbst Schiffe mussten flussaufwärts gezogen werden) wurde revolutioniert. Seit 1807 fuhren die ersten Dampfschiffe, die 1827 den Rhein erreichten. Die erste Strecke verband Köln mit Mainz. Es folgten die Routen Mainz–Frankfurt und Mainz–Mannheim. In den von Wind und Treidelpferden unabhängigen Schiffsverkehr setzten alle große Hoffnungen. Vor allem schwere Güter ließen sich jetzt relativ bequem transportieren. Das war zum Beispiel für den zu

Preußen gehörenden Kreis Wetzlar mit seinen Eisenerzgruben von herausragender Bedeutung, denn die Erze mussten, wenn sie nicht vor Ort verhüttet wurden, recht mühsam ins Ruhrgebiet gebracht werden. Die nassauische, hessen-darmstädtische und preußische Regierung beschlossen daher 1844 den Ausbau der Lahn. Das großangelegte Projekt kam aber nicht recht voran und wurde nach dem Ende des Herzogtums Nassau ganz aufgegeben. Das auffälligste, bis heute erhaltene Bauwerk aus dieser Zeit ist der 1847 vollendete Weilburger Schifffahrtstunnel, die einzige durch einen Berg gelegte Wasserstraße in Deutschland. Er führt unter Weilburg hindurch und ist 195 Meter lang. Von Frachtkähnen wurde er nie befahren. Auch wenn sein aufwendiger, in bergmännischer Technik durchgeführter Bau allein die ungeheure Summe von 182 500 Gulden verschlang, am Geld allein ist das ehrgeizige Vorhaben nicht gescheitert. Das (Dampf-)Schiff hatte nämlich einen Konkurrenten bekommen, genauso leistungsfähig, aber billiger, schneller und nicht auf Flüsse angewiesen: die Eisenbahn.
Schon 1836 wurde ein „Taunuseisenbahn-Komitee" gegründet, um die erste hessische Verbindung von Frankfurt nach Wiesbaden zu planen und zu finanzieren. Das Interesse an dem Projekt war gewaltig. Die Zeichnung des Kapitals löste sogar Tumulte unter den Interessenten aus, weil sich viele einen kräftigen Gewinn versprachen – zu Recht, wie sich später herausstellen sollte. Statt der be-

Bahnhof der Taunus-Eisenbahn in Frankfurt, Lithographie von Th. Beck, um 1850

Karikatur auf die misslungene Probefahrt der Taunus-Eisenbahn am 23. Juni 1839

nötigten 500 000 Gulden wurden schließlich 21 Millionen gezeichnet. Die erste Probefahrt verlief allerdings mehr als enttäuschend. Mit erwartungsfrohen Minen hatten die Ehrengäste am 23. Juni 1839 der Abfahrt des nagelneuen Zuges entgegengesehen. Die beiden englischen Lokomotiven wurden auf die Namen „Blitz" und „Greif" getauft. Pünktlich verließ der erste Zug den Frankfurter Taunusbahnhof an der Gallusanlage. Aber die Freude währte nicht lange. Denn mitten im Wald von Nied blieb der „Blitz" plötzlich stehen und wollte sich partout nicht mehr in Bewegung setzen. Da half nur noch ‚Shareholder Value'. Die deprimierten Aktionäre, die ihre sicher geglaubten Gewinne in einer anhaltenden Baisse verschwinden sahen, mussten zum Spott der Zuschauer selbst Hand anlegen. Gemeinsam mit eilends beschafften Pferden zogen sie die Lok und die vier Wagen in den Höchster Bahnhof. Die zweite Probefahrt verlief dagegen erfolgreich, und am 13. April 1840 wurde der fahrplanmäßige Betrieb zwischen Frankfurt und Wiesbaden aufgenommen, der für Reisende eine erhebliche Zeiteinsparung gegenüber der Postkutsche bedeutete.

Der Siegeszug der Eisenbahnen brachte in vielfacher Hinsicht gravierende Änderungen mit sich. Die großen Verlierer waren die traditionellen Handwerksberufe. Die neuen Transportmöglichkeiten begünstigten die großen Manufakturen, die mit ihren Waren noch mehr Käufer erreichen konnten. Ganz neue Perspektiven eröffneten sich für die eisenverarbeitende Industrie. Davon profitierte die kurfürstliche Residenz Kassel in besonderem Maß. Bereits 1690 hatte der geniale französische Erfinder Denis Papin in Kassel einen Dampfzylinder gebaut, der heute als wichtigste Vorstufe der Dampfmaschine gilt. In seine Fußstapfen trat der 1759 in Gießen geborene Carl Henschel. Durch Heirat erwarb er in Kassel eine Gießerei, die vor allem Geschütze und Glocken herstellte. 1796 errichtete er das erste deutsche Bleiwalzwerk. Unter seinem 1780 geborenen Sohn Carl Anton nahm die

Henschel-Lokomotive Nr. 1 Drache, 1848 (links)

Die Maschinenfabrik von Henschel & Sohn in Kassel, Lithographie von 1837 (rechts)

Firma Henschel einen steilen Aufstieg. Produziert wurden die von ihm konstruierten Maschinen und Geräte, von Pumpanlagen über Hochofengebläse bis zu Dampfkesseln und Sicherheitsventilen. Fasziniert war Carl Anton Henschel von dampfgetriebenen Fahrzeugen. Schon früh hatte er sich mit Eisenbahnen beschäftigt, und es war nur konsequent, dass er 1848 mit dem „Drachen" die erste eigene Lokomotive produzierte. Ein richtiger Großbetrieb war das Unternehmen aber damals noch nicht. Es beschäftigte nicht einmal 200 Arbeiter.

Auf eine besondere Förderung durch den Kurfürsten durfte Henschel nicht rechnen. Von einer Wirtschaftspolitik, die diesen Namen verdient, konnte unter Wilhelm I. und seinem Sohn Wilhelm II., der ab 1821 regierte, keine Rede sein. Kleine Gewerbe, Handel und Landwirtschaft prägten das Bild, noch immer gab es Frondienste und den Zehnten. Durch Abgaben und Zölle waren kurhessischen Waren auf den Märkten kaum konkurrenzfähig. Hinzu kam ein politisches Klima, das durch Bespitzelung und Bevormundung geprägt war. Existenzbedrohend, gerade für die Landbevölkerung, wirkte sich der unverhältnismäßig lange Wehrdienst aus, von dem der Adel, Beamte, Akademiker und die Bürgersöhne aus den größeren Städten befreit waren. Während im Herzogtum Nassau 1821 die Dienstzeit von zehn auf sechs Jahre reduziert wurde, galt im Kurfürstentum weiterhin eine zwölfjährige Wehrpflicht.

## Die Restauration schlägt zu

Wer immer Hoffnungen gehegt hatte, mit dem Ende der französischen Besatzung würde etwas mehr Freiheit in Deutschland einziehen, sah sich schon bald bitter getäuscht.

Die Gründung der auf einen Nationalstaat zielenden Deutschen Burschenschaft 1815 in Jena (mit den Reichsfarben Schwarz-Rot-Gold), das gegen den Deutschen Bund gerichtete Wartburgfest 1817 und schließlich die Ermordung des Dichters August Kotzebue 1819 durch einen Burschenschafter lieferten den Anlass für massive staatliche Repressionen. Die Rechtsgrundlage schufen die ‚Karlsbader Beschlüsse' vom August 1819. Sie waren vor allem das Werk eines Mannes, des österreichischen Außenministers und späteren Staatskanzlers Klemens Wenzel Fürst von Metternich. Zusammen mit Preußen und acht weiteren Staaten setzte er im Deutschen Bund einen ganzen Maßnahmenkatalog durch, der „demagogische Umtriebe" verhindern sollte. Presse und Universitäten wurden streng überwacht. Alle Druckschriften unter 320 Seiten (das waren 20 Bogen) mussten vor der Veröffentlichung einer Vorzensur vorgelegt werden. Die Burschenschaften wurden aufgelöst. Und damit sich nirgends unerkannt eine revolutionäre Bewegung bilden konnte, entstand in Mainz eine ‚Zentraluntersuchungskommission', die ein Heer von Spitzeln beschäftigte. Sollte es doch in einem Mitgliedsstaat des Deutschen Bundes zum Aufruhr kommen, konnten die anderen Truppen schicken, um den Aufstand niederzuschlagen. Metternich erhoffte sich von seinem rigorosen Eingreifen eine Beruhigung der Lage, auch wenn es eine Friedhofsruhe sein sollte. Aber die Menschen ließen sich nicht davon abbringen, ihrem Unmut Luft zu machen. Gerade die Einschränkungen der Freiheitsrechte stachelte ihren Widerstand an. Hinzu kamen wirtschaftliche Gründe. Durch verbesserte hygienische Bedingungen und den Fortschritt der Medizin wuchs die Bevölkerung rasch. Zwischen 1819 und 1850 erhöhte sich die Einwohnerzahl Kurhessens von 576 000 auf 760 000. Im Großherzogtum stieg sie zwischen 1819 und 1843 von 644 000 auf 835 000, im gleichen Zeitraum in Nassau von 305 000 auf 417 000. Der Geburtenüberschuss war gewaltig. Auf eintausend Bewohner kamen 20 Sterbefälle und 35 Geburten. Allerdings erreichten nur sechs Prozent der Bevölkerung ein Alter von über 60 Jahren.

Die Lebensverhältnisse, gerade der Landbevölkerung, waren erbärmlich. Eine Landarbeiterfamilie verfügte meist nur über zwei kleine Zimmer in einem umgebauten Stallgebäude. Die Küche teilten sich mehrere Familien. Oft war auch nur ein mit Stroh gepolstertes Bett vorhanden, in dem die Eltern und die Kinder gemeinsam schliefen. Zu der Wohnungseinrichtung gehörten noch ein Tisch, ein paar Hocker, eine Truhe und in selteneren Fällen ein Schrank. Das Essen war an Eintönigkeit kaum zu überbieten: Brot, Suppe, Kartoffeln, saure Milch, manchmal Haferbrei und Sauerkraut, Gemüse aus dem Garten, wenn der Gutsherr eigenen Landbau erlaubte. Fleisch kam, wenn überhaupt, nur sonntags auf den Tisch und setzte meist eine kleine Hühner- oder Nutzviehzucht voraus. Fiel die Kartoffelernte schlecht aus oder wurde sie durch die gefürchtete Fäule ganz vernichtet, standen magere Monate bevor. Nicht zuletzt führte die schwierige Ernährungslage zu der stetig anschwellenden Auswanderung aus Hessen.

## Sylvester Jordan und die Kurhessische Verfassung von 1831

Die Verelendung weiter Teile der Bevölkerung und die enttäuschten politischen Hoffnungen führten überall in Hessen zu Unruhen. Daran änderten auch die Karlsbader Beschlüsse und die sie begleitenden Unterdrückungsmaßnahmen nichts. Wie ziellos sich Wut und Verzweiflung entladen konnten, machten schon im August 1819 die ‚Hepp-Hepp'-Krawalle deutlich. Mit dem Ruf „Hepp, Hepp, Jud verreck" zogen in Frankfurt und Darmstadt arbeitslose Handwerker und Tagelöhner randalierend und plündernd durch die jüdischen Viertel. In ihren Augen waren vor allem die jüdischen Kaufleute schuld an der wirtschaftlichen Misere. Die Juden, noch immer nicht im Besitz der vollen bürgerlichen Rechte, waren leichtere Gegner als die Vertreter der Staatsgewalt, die allerdings auch mit Anschlägen rechnen mussten. Bereits am 1. Juli 1819 war ein Attentat auf den nassauischen Regierungspräsidenten Karl Friedrich von Ibell fehlgeschlagen. Der Apotheker Karl Löning hatte versucht, ihn während der Kur in Langenschwalbach zu ermorden. Paradoxerweise traf es mit Ibell einen als liberal geltenden Politiker, der den Einfluss der Landstände stärken und die Verwaltung grundlegend reformieren wollte. Auf ihn geht auch die konfessionelle Gemeinschaftsschule zurück, die als nassauische Simultanschule eine Vorreiterrolle in Deutschland übernahm. Aber für Löning war Ibell ein „Napoleonspriester" und damit ein „Unterdrücker seines Vaterlandes". Der Attentäter nahm sich in der Haft das Leben, indem er Glasscherben verschluckte. Er hatte den Gießener „Schwarzen" nahegestanden, einer 1814 gegründeten burschenschaftlichen Vereinigung um die Brüder Adolf und Karl Follen. Vor allem von Studenten ging der revolutionäre Geist aus, der auf einen politischen Umsturz und einen deutschen Nationalstaat zielte. Da sich die immer noch mit landesherrlicher Machtvollkommenheit regierenden Fürsten vor einem Volksaufstand fürchteten, ließen sie die „Demagogen" mit größter Härte verfolgen. Als im Juli 1830 das französische Bürgertum die Abdankung seines Königs erzwang und eine Verfassungsreform durchsetzte, kam es auch im Kurfürstentum und in Oberhessen zu sozialen Unruhen. Im Jahr zuvor war die Ernte schlecht ausgefallen. Die Brotpreise stiegen und sanken auch dann nicht, als wieder mehr Getreide zur Verfügung stand. Viele hatten jetzt nichts mehr zu verlieren. In Kassel wurde ein Bäckerladen geplündert. In Hanau und Fechenheim stürmten aufgebrachte Menschen die Zollstationen, um die Abschaffung der innerhessischen Zölle zu erreichen. Delegationen aus den größeren Städten Kurhessens wandten sich mit Petitionen an den Landesherrn. Kurfürst Wilhelm II. zeigte sich davon beeindruckt und ließ endlich eine Verfassung erarbeiten, die er am 5. Januar 1831 in Kraft setzte. Die Kurhessische Verfassung gilt heute als die liberalste ihrer Zeit, weil sie den Einfluss des Adels begrenzte und u. a. die „Freiheit der Presse und des Buchhandels ... in ihrem vollen Umfange" einführte – mit der Einschränkung allerdings: „Es soll zuvor gegen Pressvergehen ein besonderes Gesetz alsbald erlassen werden. Die Zensur ist nur in den durch die Bundesgesetze bestimmten Fällen zulässig." Pressefreiheit wurde zwar im Prinzip gewährt, aber in der Praxis blieben die Grenzen eng gezogen. Denn schon nach kurzer Zeit schränkte der Deutsche Bund die Pressefreiheit wieder ein. So halbherzig wie dieser Paragraph war die ganze Verfassung. Sie stellte

Die Kasseler Bürgerschaft überreicht Kurfürst Wilhelm II. von Hessen-Kassel am 15. September 1830 ihre Petition. Lithographie von Emil Ludwig Grimm (rechts)

Die Zerstörung des Hanauer Licentamtes am 24. September 1830 (links)

einen Kompromiss zwischen den Ansprüchen des Adels mit dem Landesherrn an der Spitze und dem Bürgertum dar. Wer nur über ein geringes Vermögen verfügte, blieb von der politischen Mitbestimmung ausgeschlossen. In nur noch einer Kammer saßen Bürger und Adel gemeinsam, und ohne die Zustimmung dieses Parlaments durfte kein Gesetz verabschiedet werden. Erstmals gab es auch getrennte Kassen. Staatsvermögen und Privatschatulle des Kurfürsten waren nicht mehr eins. Vor dem Griff in die Staatskasse musste erst der Landtag um Zustimmung gefragt werden. Beamte und Militärs wurden nicht mehr auf den Kurfürsten, sondern auf die Verfassung vereidigt, was später, nach der 48er-Revolution, zu einem beispiellosen Akt von Offiziersmut führen sollte; und wenn sich ein Minister über einzelne Paragraphen hinwegsetzen wollte, konnte er sogar öffentlich angeklagt werden. Der Marburger Staatsrechtler Sylvester Jordan, der wesentlichen Anteil an der Formulierung des Textes hatte, wusste genau, was der tiefere Sinn der Verfassung für ihn war, nämlich Schlimmeres zu verhüten. Und das Schlimmere, das war eine Revolution nach französischem Vorbild. Deshalb die vielen Kompromisse, die zwar die Stellung des Bürgertums stärkten, aber auch die Macht des Kurfürsten weitgehend unangetastet ließen. Trotzdem kam es zu ständigen Konflikten zwischen der Regierung und Abgeordneten wie Jordan, der der Ständeversammlung bis 1833 angehörte. Es ist bezeichnend, dass der liberale, keineswegs gegen die Krone eingestellte Staatsrechtler schließlich selbst in die Mühlen der Frankfurter Bundeszentralbehörde geriet. 1839 wurde er sogar „wegen demagogischer und hochverräterischer Umtriebe“ verhaftet. Bis 1845 musste er im Gefängnis bleiben, ehe ihn das Kasseler Oberappellationsgericht freisprach. Aber rehabilitiert wurde er nicht. 1848 gehörte er zunächst dem Frankfurter Vorparlament als Vizepräsident an, danach war er Abgeordneter. Als der preußische König Friedrich Wilhelm IV. die ihm angebotene Kaiserkrone ablehnte, verließ er die Nationalversammlung. Trotz aller Enttäuschungen blieb er bis zu seinem Tod (1861) Anhänger der konstitutionellen Monarchie.

Der Marburger Staatsrechtler Sylvester Jordan, der wesentlichen Anteil an der Formulierung des Textes hatte, wusste genau, was der tiefere Sinn der Verfassung für ihn war, nämlich Schlimmeres zu verhüten. Und das Schlimmere, das war eine Revolution nach französischem Vorbild.

## Das Wilhelmsbader Fest

Ende Mai 1832 hatten sich auf dem Hambacher Schloss 30 000 Menschen getroffen und die „vereinigten Freistaaten Deutschlands“ in einem „konföderierten republikanischen Europa“ gefordert. Dieser Ruf nach einer re-

Promenade von Wilhelmsbad, Lithographie von 1833

publikanischen Verfassung, nach wirklicher Pressefreiheit, Abschaffung der Zensur und nationaler Einheit verhallte auch in Hessen nicht ungehört. Am 22. Juni 1832, also nicht einmal vier Wochen nach dem Hambacher Fest, versammelten sich über 8000 Menschen im Park von Wilhelmsbad und warteten bei strömendem Regen auf die Redner. Die Bürger, die das Fest organisiert hatten und einen Kronentaler für das „Mittagsmahl" bezahlen konnten, kamen im Kurhaus zusammen, was für einigen Unmut unter den Wartenden sorgte. Erst als der Burschenschafter Heinrich Brüggemann eine feurige Rede gegen die Adelsherrschaft und gegen die Macht der Mätressen hielt, flammte revolutionäre Begeisterung auf. Der Frankfurter Schriftsteller Wilhelm Sauerwein, der schon am Hambacher Fest teilgenommen hatte, verkaufte sein satirisches „ABC-Buch der Freiheit", das der Hanauer Verleger Friedrich König in einer Auflage von 300 Exemplaren gedruckt hatte. Die Botschaft der politischen Schrift war, bei allem scharfen Witz, eindeutig:

*„Ihr Landeskinder! Es hat mich oft betrübt, daß ihr so verwahrlost werdet von euern Vätern und Vormündern, und daß ihr gar keine Fortschritte machen wollet in der Lehre von der Freiheit. Man hat euch geflissentlich die Meinung aufzuschwatzen versucht, als wenn die Freiheit ohne euer Zuthun kommen würde, und daher kommt es, daß ihr dastehet und das Maul aufsperret wie die Schlaraffenländer ... Saget also nicht, wir sind noch nicht reif – wir sind noch zu dumm und einfältig für die Freiheit."*[9]

Vom „Landesvater“ bis zum „Spießbürger“ und „Jubelgreis“ nahm Sauerwein alle aufs Korn, die seiner Meinung nach eine demokratische Entwicklung in Deutschland behinderten. Die Agitation wurde verstanden. Die zahlreich ausgesandten Spitzel der Kasseler Regierung erstatteten genauen Bericht. Das Buch wurde eingezogen. Nur ein paar wenige Exemplare haben sich bis heute erhalten. Sauerwein musste ins Schweizer Exil gehen. Noch härter traf es Heinrich Brüggemann. Als Aufrührer zum Tod verurteilt und dann zu lebenslänglicher Haft verurteilt, kam er erst 1840 wieder frei.

## Der Sturm auf die Frankfurter Hauptwache

Auch in anderen Teilen Hessens gärte es. Im Herzogtum Nassau wurden eine Reform der seit 1814 bestehenden Verfassung und die Verstaatlichung der Domänen gefordert, die sich über weit mehr als einem Zehntel des Staatsgebiets ausdehnten. Herzog Wilhelm war wenig geneigt, Zugeständnisse zu machen. Als die gewählten Deputierten in der zweiten Kammer darauf bestanden, dass sich der Herzog von einem erheblichen Teil seines Besitzes trennen sollte, ließ der Regent den Landtag im Mai 1831 kurzerhand auflösen. In einer kleinen Schrift rechtfertigte sein Regierungsrat Wilhelm Gottlieb Magdeburg diesen Schritt.

*„Man ging soweit, in Zweifel zu ziehen, ob dem Regenten ein Recht zustehe, was jeder seiner Unterthanen hat, nämlich das Recht sein Vermögen zu verwalten, und es wurden ganz unnöthige Bedenklichkeiten wegen künftiger ungeschmälerter Erhaltung des Herzoglichen Hausvermögens aufgeworfen, während dieses entstanden und vermehret worden ist, ehe es eine Stände-Versammlung im Herzogthum gab … Wenn das eine angenehme Sache ist für den Herrn, der aus dem Ertrag seines Eigenthums leben und dabei viel Gemeinnütziges für Land und Unterthanen thun kann, ohne daß er den Beutel der letzteren in Anspruch nehmen nöthig hat“*[10].

Mit einem Trick konnte sich der Herzog schließlich durchsetzen. Er erhöhte die Zahl der von ihm ernannten Mitglieder der ersten Kammer, der Herrenbank. Da bei wichtigen Abstimmungen, wie der Genehmigung des Haushalts oder von Steuern, die Stimmen beider Kammern zusammengezählt wurden, konnten die gewählten Landesdeputierten nichts mehr ausrichten.

Von dem herzoglichen Regierungsrat Magdeburg verfasste Rechtfertigungsschrift zur Vertagung der Landstände, Mai 1831

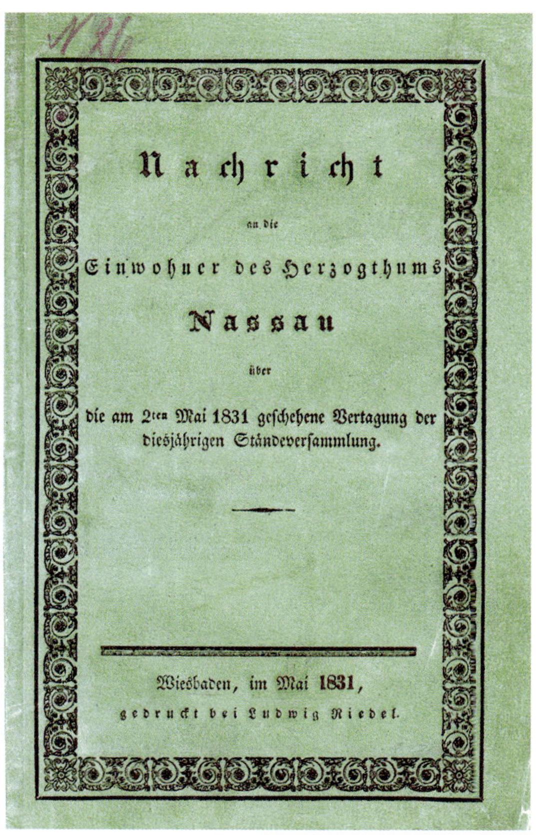

Nachricht
an die
Einwohner des Herzogthums
Nassau
über
die am 2ten Mai 1831 geschehene Vertagung der diesjährigen Ständeversammlung.

Wiesbaden, im Mai 1831,
gedruckt bei Ludwig Riedel.

Der Frankfurter Wachensturm
Kolorierter Holzstich von Georgin nach Epinal

Im Großherzogtum Hessen war am 6. April 1830 Ludewig I. nach 40 Regierungsjahren gestorben. Sein Sohn Ludwig II. zeigte wenig Geschick, mit den anstehenden Problemen fertigzuwerden. Die Landbevölkerung war durch katastrophale Missernten verarmt. Aber der neue Großherzog verlangte trotzdem, dass die Stände seine Privatschulden übernehmen und Geld für die Schlosserweiterung bewilligen sollten. Beides wurde nicht genehmigt. Auch seine kostspielige Huldigungsreise durch das Großherzogtum scheiterte. Zum Jubeln war niemand aufgelegt. Dagegen formierte sich gleich an mehreren Orten der Widerstand. Ein Zentrum des Protests war Oberhessen. Als in Kassel über die Kurhessische Verfassung beraten wurde, schickte der Darmstädter Großherzog seinen Bruder mit mehreren tausend Soldaten nach Oberhessen, um Ruhe und Ordnung mit Gewalt wiederherzustellen. Im bald so genannten Blutbad von Södel starben zwei, möglicherweise drei Menschen. 79 Aufständische wurden zu Zuchthausstrafen zwischen einem und 15 Jahren verurteilt. Aber mit Gewalt, von welcher Seite sie auch kam, ließen sich die Konflikte nicht lösen. Unter der Leitung des Gießeners Paul Follen und des Butzbacher Rektors Friedrich Ludwig Weidig bildete sich eine demokratisch und national ausgerichtete Bewegung, die den revolutionären Umsturz vorbereitete. Auftakt sollte am 3. April 1833 der Frankfurter Wachensturm sein, um den Deutschen Bund dort zu treffen, wo er seinen Sitz hatte. Die nur kleine Gruppe der Revolutionäre rechnete damit, dass sich ihr, wie in Paris, die Massen anschließen würden. Aber

Georg Büchner im Polenrock, undatiert. Die Bleistiftzeichnung ist beim Brand Darmstadts am 11. September 1944 vernichtet worden

es kam anders. Abends um halb zehn rückten drei Trupps auf die Hauptwache, die Konstablerwache und die Zollstätte Preungesheim vor. Obwohl der Plan verraten worden war, konnten die knapp vierzig Revolutionäre die Gebäude besetzen und sogar Gefangene befreien. Aber dann schnappte die Falle zu. Denn die Frankfurter zeigten überhaupt kein Interesse, den Aufstand zu unterstützen. Nach einer Stunde war der Spuk beendet. Wer nicht fliehen konnte, wurde verhaftet. Die Strafen fielen dieses Mal allerdings geringer aus als bei den anderen Revolten.

Nur wenige Tage nach dem Wachensturm schrieb der 1813 im südhessischen Goddelau geborene Medizinstudent Georg Büchner voller Verbitterung an seine Eltern, die ihm von den Vorgängen in Frankfurt berichtet hatten:

*„Wenn in unserer Zeit etwas helfen soll, so ist es Gewalt. Wir wissen, was wir von unseren Fürsten zu erwarten haben. Alles, was sie bewilligten, wurde ihnen durch die Notwendigkeit abgezwungen. Und selbst das Bewilligte wurde uns hingeworfen, wie eine erbettelte Gnade und ein elendes Kinderspielzeug, um dem ewigen Maulaffen Volk seine zu eng geschnürte Wickelschnur vergessen zu machen …*
*Man wirft den jungen Leuten den Gebrauch der Gewalt vor. Sind wir denn aber nicht in einem ewigen Gewaltzustand? Weil wir im Kerker geboren und großgezogen sind, merken wir nicht mehr, dass wir im Loch stecken mit angeschmiedeten Händen und Füßen und einem Knebel im Munde.“*[11]

## Weidig, Büchner und ihr „Hessischer Landbote“

Auch Friedrich Ludwig Weidig war in Butzbach arrestiert worden. Aber schon nach wenigen Wochen kam er wieder frei. Sein revolutionärer Elan war dadurch nicht gebrochen. Der 1791 in Obergleen geborene Weidig hatte Theologie studiert und war Rektor einer Knabenschule in Butzbach. Als glühender hessischer Patriot wurde er revolutionär, weil er seine Heimat und die Menschen liebte. Er wurde zum unbestrittenen Führer der oberhessischen Revolutionäre – und blieb es auch nach dem gescheiterten Frankfurter Wachensturm. Bei ihm liefen die Fäden zusammen, er knüpfte Verbindungen zu Revolutionären in Frankfurt und anderen Städten. Unter dem Pseudonym „Freimund Hesse“ brachte er von Januar bis März 1834 vier Ausgaben seines „Leuchters und Beleuchters für Hessen oder der Hessen Nothwehr“

heraus. Das konspirativ verteilte Blatt wurde zum Vorläufer des „Hessischen Landboten", den Büchner verfasste und Weidig, zum Leidwesen des Autors, redigierte. Büchner hatte den Kopf der oberhessischen Verschwörer in Gießen kennengelernt, wo er im März 1834 eine erste Sektion seiner ‚Gesellschaft der Menschenrechte' gründete. Ende Juli erschien dann der „Hessische Landbote" in einer Auflage von höchsten 1200 Exemplaren. Die achtseitige, in Offenbach bei Preller gedruckte Flugschrift wurde hinter Fensterläden gesteckt, unter Türen durchgeschoben oder in Höfe geworfen. Die Austräger mussten sorgfältig darauf achten, unerkannt zu bleiben, denn Spitzel saßen überall. Und der Inhalt des „Landboten" würde die Behörden alarmieren:

*„Friede den Hütten! Krieg den Palästen!*
*Im Jahre 1834 siehet es so aus, als würde die Bibel Lügen gestraft. Es sieht aus, als hätte Gott die Bauern und Handwerker am 5ten Tage, und die Fürsten und Vornehmen am 6ten gemacht, und als hätte der Herr zu diesen gesagt: Herrschet über alles Getier, das auf Erden kriecht, und hätte die Bauern und Bürger zum Gewürm gezählt. Das Leben der Vornehmen ist ein langer Sonntag, sie wohnen in schönen Häusern, sie tragen zierliche Kleider, sie haben feiste Gesichter und reden eine eigne Sprache; das Volk aber liegt ihnen wie Dünger auf dem Acker. Der Bauer geht hinter dem Pflug, der Vornehme aber geht hinter ihm und dem Pflug und treibt ihn mit den Ochsen am Pflug, er nimmt das Korn und läßt ihm die Stoppeln. Das Leben der Bauern ist ein langer Werktag; Fremde verzehren seine Äcker vor seinen Augen, sein Leib ist eine Schwiele, sein Schweiß ist das Salz auf dem Tische der Vornehmen …*
*Ihr bücktet euch lange Jahre in den Dornäckern der Knechtschaft, dann schwitzt ihr einen Sommer im Weinberge der Freiheit, und werdet frei sein bis ins tausendste Glied.*
*Ihr wühltet ein Leben lang die Erde auf, dann wühlt ihr euren Tyrannen das Grab.*
*Ihr bautet die Zwingburgen, dann stürzt ihr sie, und bauet der Freiheit Haus. Dann könnt ihr eure Kinder frei taufen mit dem Wasser des Lebens."*[12]

Wohl weil er von einem Spitzel denunziert worden war, wurde der Student Karl Minnigerode schon am Abend des 1. August 1834 am Gießener Selterstor verhaftet. Er hatte 139 Hefte in seine Jacke eingenäht und in seinen Stiefeln verborgen. Danach begann eine richtige Hetzjagd auf verteilte Exemplare und auf die Hintermänner. Wer nicht fliehen konnte, kam ins Gefängnis. Über Jahre zogen sich die Prozesse, die sich gegen die gesamte Oppositionsbewegung richteten. Schließlich verhängte das Gießener Hofgericht Ende 1838 gegen dreißig

Friedrich Ludwig Weidig

Angeklagte Haftstrafen bis zu zehn Jahren. Allerdings wurden die Mitglieder der „Landboten"-Verschwörung bereits im Januar 1839 vom Darmstädter Großherzog Ludwig II. begnadigt.
Friedrich Ludwig Weidig erlebte den Urteilspruch nicht mehr. Unterdessen als Pfarrer von Butzbach nach Obergleen versetzt, war er im April 1835 verhaftet und nach Darmstadt gebracht worden. Im Gefängnis wurde er schwer misshandelt und von einem sadistischen Richter verhört. Das stürzte ihn in tiefe Verzweiflung. Am 5. März 1836 schrieb er an seine Frau:

*„Ich muss Dir nämlich sagen, daß ich seit Schluß des vorigen Jahres mit geringen Unterbrechungen krank und gemüthskrank bin, und daß mein Gesundheitszustand noch immer sehr schwankend ist und daß ich, obgleich der Arzt Genesung mir zusagt, doch auf alles gefaßt bin. Doch Du und die Kinder, Ihr seid wohl, und das ist es, was ich jede Stunde des Tages und viele Stunden der Nacht von Gott erfleht habe …*
*Ich muß schließen, die Wuth der Schmerzen in meinem Kopfe und meiner Brust ist, obgleich oft versteckt jetzt wieder satanisch"*[13].

Der Brief wurde nicht an seine Frau weitergeleitet. Sie erhielt ihn erst nach dem Tod ihres Mannes. Am 23. Februar 1837 war Weidig in seiner Zelle gestorben. Mit seinem Blut hatte er an die Wand geschrieben:
„Da mir der Feind jede Vertheidigung versagt, so wähle ich einen schimpfl. Tod von freien Stücken."
Georg Büchner entging der Verhaftung im März 1835 durch die Flucht nach Straßburg. Die großherzogliche Regierung ließ ihn steckbrieflich suchen, weil er sich „der gerichtlichen Untersuchung seiner indicirten Theilnahme an staatsverrätherischen Handlungen durch die Entfernung aus dem Vaterlande entzogen" habe. Unter dem Eindruck der brutalen staatlichen Reaktion schrieb Büchner sein Revolutionsdrama „Dantons Tod", später die Novelle „Lenz", das Lustspiel „Leonce und Lena" und die Tragödie „Woyzeck", die unvollendet blieb. Im Sommer 1836 reichte er in Zürich seine Dissertation über das Nervensystem der Flussbarbe ein. Am 3. September wurde er promoviert. Unterdessen lebte er als Flüchtling der „Sonder-Klasse" schon ganz in Zürich, wo er am 19. Februar 1837, noch nicht einmal 24 Jahre alt, an Typhus starb. Georg Büchner ist, so sein Biograph Jan-Christoph Hauschild, „das Genie der deutschen Literatur, das nicht altert". Er verbinde „Unversöhnlichkeit und radikale Negation mit einem gerüttelt Maß an Tragik. Das ist nichts, was verjähren könnte."

## Von Hessen in die Neue Welt

Die gewaltsamen Proteste gegen die staatliche Willkür und die damit verbundenen Gegenmaßnahmen der Regierungen in Hessen hatten eine bis dahin nicht gekannte Fluchtwelle ausgelöst. Erstes Ziel war meistens Straßburg. Wer nicht dortblieb, der zog weiter in die Schweiz, nach England oder in die USA. Vor allem in den Vereinigten Staaten trafen die Flüchtlinge auf Landsleute, die aus ganz unterschiedlichen Gründen ihre Heimat verlassen hatten.

Der Beginn der hessischen Amerika-Auswanderung liegt nämlich schon im 17. Jahrhundert. 1677 war in Frankfurt der Quäker-Führer William Penn aufgetreten und hatte für seinen Glaubensstaat in Amerika („Pennsylvanien") geworben, den er sechs Jahre später auch gründete. Als das erste Schiff mit deutschen Einwanderern gerade die Neue Welt erreichte. Die Kolonisten nannten ihre Siedlung bei Philadelphia „Germantown". Von da an riss der Strom der Einwanderer nicht mehr ab. Zunächst waren es vor allem religiös Verfolgte, die ihren Glauben frei leben wollten. Aber bald verließen immer mehr Menschen Haus und Hof, weil sie in Deutschland kein Auskommen mehr finden konnten oder allzu frei ihre politische Meinung gesagt hatten. Große Kriege und fehlende wirtschaftliche Impulse hatten die Bevölkerung verarmen lassen. Missernten und Pflanzenkrankheiten wie die Kartoffelfäule verursachten Hungersnöte. Und mancher musste sogar auswandern, weil er heiraten wollte. Denn ohne den Nachweis eines kleinen Vermögens wurde die Heiratserlaubnis nicht erteilt. Und wer keins hatte, dem blieb nur die Möglichkeit, die Heimat zu verlassen. Da in den anderen Teilen der Welt vor allem Bauern und Handwerker fehlten, um Land fruchtbar zu machen, große Schafherden zu hüten oder Siedlungen aufzubauen, saßen in allen großen hessischen Städten Werber, die den Auswanderwilligen goldene Berge versprachen. Und Tausende von Hessen ließen sich auf den Zug ins Ungewisse ein.

Das beliebteste Ausreiseland blieb aber die USA, obwohl die Reisebedingungen alles andere als ideal waren.

Was die neuen Siedler dann am Ziel ihrer Wünsche erwartete, war oft nicht viel besser. Auch in dem Land der angeblich unbegrenzten Möglichkeiten, der Freiheit und Toleranz mussten sie ganz von vorne anfangen. Aber nicht wenige lebten schon nach kurzer Zeit in einem bescheidenen Wohlstand und berichteten davon stolz in die Heimat. „Lieber Bruder", schrieb um 1832 Katharina Roß ins

Da in den anderen Teilen der Welt vor allem Bauern und Handwerker fehlten, um Land fruchtbar zu machen, große Schafherden zu hüten oder Siedlungen aufzubauen, saßen in allen großen hessischen Städten Werber, die den Auswanderwilligen goldene Berge versprachen. Und Tausende von Hessen ließen sich auf den Zug ins Ungewisse ein.

südhessische Brandau, „ich habe schon oft gewünscht, wenn nur unsere Eltern schon vor 20–30 Jahren hierher gezogen wären, sie hätten manche Armut und Elend nicht brauchen auszuhalten." Und sie schilderte in den schönsten Farben, wie ihr Leben ein „langer Sonntag", ganz im Sinne des „Hessischen Landboten", war:

*„Es gibt all das Vieh wie drauß, aber keinen Kuckuck und Storch, es gibt hier auch Birnen, eine Menge von Äpfel, die ihr euch nicht denken könnt, viel Pfirsich, dass alle Deutschen wo zu uns kommen, sich nicht genug wundern könnten. Drauß haben sie oft gesagt, in Amerika wären die Dächer mit Bratwürst und Pfannkuchen gedeckt, wir können sie doch öfter essen als solche Spötter. Hier brauche nie arme Leut nicht für die Herrn zu schaffen, sondern nur für sich. Wir essen alle Tag dreimal Fleisch und weißes Brot mit Butter und Sirup geschmiert und zweimal Kaffee."*[14]

Aktie Nr. 1 des Texasvereins

Verein
zum Schutze Deutscher Einwanderer in Texas
gegründet im Jahre 1843.
Actie No. 1.
über Fünf Tausend Gulden des 24½ Gulden Fußes.
den regierenden Herzog von Nassau.
Das Comité
N.B. Alle Actien des Vereins lauten auf die Namen der Besitzer, und können nur nach erfolgter Genehmigung der Direction auf andere Namen übertragen werden.
Eingeschrieben im Archiv des Vereins. Wiesbaden, den

Die mit der Auswanderung betrauten Behörden versuchten alles, um den Massenexodus einigermaßen in den Griff zu bekommen. Ein herausragendes, aber auch besonders trauriges Beispiel für den staatlichen Regulierungswillen war der 1842 im Biebricher Schloss gegründete „Texasverein", der unter dem Protektorat des nassauischen Herzogs Adolph stand. An sich war die Idee bestechend. Die Auswanderer sollten nicht mehr auf gut Glück nach Amerika fahren, sondern Siedlungsland und Hilfe vorfinden. Ganz selbstlos war das Unternehmen aber nicht. Das machte schon das Gründungstatut deutlich, in dem es hieß:

*„Hauptzweck des Vereins ist:*
*1. Verbesserung des Zustandes der arbeitenden Classe ohne Arbeit, hierdurch Verminderung des Pauperismus (also der Armut).*
*2. Eröffnung neuer Absatzwege für die Produckte der National-Industrie.*
*3. Entwickelung des Seehandels."*[15]

Die Vertreter regierender und standesherrlicher Häuser, die 150 000 Gulden als Aktienkapital zusammengetragen hatten, erhofften sich auch eine Stärkung ihrer heimischen Wirtschaft. Sie wollten sich neue Absatzmärkte in Übersee eröffnen. In Texas wurde Siedlungsland gekauft, von dem ein Teil den Auswanderern kostenlos zur Verfügung gestellt werden sollte. Den Rest wollte man später mit Gewinn verkaufen. Der Kaufpreis war niedrig gewesen, aber an eine bestimmte Bedingung geknüpft. Bis März 1846 musste das

12 000 Quadratkilometer große Gebiet, das zudem noch die kriegerischen Comanches-Indianer als ihres ansahen, von den ersten 2000 Familien besiedelt sein, sonst würde es an die texanische Regierung zurückfallen. Dieser Zeitdruck war das Unglück des Unternehmens, denn das Siedlungsland lag nicht an der Küste, sondern 300 Kilometer landeinwärts. Und natürlich führte noch keine Straße dorthin. Als 1846 die ersten 5000 Auswanderer in Texas eintrafen, fanden sie nichts so vor wie erwartet. Zudem gab es sintflutartige Regenfälle, die jedes Fortkommen unmöglich machten, und zu wenige Fuhrwerke, weil inzwischen Mexiko und die Vereinigten Staaten Krieg gegeneinander führten. Seuchen brachen aus, und jederzeit musste mit Indianerüberfällen gerechnet werden. Obwohl Herzog Adolph noch 225 000 Gulden zuschoss, scheiterte der kühne Plan. Nur wenige Überlebende fanden schließlich Siedlungsland. Der hoch verschuldete Verein löste sich 1861 auf. Der Texasverein hatte Hoffnungen geweckt, aber sie nicht erfüllt. An der Attraktivität der Vereinigten Staaten und auch der anderen Länder, die um hessische Bauern und Handwerker warben, hatte das Desaster nichts geändert. Zwischen 1816 und 1866 verließen allein 34 000 Nassauer, also knapp zehn Prozent der Bevölkerung, ihre Heimat in Richtung Übersee.

Als 1849 das Paulskirchenparlament endgültig gescheitert war und mit ihm alle Hoffnungen auf einen Politikwechsel in Deutschland, schwoll der Strom der Flüchtlinge erneut an. In den USA wurden die Teilnehmer an der gescheiterten deutschen Revolution respektvoll als „Forty-Eighter“ bezeichnet. Sie hatten einen nicht unmaßgeblichen Anteil am demokratischen Aufbau der Vereinigten Staaten. Neben den Badenern waren es vor allem Hessen, die in den USA Zuflucht gesucht hatten und jetzt hofften, ihre politischen Ideen doch noch umsetzen zu können.

## Liberale und Demokraten

Es wurde immer deutlicher, dass die von selbstherrlichen Fürsten regierten Staaten den neuen Herausforderungen nicht gewachsen waren. So entstanden erste Zirkel, die die politische Situation in Deutschland diskutierten. Eine einheitliche Linie gab es dabei aber nicht. Die Liberalen wollten nur die Macht der Fürsten beschränken und durch ein gewähltes Parlament kontrollieren lassen. Das war auch zunächst das Ziel der Demokraten. Aber je

Heinrich von Gagern, Foto von 1848

August Hergenhahn

stärker der staatliche Druck gerade gegen die Demokraten wurde, desto radikaler entwickelten sich ihre Forderungen. Schließlich kämpften sie dafür, die Adelsherrschaft ganz abzuschaffen und durch eine parlamentarische Demokratie zu ersetzen. Einig waren sich alle, dass das Ziel auf jeden Fall ein vereinigtes Deutschland sein müsse.

Die Demokraten um den badischen Abgeordneten Friedrich Hecker hatten sich schon im September 1847 in Offenburg getroffen und einen (noch gemäßigten) Forderungskatalog verabschiedet, der durch Flugblätter und Maueranschläge weite Verbreitung fand – und für einige Unruhe sorgte.

Die Liberalen, unter ihnen der Darmstädter Oppositionsführer Heinrich von Gagern und der nassauische Kammerpräsident August Hergenhahn, kamen am 10. Oktober 1847 in Heppenheim zusammen, um zumindest für den Südwesten Deutschlands eine gemeinsame Vorgehensweise festzulegen. Die Ergebnisse der Besprechung wurden fünf Tage später in der „Deutschen Zeitung" veröffentlicht. Die Angriffe richteten sich vor allem gegen den Deutschen Bund und sein Beschlussgremium, die Bundesversammlung:

*„Was zunächst die Förderung der Nationalanliegen durch gemeinsame Leitung und Vertretung betrifft, so war man darüber einig, dass von der Bundesversammlung, wie sie gegenwärtig besteht, nichts Ersprießliches zu erwarten sei. Dieselbe hat ihre in der Bundesakte vorgezeichnete Aufgabe, soweit sie die Herstellung landständischer Verfassungen, freien Handels und Verkehrs, der Flussschiffahrt, des freien Gebrauchs der Presse usw. betrifft, nicht gelöst; die Bundesmilitärverfassung hat weder eine allgemeine Volksbewaffnung noch ein gleichmäßig organisiertes Bundesheer geliefert. Dagegen ist die Presse unter Zensurzwang gestellt, sind die Verhandlungen der Bundesversammlung in Dunkel gehüllt, aus welchem von Zeit zu Zeit Beschlüsse zutage kommen, welche jeder freien Entwicklung Hindernisse in den Weg legen."*[16]

Die Opposition hatte sich also formiert. Sie wartete nur auf den Funken, der das explosive politische Gemisch zur Explosion bringen würde. Und der kam erneut aus Frankreich. Ähnlich wie im Juli 1830 brachen im Februar 1848 wieder in Paris soziale Unruhen aus. Der Bürgerkönig Louis Philippe, dem das Großbürgertum zur Macht verholfen hatte, musste abdanken und damit der Republik Platz machen, die allerdings nur kurze Zeit Bestand haben sollte.

## Die Revolution beginnt

Das revolutionäre Signal aus Frankreich erreichte zuerst Mannheim und dann, noch Ende Februar 1848, das Großherzogtum Darmstadt. Aus Petitionen wurden in kürzester Zeit Forderungen, denen Volksversammlungen mit Tausenden von Menschen den nötigen Nachdruck verliehen. Schon am 2. März genehmigte die nassauische Regierung (nach einer Versammlung mit 4000 Teilnehmern) die Volksbewaffnung und die Pressefreiheit. Als sich zwei Tage später 30 000 Demonstranten auf dem Schlossplatz versammelten, stimmte Herzog Adolph vom Balkon herab allen neuen „Forderungen der Nassauer" zu, die die Liberalen mit Hergenhahn an der Spitze aufgestellt hatten.

In Frankfurt, wo die Bundesversammlung plötzlich keine Einwände mehr gegen die Pressefreiheit hatte, ging am 3. März eine von 2000 Bürgern verabschiedete Petition an den Senat, mit ähnlichen Punkten wie in Nassau. Für besonderen Konfliktstoff sorgte die Forderung nach der völligen Gleichstellung aller Bürger (also auch der Juden). Das war ein direkter Angriff auf die noch immer ungebrochene Herrschaft der wenigen reichen Familien in Frankfurt. Der Senat hatte es deshalb auch nicht eilig, die vorgetragenen Wünsche in die Tat umzusetzen. Alles sollte „auf gesetzlichem Weg" seine „Erledigung finden".

In Darmstadt dagegen konnten die Liberalen um Heinrich von Gagern weitreichende politische Zugeständnisse erreichen. Wie in anderen Ländern wurden u. a. Pressefreiheit und Volksbewaffnung gewährt. Aber der Zorn richtete sich auch gegen den Großherzog selbst und seinen verhassten Ministerpräsidenten Karl Freiherr du Bos du Thil. Ludwig II. sah sich schließlich gezwungen, seinen Sohn, Erbgroßherzog Ludwig (III.) zum Mitregenten zu ernennen und du Thil zu entlassen. Neuer Ministerpräsident (und zugleich Innen- und Außenminister) wurde Heinrich von Gagern. Sein Mitstreiter August Hergenhahn übernahm das Amt des nassauischen Ministerpräsidenten.

In Kurhessen versuchte Friedrich Wilhelm I. zunächst möglichst wenig zu versprechen. Daraufhin drohte eine Hanauer „Volkskommission" am 9. März damit, ihre Stadt dem Großherzogtum Darmstadt anzuschließen, und forderte den Kurfürsten ultimativ auf, innerhalb von drei Tagen ein weitreichendes Reformprogramm zu verkünden. Der Schriftsteller Ferdinand Freiligrath fasste das „Hanauer Ultimatum" in eine Strophe seines berühmten Gedichts „Schwarz-Rot-Gold", das er am 17. März in London schrieb:

Flugblatt mit den Forderungen der Nassauer, 1848

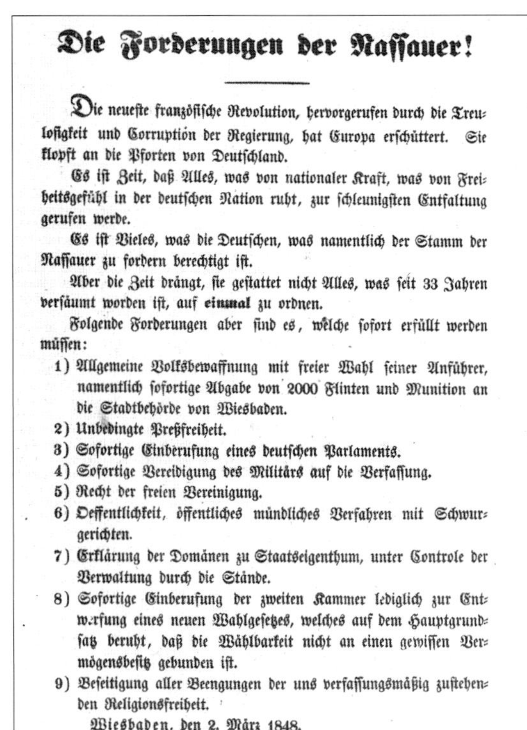

**Die Forderungen der Nassauer!**

Die neueste französische Revolution, hervorgerufen durch die Treulosigkeit und Corruption der Regierung, hat Europa erschüttert. Sie klopft an die Pforten von Deutschland.

Es ist Zeit, daß Alles, was von nationaler Kraft, was von Freiheitsgefühl in der deutschen Nation ruht, zur schleunigsten Entfaltung gerufen werde.

Es ist Vieles, was die Deutschen, was namentlich der Stamm der Nassauer zu fordern berechtigt ist.

Aber die Zeit drängt, sie gestattet nicht Alles, was seit 33 Jahren versäumt worden ist, auf **einmal** zu ordnen.

Folgende Forderungen aber sind es, welche sofort erfüllt werden müssen:

1) Allgemeine Volksbewaffnung mit freier Wahl seiner Anführer, namentlich sofortige Abgabe von 2000 Flinten und Munition an die Stadtbehörde von Wiesbaden.
2) Unbedingte Preßfreiheit.
3) Sofortige Einberufung eines deutschen Parlaments.
4) Sofortige Vereidigung des Militärs auf die Verfassung.
5) Recht der freien Vereinigung.
6) Oeffentlichkeit, öffentliches mündliches Verfahren mit Schwurgerichten.
7) Erklärung der Domänen zu Staatseigenthum, unter Controle der Verwaltung durch die Stände.
8) Sofortige Einberufung der zweiten Kammer lediglich zur Entwerfung eines neuen Wahlgesetzes, welches auf dem Hauptgrundsatz beruht, daß die Wählbarkeit nicht an einen gewissen Vermögensbesitz gebunden ist.
9) Beseitigung aller Beengungen der uns verfassungsmäßig zustehenden Religionsfreiheit.

Wiesbaden, den 2. März 1848.

*„Denn das ist noch die Freiheit nicht,*
*Die Deutschland muss begnaden,*
*Wenn eine Stadt in Waffen spricht*
*Und hinter Barrikaden:*
*‚Kurfürst verleih! Sonst – hüte Dich! –*
*Sonst werden wir großherzoglich!'*
*Pulver ist schwarz*
*Blut ist rot*
*Golden flackert die Flamme!"*[17]

Friedrich Wilhelm ließ Truppen vor Hanau zusammenziehen. Aber er musste bald einsehen, dass er sich nicht alleine gegen die revolutionäre Entwicklung stemmen konnte, und gab schließlich nach. Alle Forderungen nach Pressefreiheit, Amnestie von politischen Gefangenen und Neuwahl der Ständeversammlung wurden erfüllt. Einer der Aufständischen, der Hanauer Bürgermeister Bernhard Eberhard, rückte sogar zum Ministerpräsidenten auf. Aber damit war keineswegs die Ruhe im Land wiederhergestellt. Zu lange hatten die Menschen unter dem rückständigen Regime des Kurfürsten gelitten. Die Wut entlud sich am 18. März, als Freischärler den Hanauer Prügelbock zerstörten. Darauf waren Verurteilte öffentlich ausgepeitscht worden. Auch in anderen Städten, wie in Erbach, kam es immer wieder zu Volksversammlungen und handgreiflichen Auseinandersetzungen.

## Die Deutsche Nationalversammlung von 1848

Unterdessen bereiteten sich die oppositionellen Politiker darauf vor, ein gesamtdeutsches Parlament einzuberufen. Bereits am 5. März hatten sie sich in Heidelberg getroffen und die weiteren Schritte beraten. Ein Vorparlament, das nur durch die revolutionäre Aktion und nicht durch ein Votum der Bürger legitimiert war, sollte die Wahlen für die Nationalversammlung einberufen. Schon beim ersten Treffen dieses Vorparlaments am 31. März 1848 in Frankfurt brachen die Gegensätze zwischen den radikalen Demokraten und den gemäßigten Liberalen offen aus. Friedrich Hecker, der sich mit seinen Ideen nicht durchsetzen konnte, verließ Frankfurt und rief in Baden die Republik aus. Sein Aufstand scheiterte aber schon nach wenigen Tagen. Hecker musste in die Schweiz fliehen.

Die Nationalversammlung in der Paulskirche, 1848

Das Vorparlament mit seinen über 500 Abgeordneten sah seine Aufgabe nicht darin, weitreichende politische Entscheidungen zu fällen. Die Revolution beenden, eine Verfassung schaffen und die deutsche Einheit herbeiführen sollte erst die Nationalversammlung. Wie stark die Mitglieder des Vorparlaments noch im traditionellen Denken verhaftet waren, machte ihr wichtigster Beschluss deutlich. Wählen durften nämlich nur Männer mit selbstständigem Einkommen. Wer Leistungen von staatlichen Stellen bezog, bekam kein Wahlrecht. Damit war von vornherein ein Viertel der erwachsenen männlichen Bevölkerung von der Wahl ausgeschlossen. Frauen saßen weder im Vorparlament noch durften sie zur Urne gehen. An die Gleichberechtigung von Männern und Frauen dachte Mitte des 19. Jahrhunderts noch kein Politiker. Und so zogen auch nur Männer am 18. Mai 1848 in die Frankfurter Paulskirche ein. Die 585 Abgeordneten waren Beamte, Richter, Rechtsanwälte, Ärzte, Unternehmer, Pfarrer oder Großgrundbesitzer. Der überwiegende Teil von ihnen hatte ein Universitätsstudium hinter sich. Nur drei Abgeordnete waren Bauern. Und nur einer kam aus dem Handwerk. Arbeiter waren gar nicht vertreten. Zum Präsidenten wählten die Abgeordneten Heinrich von Gagern. Während das „Professorenparlament" über Reich, Reichsgewalt, Reichsoberhaupt, Reichstag, Reichsgericht und die Grundrechte des deutschen Volkes debattierte, setzte sich in Berlin und Wien teilweise in blutigen Kämpfen die Gegenrevolution durch. Noch waren die Ab-

Bilderzeitung vom Aufstand am 18. September 1848 (links)

Einzug des Reichsverwesers Erzherzog Johann in Frankfurt am 11. Juli 1848 (rechts)

geordneten voller Hoffnung, als sich am 12. Juli 1848 der österreichische Erzherzog Johann zum provisorischen Staatsoberhaupt ausrufen ließ, aber der „Reichsverweser", wie er genannt wurde, war kein wirklich mächtiger Mann. Schon bald zeigte sich, dass die Nationalversammlung nur einen Teil der Deutschen repräsentierte. Arbeitervereine und Demokraten fühlten sich ausgeschlossen und begannen sich zu organisieren. Am 18. September wollte eine aufgebrachte Menge sogar die Paulskirche stürmen. Barrikaden wurden errichtet, und es kam zu einer blutigen Schlacht. 80 Aufständische starben im Kugelhagel der Reichstruppen. Zwei Abgeordnete, die sich vor das Friedberger Tor gewagt hatten, wurden von revolutionären Arbeitern und Handwerkern gelyncht. Der Aufruhr war zwar beendet, aber die Nationalversammlung hatte an Ansehen weiter verloren. Ihr Fortbestehen verdankte sie österreichischen und preußischen Soldaten, und was der Preußenkönig Friedrich Wilhelm IV. von dem Frankfurter Parlament hielt, machte er im April 1849 deutlich. Die Nationalversammlung hatte sich dafür entschieden, ihm die erbliche Kaiserwürde anzutragen. Aber Friedrich Wilhelm dachte gar nicht daran, die ihm angebotene „Ehre" eines deutschen Kaisers auch anzunehmen. Eine Krone aus „Dreck und Letten geknetet" könne er weder annehmen noch ablehnen. Und einem Ratgeber gegenüber brachte er sein Verständnis der Paulskirchenversammlung auf den Punkt: „Gegen Demokraten helfen nur Soldaten; Adieu!" Da das erste frei gewählte Parlament keine militärischen Möglichkeiten besaß, seine Beschlüsse und vor allem die Reichsverfassung durchzusetzen, endete der erste Versuch, in Deutschland ein demokratisches Regierungssystem einzuführen, mit blutigen Kämpfen.

Am 30. Mai 1849 stellte die Deutsche Nationalversammlung nach 230 Sitzungstagen ihre Arbeit ein. Ihr wichtigstes Ergebnis war die Reichsverfassung, die zwar keine Gültigkeit erlangte, aber Vorbild für spätere Verfassungen wurde. Vor allem der Teil über die Grundrechte hat das demokratische Denken in Deutschland entscheidend mitgeprägt. So wurde im Abschnitt VI („Die Grundrechte des deutschen Volkes") bestimmt:

*„§ 137. Vor dem Gesetz gilt kein Unterschied der Stände. Der Adel als Stand ist aufgehoben. Alle Standesvorrechte sind abgeschafft.*
*Die Deutschen sind vor dem Gesetze gleich …*
*§ 138. Die Freiheit der Person ist unverletzlich …*
*§ 140. Die Wohnung ist unverletzlich …*
*§ 143. Jeder Deutsche hat das Recht, durch Wort, Schrift, Druck und bildliche Darstellung seine Meinung frei zu äußern …*
*§ 144. Jeder Deutsche hat volle Glaubens- und Gewissenfreiheit …*
*§ 152. Die Wissenschaft und ihre Lehre ist frei …*
*§ 161. Die Deutschen haben das Recht, sich friedlich und ohne Waffen zu versammeln; einer besonderen Erlaubnis dazu bedarf es nicht …*
*§ 164. Das Eigentum ist unverletzlich."*[18]

Während in Darmstadt und Wiesbaden die alte Ordnung langsam wiederhergestellt wurde, versuchte der Kasseler Kurfürst Friedrich Wilhelm I. seine wiedergewonnene Macht skrupellos auszuspielen. Er berief den ebenso verhassten wie gefürchteten Ludwig Hassenpflug an die Spitze der Regierung und löste den Landtag auf, der den Haushalt abgelehnt hatte. Ohne rechtliche Grundlage ord-

Verordnungsblatt

des

Herzogthums Nassau.

Num. 19 den 27. September 1851.

Wir Adolph, von Gottes Gnaden Herzog zu Nassau rc. rc.

Nachdem die deutsche Bundesversammlung in ihrer Sitzung vom 23. August dieses Jahres folgenden Beschluß gefaßt hat:

„Die in Frankfurt unter dem 27. December 1848 erlassenen, in dem Entwurfe einer Verfassung des deutschen Reichs vom 28. März 1849 wiederholten sogenannten Grundrechte des deutschen Volkes können weder als Reichsgesetz, noch, soweit sie nur auf Grund des Einführungsgesetzes vom 27. December 1848, oder als Theil der Reichsverfassung in den einzelnen Staaten für verbindlich erklärt sind, für rechtsgültig gehalten werden. Sie sind deßhalb insoweit in allen Bundesstaaten als aufgehoben zu erklären."

so setzen Wir diesen Bundesbeschluß durch gegenwärtige Verkündigung in Wirksamkeit.

Gegeben Biebrich, den 27. September 1851.

(L. S.) Adolph.

Wintzingerode. Ler. Hadeln. Vollpracht.

Aufhebung der Grundrechte in Nassau, 1851

nete der Kurfürst trotzdem die Steuererhebung an. Aber da zeigte sich, was die kurfürstlichen Untertanen in der Revolutionszeit gelernt hatten. Sie verklagten ihren Regenten vor Gericht und siegten. Schon das war ungewöhnlich genug. Friedrich Wilhelm verhängte daraufhin das Kriegsrecht und wollte gerade seine Soldaten in Marsch setzen, da geschah etwas für die deutsche Geschichte Einmaliges. 241 von 277 kurhessischen Offizieren (die ihren Treueeid ja nicht mehr auf den Kurfürsten, sondern auf die Verfassung geleistet hatten) verweigerten am 10. Oktober 1850 den Dienst und reichten ihren Abschied ein. Die Armee war damit handlungsunfähig. Der Kurfürst floh mit seinen Ministern nach Wilhelmsbad und bat den Deutschen Bund um militärische Unterstützung. Bundestruppen, die sogenannten Straf-Bayern, besetzten Hanau, während in Nordhessen, ungerufen und ungewollt, preußische Soldaten einmarschierten. Fast eineinhalb Jahre blieben die Bundestruppen im Kurfürstentum stationiert, dann hatte Friedrich Wilhelm seine Macht wieder gefestigt. Sichtbarer Ausdruck seiner tiefreaktionären Politik wurde die neue Verfassung von 1852, die alle Zugeständnisse seit 1830 zurücknahm. Das ging selbst den anderen Staaten des Deutschen Bundes zu weit. In einem Beschluss vom Mai 1862 forderten sie die Wiederherstellung der Verfassung von 1831. Aber alle Versuche, den Kurfürsten zum Umdenken zu bewegen, scheiterten. Erst als Preußen seine Truppen an der Grenze zu Kurhessen aufmarschieren ließ, lenkte der halsstarrige Friedrich Wilhelm ein. Nicht wenige Kurhessen hätten es sogar ganz gerne gesehen, wenn die Preußen gleich eingerückt wären. Denn im Gegensatz zu dem wirtschaftlich und politisch rückständigen Kurfürstentum galt Preußen als fortschrittlich und industriell weit entwickelt. Aber damals hielt das noch keiner für möglich. Noch schien der Deutsche Bund die einzelnen Mitgliedsstaaten voreinander zu schützen. Es sollte allerdings nur vier Jahre dauern, bis sich das Blatt entscheidend wendete.

## Adam Opel, Justus von Liebig und Philipp Reis

Im Gegensatz zu Kurhessen trieben das Großherzogtum Hessen und das Herzogtum Nassau die Industrialisierung jetzt mit Macht voran. Die Zahl der Dampfmaschinen, ein sicheres Zeichen für den wirtschaftlichen Erfolg, stieg sprunghaft an. An der Hohen Mark bei Oberursel entstand 1857/58 die erste moderne Textilfabrik im Rhein-Main-Gebiet. Im ebenfalls zu Nassau gehörenden Höchst gründeten Eugen Lucius, Wilhelm Meister und August Müller 1862 ihre Anilin- und Anilinfarbenfabrik (die späteren Farbwerke Hoechst). Nur ein Jahr später nahm die Farbenfabrik von Wilhelm Kalle in Wiesbaden-Biebrich ihren Betrieb auf. Nicht weit davon, in Amöneburg, gründete Wilhelm Dyckerhoff 1864 eine Fabrik für Portland-Zement, die ebenfalls bis heute besteht und zu den größten Firmen in Deutschland zählt.

Dagegen ließ eine unscheinbare Anzeige, die im April 1863 im „Groß-Gerauer Kreisblatt" erschien, noch nicht ahnen, wohin der Weg eines kleinen Handwerkers einmal führen sollte. „Adam Opel, Mechaniker in Rüsselsheim" empfahl darin seine „selbstgefertigten Nähmaschienen aller Art, nach der neuesten Construction, zu festen und billigen Preißen".

Der 1837 in Rüsselsheim geborene Sohn eines Schlossers hatte auf seiner Wanderschaft in Paris den technischen Fortschritt hautnah erlebt. Er arbeitete in einer der großen Nähmaschinenfabriken und studierte die modernen Fertigungstechniken, die in Deutschland noch unbekannt waren. In seiner Heimatstadt stieß Adam Opel mit seinem Plan, eine eigene Nähmaschinenfabrik aufzubauen, auf erhebliche Widerstände, vor allem von Seiten seines Vaters. Er ließ sich davon aber nicht beirren und begann 1862 mit der Produktion, in einem „sehr bescheidenen Rahmen", wie der Rüsselsheimer Stadtarchivar Wolfram Heitzenröder betont:

*„Die Werkstatt war in einem niedrigen und engen Stallgebäude untergebracht, unter primitivsten Bedingungen – ohne den Einsatz von Energie oder leistungsfähigen Werkzeugmaschinen – wurden in der Rüsselsheimer Ochsengasse nun in langwieriger Arbeit nach dem Pariser Vorbild Nähmaschinen gefertigt. Große Mühe bereitete vor allem die Beschaffung geeigneten Rohmaterials, doch sukzessive und mit energischem Willen überwand Adam Opel alle Anfangsschwierigkeiten."*[19]

Die Schneidergesellen in Rüsselsheim und Umgebung befürchteten den Verlust ihrer Arbeitsplätze und versuchten sogar, die Auslieferung einer der ersten Maschinen zu verhindern. Zunächst produzierte Adam Opel in der Werkstatt seines Vaters, später dann im Kuhstall seines Onkels. Schon nach sieben Jahren konnte er seine erste eigene Fabrik errichten, in der rund 30 Arbeiter fünf Nähmaschinentypen herstellten. Als 1886 die einhunderttausendste Nähmaschine gefeiert wurde, kam als neuer Zweig die Fahrradproduktion hinzu, die sich ebenfalls glänzend entwickelte. Adam Opel starb am 8. September 1895 an Typhus. Erst

Historische Aufnahme der ersten Opel-Nähmaschine, 1862

Werbeplakat für Opel Nähmaschinen, um 1880

vier Jahre später wurde die Automobilproduktion aufgenommen – mit dem Kauf der Anhaltinischen Patent-Motorwagenfabrik Lutzmann.

Ohne die Absicht, eine Fabrik zu gründen und viel Geld damit zu verdienen, machte Justus von Liebig seine Erfindungen, die für die Ernährung der Menschheit von überragender Bedeutung wurden. 1803 in Darmstadt geboren, hatte er schon früh und zum Schrecken seiner Eltern mit Chemikalien experimentiert. Bereits mit 21 Jahren erhielt er eine Professur in Gießen. 1840 erschien sein Buch, das die Landwirtschaft nachhaltig verändern sollte: „Die organische Chemie in ihrer Anwendung auf Agrikultur und Physiologie". Hinter dem etwas umständlichen Titel verbarg sich die Erkenntnis, dass auch Pflanzen Nahrung brauchen, und zwar ganz bestimmte Mengen von Nährsalzen. Sind diese dem Boden entzogen, müssen sie künstlich zugeführt werden, sonst kann die Pflanze nicht wachsen. Bis dahin hatte man geglaubt, die Pflanze könnte die Nährsalze selbst erzeugen – durch die von Gott gegebene „Lebenskraft". Damit hatte Liebig die künstliche Düngung erfunden, die einen wesentlichen Beitrag dazu leistete, dass es in der zweiten Hälfte des 19. Jahrhunderts kaum noch zu katastrophalen Missernten kam. Liebig starb hochgeehrt 1873 in München.

Um den typischen Fall eines verkannten Genies handelt es sich dagegen bei dem 1834 in Gelnhausen geborenen Philipp Reis. Der Lehrer am Garnierschen Institut in Friedrichsdorf hatte lange getüftelt, ehe er sich am 26. Oktober 1861 an die Öffentlichkeit wagte. Im Physikalischen Verein in Frankfurt führte er seinen Apparat vor, den er „Telephon" nannte. Eine 300 Fuß lange Leitung verband zwei Gebäude miteinander. Dann sagte sein Schwager Philipp Schmidt an einem Ende der Leitung die zwei berühmten Unsinnssätze: „Die Sonne ist aus Kupfer" und „Das Pferd frisst keinen Gurkensalat". Reis verstand seine Erfindung eher als Möglichkeit für Musikübertragungen, und deshalb waren auch am Ende der Premiere Gesang und Musik zu hören – ebenfalls ‚live' übertragen aus dem benachbarten Bürgerhospital. Weitere Vorführungen folgten in Frankfurt und Gießen. Die berühmteste war vor dem österreichischen Kaiser Franz Josef in Frankfurt. Aber der Monarch konnte sich ebenso wenig einen sinnvollen Einsatz für die Erfindung vorstellen wie die anderen, denen Reis sein Telephon präsentierte. Für die Nachrichtenübermittlung gab es die elektrische Telegraphie, und Samuel Morse hatte bereits seine leicht verständlichen Morsezeichen erfunden. Philipp Reis erlebte den Triumphzug seiner Erfindung nicht mehr – auch nicht, dass der Amerikaner Graham Bell 1876, zwei Jahre nach seinem Tod, eine praktisch verwendbare Version zum Patent anmeldete und sie, Reis zu Ehren, Telephon nannte.

## Die Preußen kommen

Dass Philipp Reis seine Erfindung überhaupt dem österreichischen Kaiser vorstellen konnte, war einem glanzvollen Ereignis zu verdanken, das zu dieser Zeit in Frankfurt stattfand: dem Fürstentag. Im Bundespalais hatten sich die deutschen Staatsoberhäupter versammelt, um über eine Reform der Bundesverfassung zu sprechen. Herausgekommen ist dabei nichts, denn der, auf den es gerade angekommen wäre, fehlte. Der preußische König Wilhelm I. hatte es vorgezogen, erst gar nicht zu erscheinen. Damit waren die Reformpläne Österreichs von Anfang an zum Scheitern verurteilt, denn ohne Preußen ging nichts. Die beiden Großmächte stritten heftig, allerdings noch hinter den Kulissen, wer in einem künftigen deutschen Nationalstaat die Führung übernehmen werde. Dass dieser Nationalstaat kommen würde, daran zweifelten nur noch wenige. Otto von Bismarck, der preußische Ministerpräsident, hatte schon früh prophezeit, die Einheit werde es nur mit „Blut und Eisen" geben. Was er damit meinte, wurde spätestens nach dem Deutsch-Dänischen Krieg im Jahr 1864 deutlich. Dänemark hatte verloren. Preußen und Österreich teilten sich die Verwaltung von Schleswig und Holstein, das bis dahin zu Dänemark gehört hatte. Bei der Konkurrenz der beiden Großmächte konnte das nicht gut gehen. In den Konflikt, der schon bald militärische Formen annahm, wurden auch die anderen deutschen Staaten hineingezogen. Denn Preußen besetzte Holstein und trat aus dem Deutschen Bund aus. Die verbliebenen Bundesstaaten stellten sich auf sie Seite Österreichs. Damit war der Krieg nicht mehr zu verhindern. Am 16. Juni 1866 wurde die Bundesexekution gegen Preußen beschlossen. Die kurhessischen Soldaten marschierten nach Mainz, um dort die Bundesfestung zu schützen. Offenbar hatte niemand damit gerechnet, dass die Preußen auch Kassel angreifen könnten. Ohne auf Widerstand zu stoßen, rückten die preußischen Truppen am 19. Juni in der nordhessischen Residenz ein. Kurfürst Friedrich Wilhelm I. wurde auf Schloss Wilhelmshöhe interniert und später als Kriegsgefangener nach Stettin gebracht. Seinen Thron hatte er für immer verloren. Danach ging es Schlag auf Schlag. Die preußischen Truppen besetzten eine hessische Stadt nach der anderen: am 6. Juli Fulda, am 16. Juli Frankfurt, am 18. Juli Wiesbaden und am 31. Juli Darmstadt. Ohne große Friedensverhandlungen wurden Kurhessen, Nassau und die Freie Stadt Frankfurt in das Königreich Preußen eingegliedert. Damit waren sie keine selbstständigen Staaten mehr. Besser traf es der Darmstädter Großherzog Ludwig III. Denn

Otto von Bismarck, der preußische Ministerpräsident, hatte schon früh prophezeit, die Einheit werde es nur mit „Blut und Eisen" geben. Was er damit meinte, wurde spätestens nach dem Deutsch-Dänischen Krieg im Jahr 1864 deutlich.

seine Familie war sowohl mit der britischen Königin Victoria als auch mit dem russischen Zaren Alexander II. verschwägert. Und die legten ein gutes Wort bei den Preußen für ihn ein. Das Großherzogtum durfte selbstständig bleiben. Allerdings musste eine nicht zu knappe Kriegsentschädigung gezahlt werden. Auch der Hinterländer Kreis um Biedenkopf und die gerade erst durch Erbfall gewonnene Landgrafschaft Hessen-Homburg gingen an Preußen verloren.

Glück im Unglück hatte Herzog Adolph von Nassau. Er musste nicht ins Exil gehen, sondern erhielt die nicht gerade bescheidene Summe von achteinhalb Millionen Talern als Abfindung und dazu noch die Schlösser Biebrich und Weilburg. Als 1890 der niederländische König ohne direkte Erben starb, lösten die Luxemburger ihre bis dahin bestehende Personalunion mit Holland auf und krönten den Ex-Herzog von Nassau zu ihrem Großherzog. Er regierte bis 1905, sein Sohn Wilhelm IV. bis 1912. Danach waren die Frauen in der Familie dran. Die Verbundenheit des Luxemburger Großherzogshauses zu Wiesbaden und dem ehemaligen Nassau hält bis heute an. Als 1981 in der hessischen Landeshauptstadt der Gründung des Herzogtums vor 175 Jahren gedacht wurde, schrieb Henri, damals Erbgroßherzog von Luxemburg, in seinem Grußwort:

Großherzog Ludwig III.

*„Meine Familie hat Land und Leute des früheren Herzogtums Nassau nie vergessen. Als Tochter des letzten Nassauers hat meine Großmutter, Großherzogin Charlotte von Luxemburg, das Andenken an ihre Vorfahren liebevoll gepflegt. Sie spricht oft mit mir darüber, besonders seit ich durch meine Großjährigkeit den Titel ‚Erbprinz von Nassau' führe."*[20]

Nicht ohne Genugtuung vermerkten die Autoren des Ausstellungskataloges, dass die Nachfahren Herzog Adolphs noch immer in Luxemburg regieren, während der (preußische) deutsche Kaiser schon 1918 ins Exil gehen musste.

[1] Ernst Kramer: Fulda. München/Berlin 31973, S. 28.

[2] Rainer von Hessen (Hrsg.): Wir Wilhelm von Gottes Gnaden. Die Lebenserinnerungen Kurfürst Wilhelms I. von Hessen 1743–1821. Frankfurt am Main/New York 1996, S. 329.

[3] Eckart G. Franz: Vom Biedermeier in die Katastrophe des Feuersturms. In: Darmstadts Geschichte. Darmstadt 1984, S. 296.

[4] Zitiert nach: Michael Best (Hrsg.): Der Frankfurter Börneplatz, Frankfurt am Main 1988, S. 207.

[5] Brief Napoleons an seinen Bruder Jérôme vom 15.11.1807, zitiert nach: König Lustik!? Jérôme Bonaparte und der Modellstaat Königreich Westphalen. (Ausstellungskatalog) Kassel/München 2008, S. 532.

[6] Friedrich Hölderlin: Sämtliche Werke und Briefe. Hrsg. Von Günter Mieth. Berlin [2]1995, S. 447.

[7] Wolf-Arno Kropat: Das Herzogtum Nassau zwischen Rheinbund und Revolution 1806–1866. In: Uwe Schultz (Hrsg.): Die Geschichte Hessens, Stuttgart 1983, S. 172

[8] Instruktion der Elisabeth Magdalena Buderus vom 1. Januar 1762 (Kopie im Archiv der Verfasser)

[9] Wilhelm Sauerwein: ABC-Buch der Freiheit. Hanau 1832 (Nachdruck Frankfurt am Main 1998), S. 5 f.

[10] Nachricht an die Einwohner des Herzogthums Nassau über die am 2ten Mai 1831 geschehene Vertagung der diesjährigen Ständeversammlung. Wiesbaden 1831, S. 19 und 14.

[11] Georg Büchner: Schriften, Briefe, Dokumente. Hrsg. Von Henri Poschmann. Frankfurt am Main 2006, S. 366.

[12] Ebenda S. 53 und 66.

[13] Gedichte Dr. Friedrich Ludwig Weidig's. Mannheim 1847, S. 79 und 82.

[14] „... wir ziehen nach Amerika". Briefe Odenwälder Auswanderer aus den Jahren 1830 bis 1833. Schloss Lichtenberg 1988, S. 23.

[15] Statuten des Vereins zum Schutze deutscher Einwanderer in Texas (1844), zitiert nach: Herzogtum Nassau 1806–1866. (Ausstellungskatalog) Wiesbaden 1981, S. 124.

[16] Zitiert nach: Roland Hoede: Die Heppenheimer Versammlung vom 10. Oktober 1847. Frankfurt/Main 1997, S. 98.

[17] Ferdinand Freiligrath: Werke. Hrsg. Von Werner Iberg. Berlin/Weimar [3]1976, S. 118 f.

[18] Hans Boldt (Hrsg.): Reich und Länder. Texte zur deutschen Verfassungsgeschichte des 19. und 20. Jahrhunderts. München 1987, S. 412 ff.

[19] Wolfram Heitzenröder: Adam Opel. In: Hans Sarkowicz/Ulrich Sonnenschein (Hrsg.): Die großen Hessen. Frankfurt am Main/Leipzig [2]1997, S. 242.

[20] Herzogtum Nassau, a.a.O., S. VIII.

# Unter den Fittichen des preußischen Adlers

4

Für richtige Frankfurter wie den Journalisten und Schriftsteller Friedrich Stoltze war es eine Katastrophe. Er hatte nie einen Hehl daraus gemacht, dass er großdeutsch und antipreußisch eingestellt war. Als die Preußen kamen und seine geliebte Heimatstadt besetzten, floh er für kurze Zeit ins Schweizer Exil. Aber bald war er wieder da, etwas moderater im Ton, aber immer noch einer der schärfsten Kritiker von Bismarck und der preußischen Invasion. Wer sich mit den neuen Machthabern schnell arrangierte, musste mit seinem Spott rechnen:

*„Geh' folge jenem Truggestirne*
*Und freu' dich deines eignen Falls!*
*Wirf dich, wie eine feile Dirne,*
*Dem neuen Glücke an den Hals!*

*Zerfließ in Andacht und in Wonne*
*Vor einer gold'nen Krone Strahl!*
*Ist das der stolze Flug zur Sonne,*
*Du kühner Aar von ehemal?"*[1]

Friedrich Stoltze

So wie Stoltze dachten die meisten Frankfurter. Sie hatten ihre jahrhundertealte staatliche Souveränität verloren und spürten, dass es für immer sein würde. Frankfurt hatte keine herausgehobene Stellung mehr, noch nicht einmal in der 1868 gebildeten preußischen Provinz Hessen-Nassau mit Kassel als Zentrum. Die Mainmetropole wurde dem Regierungsbezirk Wiesbaden zugeschlagen, der in etwa dem früheren Herzogtum Nassau entsprach. Aus dem alten Kurfürstentum wurde der Regierungsbezirk Kassel.

So feindselig wie in Frankfurt wurden die Preußen nicht überall begrüßt. Ganz im Gegenteil: Nicht wenige Nassauer und Kurhessen empfingen die Invasionstruppen geradezu mit offen Armen. In Nassau hatte eine Gruppe von Industriellen schon wenige Tage nach dem Einmarsch ein förmliches Gesuch an den preußischen König gerichtet und feierlich erklärt, „dass Nassau die Gewährleistung seiner Teilnahme an den Rechten und Pflichten der Nation und die Bürgschaften seiner Wohlfahrt in der rückhalt- und bedingungslosen Einverleibung in die preußische Monarchie findet". Das städtische Bürgertum und die Fabrikbesitzer erhofften sich von dem Anschluss und dem damit verbundenen Fall von Handelsgrenzen einen erheblichen wirtschaftlichen Aufschwung. Und sie

sollten sich darin nicht täuschen. Die wirtschaftliche Entwicklung des Rhein-Main-Gebietes wäre ohne die Besetzung sicher ganz anders verlaufen. Zudem genossen die preußische Gesetzgebung und die ausgeklügelten Verwaltungsstrukturen hohes Ansehen, auch in Kurhessen.
Wer bereit war, die neue Regierung anzuerkennen, der durfte im Amt bleiben. Sogar die Landräte wurden nicht ausgetauscht. Im Bewusstsein der Bevölkerung konnte es nur noch aufwärtsgehen. Und tatsächlich wurde all das beseitigt, was jahrhundertlang den wirtschaftlichen Aufschwung behindert hatte. Politisch durften die neuen Untertanen allerdings nur so viel erwarten, wie Bismarck als preußischer Ministerpräsident und späterer Reichskanzler zuließ. Die Sozialistengesetze und der „Kulturkampf" gegen die katholische Kirche gingen auch an der neuen Provinz nicht spurlos vorüber.
Wie dominant Preußen geworden war, zeigte sich auch im Großherzogtum Hessen, das gerade noch seine Selbstständigkeit gerettet hatte. Aber so selbstständig wie auf dem Papier war das Land, das sich in die drei Provinzen Starkenburg, Rheinhessen und Oberhessen teilte, schon lange nicht mehr. Großherzog Ludwig III. regierte keinen souveränen Staat mehr. Seine Soldaten wurden in die preußische Armee eingegliedert, und wenn Bismarck eine in Darmstadt gefällte Entscheidung nicht passte, dann drohte er unverhohlen mit seinen Regimentern.

## Fürstentum Waldeck

In dem hessischen Staatensystem nimmt das Fürstentum Waldeck eine Sonderstellung ein. Und das eigentlich schon seit dem Mittelalter. Der Name Waldeck ist seit dem 12. Jahrhundert bezeugt. Die eigene Grafschaft entstand 1228/29 um die Burg Waldeck, Korbach und Arolsen. Eingeklemmt zwischen den Erzstiften Köln und Mainz auf der einen Seite und der Landgrafschaft Hessen auf der anderen, zeigten die wendigen Grafen ein erstaunliches Geschick, nicht nur ihre Selbstständigkeit zu wahren, sondern auch noch ihr Territorium in kleinen Schritten zu vergrößern. Während des Dreißigjährigen Kriegs, unter dem das Land wie so viele andere erheblich litt, kam durch einen Erbvertrag die Grafschaft Pyrmont zu Waldeck. Aber eine wirkliche Vergrößerung bedeutete das nicht. Die gut 30 000 Einwohner konnten das Grafenhaus mit seinen verschiedenen Nebenlinien, den Hofstaat und die

Beamtenschaft kaum finanzieren. Auch der nicht unbedeutende Kupferbergbau änderte daran wenig. Waldecker Grafen waren dadurch gezwungen, in ausländische Dienste zu treten. Sie wurden Befehlshaber von Armeen in Portugal, den Niederlanden oder Preußen. Einer von ihnen, Graf Georg Friedrich, zeichnete sich dabei besonders aus. Für seine Verdienste verlieh ihm Kaiser Leopold I. 1682 die Reichsfürstenwürde. Seither war das kleine Waldeck Fürstentum, was zu neuen finanziellen Belastungen führte. Denn nun musste auch ein repräsentatives Schloss her. An keinem geringeren Vorbild als Versailles sollte es sich orientieren. Der repräsentative Bau, der selbstverständlich sehr viel kleiner ausfiel als das französische Original, benötigte fast genau einhundert Jahre bis zur Fertigstellung. Denn zwischendurch ging den Fürsten immer wieder das Geld aus. Auch die Beteiligung an dem unseligen Soldatenverleih an England und die Niederlande brachte dem hoch verschuldeten Fürstentum kaum etwas ein. Es gab einfach zu wenige waffenfähige Männer in Waldeck. Fürst Friedrich Carl August soll sogar einen Teil seines Hofstaates mitgeschickt haben, um die vereinbarten Truppenkontingente erfüllen zu können. Als ihn der Universalgelehrte und Politiker Wilhelm von Humboldt 1788 in Arolsen besuchte, war er doch überrascht, wie prachtvoll und wie bescheiden zugleich der Fürst lebte. Mit Verwunderung notierte Humboldt, dass der Schlossherr 24 Reitpferde und 16 Kutschpferde für sich allein unterhielt und dass die Futterkrippen der Pferde aus Marmor gearbeitet waren. Andererseits lernte er einen gebildeten und kunstsinnigen Fürsten kennen, der in seinem Arbeitszimmer u. a. eine Büste von Sokrates aufgestellt hatte:

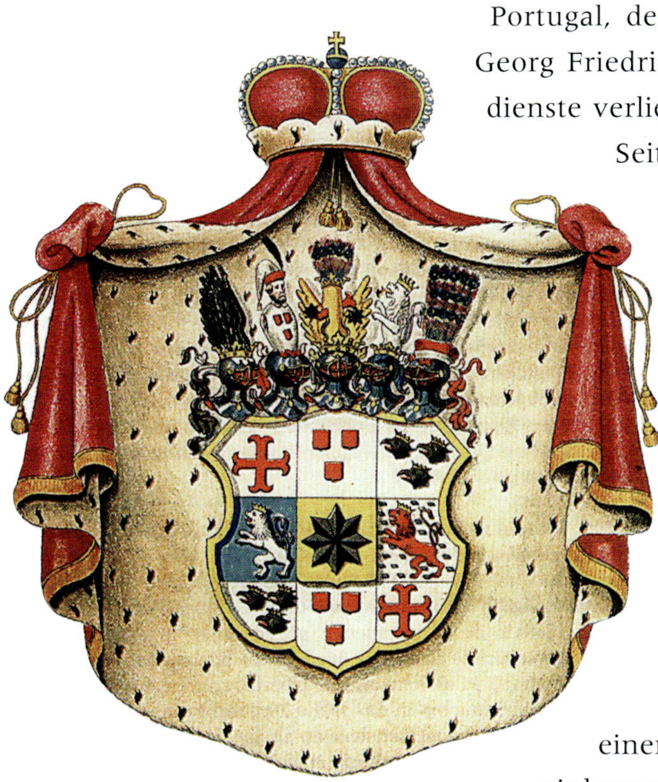

Wappen des Fürstentums Waldeck am Ende des 18. Jahrhunderts

*„Der Fürst kam von einer Spazierfahrt, ganz unangezogen, nur am Stern etwa kenntlich. Sieht man ihn nicht als Landesherrn, sondern bloß als privatisierenden Fürsten an, so ist er gewiss ein vorzüglich achtungswerter Mann. Er spricht sehr bestimmt, immer mit Sachkenntnis, fragt – was die wenigsten Fürsten verstehn – sehr vernünftig, und lässt nirgends Stolz, nicht einmal Eitelkeit, sondern vielmehr überall Bescheidenheit und eine gewisse Schüchternheit blicken."*[2]

Aber so zurückhaltend, wie Humboldt ihn beschrieb, war der Fürst und war auch sein Nachfolger nicht. Sie wussten schon ihr Schifflein sicher durch die Wogen der Zeit zu steuern. Waldeck trat dem Rheinbund bei, konnte aber auf dem Wiener Kongress seine Selbstständigkeit wahren. Für einen hohen Preis allerdings, denn das Fürstentum war im Gefüge des Deutschen Bundes zu klein, um ohne die Hilfe eines größeren Staates überleben zu können. Auch in Waldeck wurde während der Revolution von 1848 viel versprochen, aber dann so gut wie nichts gehalten. Zu ernsthaften Konflikten mit der Bevölkerung ist es dadurch nicht gekommen. Die Menschen waren zu sehr damit beschäftigt, für ihren Lebensunterhalt zu sorgen. Die Einwohnerzahl sank stetig, und viele mussten sich außerhalb der Landesgrenzen Arbeit suchen. Um die Zahlungsunfähigkeit abzuwenden, blieb dem Fürstentum nichts andres übrig, als sich an Preußen anzulehnen. Im Krieg von 1866 stand es deshalb auf der Seite des Siegers. Waldeck blieb als Land bestehen – aber nur auf dem Papier. Noch nicht einmal seine einhundert Soldaten konnte das Fürstentum bezahlen. Der „Akzessionsvertrag" mit Preußen, am 18. Juli 1867 geschlossen, war da nur die konsequente Folge. Die gesamte innere Verwaltung, außer in Kirchenangelegenheiten, ging auf Preußen über. Dem Fürsten blieben nur noch geringe Einspruchsmöglichkeiten. In Wirklichkeit lenkte der preußische Landesdirektor die Geschicke Waldecks. Alle Einnahmen flossen nach Preußen, das allerdings auch alle Ausgaben zu tragen hatte. Als Fürst Friedrich im November 1918 von dem Arbeiter- und Soldatenrat zur Abdankung gezwungen wurde, war das Ende des Fürstentum besiegelt. Pyrmont kam 1922 zur Provinz Hannover, Waldeck selbst 1929 zu Hessen-Nassau.

Schloss Arolsen, Federzeichnung von Ludwig Waldschmidt, 1853

## Gründerzeit in Hessen

Die Erwartungen an Preußen wurden zunächst nicht enttäuscht. Die Industrialisierung, die zwar verspätet, dann aber mit Macht eingesetzt hatte, bescherte Hessen-Nassau und dem Großherzogtum einen kräftigen wirtschaftlichen Aufschwung. Verstärkt wurde diese Entwicklung noch durch den Sieg im Deutsch-Französischen Krieg und vor allem durch die darauf folgende Reichsgründung 1871. Der schnelle Boom wich zwar schon 1873 einer Depression, die bis in die achtziger Jahre anhielt, aber der grundlegende strukturelle Wandel wurde dadurch nicht behindert. Bis in die siebziger Jahre hinein hatten drei Viertel der Erwerbstätigen in Hessen-Nassau und dem Großherzogtum in der Land- und Fortwirtschaft gearbeitet. 1907 waren es gerade noch zehn Prozent. Auch in den anderen Regionen, bis auf wenige ländliche Ausnahmen, hatten sich die Verhältnisse umgekehrt. Wobei in Nordhessen die Entwicklung nicht so stürmisch verlief wie im Süden. Nun dominierten das Handwerk und vor allem die Industrie. Überall entstanden Großbetriebe, die chemische Produkte, Maschinen, Apparate und Instrumente, Bekleidung, optische Geräte oder Tabak herstellten. Die Eisenindustrie, die in anderen Gebieten zum Motor des Fortschritts wurde, spielte dagegen in Hessen(-Nassau) keine so bedeutende Rolle. Zwar kam es zu kräftigen Produktionssteigerungen, aber die Erze aus der

Grube Schlagkatz von Buderus und Krupp, Brauneisensteinabbau oberhalb von Oberbiel an der Lahn, 1887

Die Main-Weser-(Eisen-)Hütte von J. W. Buderus Söhne in Lollar, Aquarell von Friedrich Schön, um 1870

Lahn-Dill-Region waren wegen ihres hohen Phosphorgehalts nur eingeschränkt wettbewerbsfähig. Erst das 1878 von Buderus eingeführte „Nassauische Gießerei-Roheisen“ zeigte sich den führenden schottischen Marken ebenbürtig.
Mit den neuen Arbeitsplätzen wuchs auch der Optimismus in der Bevölkerung. Statt das private Glück in der Ferne zu suchen, wurden wieder in der hessischen Heimat Familien gegründet und Kinder geboren. Die Einwohnerzahlen, die über Jahre rückläufig gewesen waren, erhöhten sich zum Teil sprunghaft. In jedem Jahr nahm die hessische Bevölkerung um über vier Prozent zu. Ein besonderes Wachstum verzeichneten die großen Städte, wo auch die meisten Arbeitsplätze zur Verfügung standen. Frankfurt, das alle Städte und Dörfer in seiner Nähe eingemeindete, nahm zwischen 1871 und 1910 von 90 000 auf 415 000 Einwohner zu, Kassel von 46 000 auf 153 000, Wiesbaden von 35 000 auf 109 000 und Darmstadt von knapp 40 000 auf 87 000. Insgesamt stieg in diesen vierzig Jahren die Zahl der Menschen, die auf dem Gebiet des heutigen Hessen lebten, von 1,8 auf 3 Millionen an. Bevölkerungsverluste hatten lediglich die ländlichen Gebiete zu vermelden. Die Menschen zogen in die Städte, weil sie dort auf Arbeit hofften.

## Neues Elend

In den Städten fehlte es bald an Wohnungen. Jedes schäbige Loch wurde vermietet. In einem Raum drängte sich manchmal eine ganze Familie. Trotzdem musste im Durchschnitt ein Viertel des Lohns für die Miete ausgegeben werden. Nur wer ganz viel Glück hatte, erwischte eine Firma, die eigene Werkswohnungen unterhielt. Aber das waren nur wenige. Und einen

Erst 1869 wurde in Preußen die regelmäßige Beschäftigung von Kindern unter zwölf Jahren in Fabriken verboten. Aber es dauerte noch Jahre, bis das Verbot endgültig durchgesetzt war.

Anspruch darauf gab es nicht. Die Arbeitsgesetzgebung war noch weit hinter unserem heutigen Standard zurück. Erst 1869 wurde in Preußen die regelmäßige Beschäftigung von Kindern unter zwölf Jahren in Fabriken verboten. Aber es dauerte noch Jahre, bis das Verbot endgültig durchgesetzt war. Denn billiger als mit Kindern konnten Fabrikbesitzer nicht produzieren. Staatliche Inspektoren kontrollierten die Firmen und deckten Zustände auf, die fatal an die Sklavenhaltung in den amerikanischen Südstaaten erinnerten. So heißt es in einem Bericht der Kasseler Regierung vom 11. September 1869 an den Hanauer Landrat:

*„Der Arbeiterbestand der Gelatinefabrik von Lindenbauer besteht zum größten Teil aus Knaben und Mädchen unter 10 Jahren, die die Gelatinestücke auf die Trockengerüste zu legen und sie wieder abzunehmen haben. Die Arbeit beginnt morgens um 6 Uhr und dauert bis abends 7 Uhr, also bei zwei Stunden Erholungszeit eine Stunde über das gesetzliche Maß. In der Fabrik war die vorschriftsmäßige Liste der jugendlichen Arbeiter nicht vorhanden. Die Mehrzahl ist aus derselben Gegend gebürtig. Um ihnen das Unterkommen zu erleichtern, vielleicht auch, um sie abzuhalten, in den anderen Fabriken Hanaus Arbeit zu suchen, hat der Fabrikinhaber ihnen Schlafstellen in der Fabrik selbst eingerichtet. Die Schlafräume waren zwar klein, aber hinreichend luftig. Dagegen dürfte es wohl nicht zuzulassen sein, dass Knaben zu 3 und 4 dicht nebeneinander in einer Bettstelle liegen. Es ist dabei eine Gelegenheit zu geschlechtlichen Ausschreitungen gegeben, die in diesem Alter, wo der Körper sich entwickelt, besonders häufig vorkommen und die Gesundheit untergraben können."*[3]

Ihre Eltern und ihre Geschwister dürften diese Kinder kaum gesehen haben. Aber, so jung sie waren, sie mussten schon zum Lebensunterhalt ihrer Familien beitragen. Denn der Verdienst des Vaters allein genügte nicht.
Unter diesen Bedingungen hatten es Arbeiterfamilien, die bald den größten Teil der Bevölkerung stellten, alles andere als leicht. Hinzu kamen weitere Unsicherheiten. Jederzeit konnte der Arbeitsplatz wieder verloren gehen, denn einen nennenswerten Kündigungsschutz gab es noch nicht. Gesetzliche Versicherungen, die die Folgen von Krankheiten, Unfällen und Invalidität (zunächst noch unzureichend) absicherten und eine bescheidene Altersrente gewährten, wurden erst in den achtziger Jahren von Bismarck eingeführt. Allerdings hatten einzelne Firmen (wie zum Beispiel Buderus) schon vorher sogenannte Kranken-, Sterbe- und Unterstützungskassen eingerichtet, um die Familien von er-

krankten oder verstorbenen Mitarbeitern vor der Verarmung zu bewahren. Eine Arbeitslosenversicherung gab es dagegen noch nicht. Sie ist eine Erfindung der Weimarer Republik. Wer keine Arbeit mehr fand oder nicht mehr arbeiten konnte, der musste sich in die Obhut von städtischen oder privaten Armenkassen begeben, die aber nur für das Allernötigste sorgten.

## Die Anfänge der Gewerkschaftsbewegung und der Sozialdemokratie

In England, das in vielerlei Hinsicht eine Vorreiterrolle einnahm, hatten sich schon 1824 die ersten Gewerkschaften gebildet. In den hessischen Staaten waren es zunächst die Drucker, Schriftsetzer und Zigarrenarbeiter, die sich in Fachvereinen organisierten und während der Revolution von 1848 mit ihren Forderungen auch an die Öffentlichkeit traten. Nach dem Scheitern der Nationalversammlung nutzten die Fürsten ihre wiedergewonnene Macht und schränkten die Arbeit der Vereine stark ein. Jede politische Betätigung wurde verboten, lediglich die sozialen Aktivitäten waren noch erlaubt. Erst Ende der sechziger Jahre änderte sich das Bild, allerdings nur für kurze Zeit. 1869 wurde den Handwerksgesellen und den Fabrikarbeitern Koalitionsfreiheit gewährt,

Gießer der Main-Weser-Hütte, um 1905

ausdrücklich, um „Verabredungen und Vereinigungen zum Behufe der Erlangung günstiger Lohn- und Arbeitsbedingungen“ zu treffen. Die große Zahl der Landarbeiter war damit allerdings nicht erfasst. Unterdessen hatten sich für die Buchdrucker, Zigarrenarbeiter und Schneider Zentralvereine gebildet, so dass eine machtvolle Interessenvertretung zumindest dieser Berufsgruppen schon möglich gewesen wäre. Zumal die neue Gewerbeordnung ausdrücklich Streiks erlaubte, unter bestimmten Bedingungen zwar nur und mit möglicherweise gravierenden Folgen für die Streikenden, aber immerhin stand nun den Arbeitern ein Kampfmittel zur Verfügung, um ihre Forderungen besser durchsetzen zu können. Und in der Folge kam es tatsächlich zu Streiks für höhere Löhne und bessere Arbeitsbedingungen. Das Risiko, fristlos gekündigt zu werden, war allerdings hoch, denn mit der einsetzenden Depression nach der euphorischen Gründerzeit standen genügend beschäftigungslose Menschen bereit, um in den bestreikten Betrieben die Arbeit zu übernehmen. Gegen die Gewerkschaften formierten sich schon früh Unternehmerverbände, um wie die Arbeiter ein gemeinsames Vorgehen vereinbaren zu können. Die heute üblichen Tarifverträge

Angestellte der Eisenwerke Lollar AG (Main-Weser-Hütte), 1903

gab es damals nur in seltenen Ausnahmefällen, und daran sollte sich auch bis zur Weimarer Republik so gut wie nichts ändern.
Das Sozialistengesetz, das Bismarck nach zwei Attentaten auf Kaiser Wilhelm I. 1878 verhängte, schränkte auch die Arbeit der Gewerkschaften erheblich ein. Es traf in Deutschland 58 000 organisierte Arbeiter in 29 Verbänden mit rund 1300 Zweigvereinen und 16 Gewerkschaftszeitungen. An einen gemeinsamen Dachverband war jetzt nicht mehr zu denken. Erst 1890, nach der Aufhebung des Gesetzes, konnten sich die Einzelorganisationen zu der „Generalkommission der Freien Gewerkschaften Deutschlands“ zusammenschließen. Damit war eine Massenbewegung geschaffen, die bis heute das Arbeitsleben entscheidend mitprägt. Im engen Schulterschluss mit den Gewerkschaften bildete sich die Sozialdemokratische Partei.
1863 entstand in Leipzig unter der Leitung von Ferdinand Lassalle der „Allgemeine Deutsche Arbeiterverein“ (ADAV), dem nur zwei Wochen später auf dem Frankfurter Vereinstag der „Verband Deutscher Arbeitervereine“ (VDAV) entgegengesetzt wurde. Gegen den ADAV war auch die 1869 in Eisenach konstituierte Sozialdemokratische Arbeiterpartei (SDAP) gerichtet. Erst 1875 fanden beide Richtungen in Gotha zusammen – bei der Gründung der „Sozialistischen Arbeiterpartei Deutschlands“, die sich seit 1891 „Sozialdemokratische Partei Deutschlands“ (SPD) nennt. Zu den führenden Köpfen der neuen Partei zählten auch zwei in Hessen geborene bzw. aufgewachsene Politiker: der aus Gießen stammende Wilhelm Liebknecht und der früh verwaiste August Bebel, der in Wetzlar die Armenschule besucht hatte. Beiden war es im Wesentlichen zu verdanken, dass die Sozialdemokraten ihre Streitigkeiten untereinander beendeten und zu einer gemeinsamen Organisation fanden.
Bismarck erkannte schnell, dass ihm in den (vereinigten) Sozialdemokraten ein ernsthafter Gegner erwuchs, und reagierte mit äußerster Härte. Das nur drei Jahre nach der Gründung der SPD verkündete Sozialistengesetz schränkte die Aktivitäten der Sozialdemokraten bis zu seiner Aufhebung 1890 stark ein. Was es aber nicht verhindern konnte, war der steile politische Aufstieg der SPD im Reich. In den Ländern sah es anders aus. In der preußischen Provinz Hessen-Nassau und im Darmstädter Großherzogtum wurden die Stimmen bei kommunalen und regionalen Wahlen nach Einkommen gewichtet. In Preußen waren die Wähler in drei Klassen eingeteilt. Die beiden ersten, die nur ein Fünftel der Bevölkerung ausmachten, hatten zwei Drittel der Stimmen zu vergeben. Ein Kandidat der SPD, der nur bei der dritten Klasse auf Stimmen hoffen konnte, hatte damit von vornherein keine

Chance, gewählt zu werden. Im Großherzogtum sah es nicht wesentlich anders aus. Auch dort musste die SPD jederzeit mit Verboten und polizeilicher Verfolgung rechnen. Der erste Sozialdemokrat, der es in die hessische Ständekammer schaffte, war 1885 der Offenbacher Carl Ulrich, der seit 1875 fast jedes Jahr ein paar Wochen oder Monate im Gefängnis verbrachte. Vor allem mit dem von ihm herausgegebenen Blatt, der „Neuen Offenbacher Zeitung", provozierte er die großherzogliche Regierung ständig aufs Neue. In seiner Autobiographie erinnerte sich Ulrich später an die mühsamen Anfänge der Sozialdemokratie in Hessen:

*„Wenn die Armen des Dorfes hörten: Die Offenbacher ‚Lassalleaner' sind in der oder jener Wirtschaft, so kamen sie ins Lokal, und wenn das gefüllt war, so redeten wir und der Wirt hörte und sah nichts. Auch der Polizeidiener hörte mir zu. Erst wenn ein großer Bauer kam und wenn die Kriegervereinler vorrückten, wurde die Stimmung lebhafter, und häufig genug gab es auch Prügeleien. Schlimm wurde es häufig, wenn die Nacht kam und kein Mensch uns bei sich übernachten lassen wollte. Dann mussten wir oft noch lang laufen, um in irgendeiner Stube auf irgendeinem Lager oder direkt auf dem Fußboden bei einem Gesinnungsgenossen auszuruhen."*[4]

„Unter Ulrichs Führung", so der Historiker Gerhard Beier, „wurde Offenbach zum stärksten Zentrum der Arbeiterbewegung in Hessen. Sein Wort galt unter den verfolgten Genossen im ganzen Reich. Mit Wilhelm Liebknecht verband ihn eine persönliche Freundschaft. Zusammen mit August Bebel und Ignaz Auer wurde er im Freiburger Geheimbundprozess wegen der Teilnahme am Kopenhagener Parteitag vom März 1883 zu neun Monaten Gefängnis verurteilt. Insgesamt musste er 20 Prozesse über sich ergehen lassen." 1890 zog Ulrich als Abgeordneter für Offenbach in den Reichstag ein. Er war damit nicht der erste Sozialdemokrat aus Hessen. Bereits 1881 hatte Wilhelm Liebknecht das Mandat für Offenbach-Dieburg errungen. Da bei Reichstagswahlen alle Stimmen gleich zählten, waren sozialdemokratische Abgeordnete keine Seltenheit mehr.

## Antisemitismus als Volksfest

Während sich die aufstrebenden Industriearbeiter in der SPD und den Gewerkschaften formierten, entstanden in den ländlichen Gebieten Hessens neue soziale Brennpunkte. Mit dem rasanten Aufstieg von Industrie und Handel verloren die Landwirtschaft und auch die nun immer weniger benötigte Heimarbeit an Bedeutung. Die Verlierer des wirtschaftlichen Fortschritts saßen in Oberhessen, im Odenwald, in der Rhön, im Westerwald und im Hochtaunus. Sie waren besonders anfällig für politische Rattenfänger, die genau wussten, wo alles Unglück herkam: von den Juden. Unverhohlen wurde der Antisemitismus mit Kongressen, Wahlveranstaltungen, „Volksfesten" und Flugblättern geschürt. Ein besonders geschickter Agitator war der promovierte Volkskundler Otto Böckel, der 1887 in Marburg seinen „Reformverein" gründete. Noch im selben Jahr gewann er für die „Antisemitische Volkspartei" das Reichstagsmandat im Wahlkreis Marburg-Kirchhain-Frankenberg und behielt es bis 1903. Er war damit der erste sich ausdrücklich als antisemitisch bezeichnende Abgeordnete. Die Judenfeindschaft beschränkte sich nicht auf Hessen-Nassau und das Großherzogtum. Sie übersprang leicht die Grenzen. Aber unter Böckels Führung wurden die beiden hessischen Länder zu Zentren des Antisemitismus in Deutschland. Bei der Reichstagswahl 1893 konnten die Antisemiten in Hessen-Nassau fünf von acht Mandaten und im Großherzogtum drei von neun Mandaten gewinnen. Böckel und seine Gefolgsleute hetzten gegen jüdische Vieh- und Getreidehändler, von denen gerade die ländliche Bevölkerung in hohem Maß abhängig war. Sie nutzten geschickt immer noch vorhandene Ressentiments und wirtschaftliche Notlagen, um ihr Allheilmittel anzupreisen: Allen, also den kleinen Bauern, Handwerkern, Angestellten und Beamten könnte es besser gehen, gäbe es keinen jüdischen Geschäftsleute mehr: „Schmeißt ihn raus, den Juden Itzig". Böckel verstand es, in der Sprache der kleinen Leute zu reden und ihnen das Gefühl zu geben, nicht sie selbst seien an ihrem Unglück oder ihrer Unzufriedenheit schuld, sondern eine böse Macht, die hinter den Kulissen die Fäden zog. Junker und Juden, Geldverleiher und Großkapitalisten, für Böckel war das alles eins. Und seine Wähler glaubten ihm das nur zu gerne. In diesem Sinn hatte schon der Lindheimer Pfarrer Rudolf Ludwig Oeser (der sich O. Glaubrecht nannte) 1859 in seiner immer wieder aufgelegten Erzählung „Das Volk und seine Treiber" agitiert:

Die Verlierer des wirtschaftlichen Fortschritts saßen in Oberhessen, im Odenwald, in der Rhön, im Westerwald und im Hochtaunus. Sie waren besonders anfällig für politische Rattenfänger, die genau wussten, wo alles Unglück herkam: von den Juden.

*„Die Schlange aber, das fremde Gewürm, ist das Judenvolk, erstarrt in der Fremde, verlassen am Wege, dabei äußerlich glatt, geschmeidig, scheinbar harmlos, jedenfalls hilflos … Wohl weiß ich das Wort der Verheißung, über Israel und seine Zukunft ausgesprochen, und das steht mir höher als die Sage von dem Ahasverus, dem ewig wandernden Juden; aber was ich schaue, das ist ein Kampf auf Leben und Tod zwi-*

Das Volk und seine Treiber von O. Glaubrecht. Neue Ausgabe 1890

*schen meinem Volke und dem fremden, zwischen dem deutschen Bauer und der fremden Schlange; darf ich zweifelhaft bleiben, auf wessen Seite ich treten will? Der Herr gebe mir nur Wahrheitsliebe und meinem Volke offene Ohren und Augen."*[5]

Einen nennenswerten politischen Einfluss konnten die antisemitischen Parteien im Deutschen Reich nicht erreichen, dafür waren sie untereinander zu zerstritten. Ihnen gelang es aber, dass über die Judenfeindschaft und ihre vermeintlichen Hintergründe offen diskutiert wurde. Die deutschen Juden gerieten damit in die Defensive. Der Prozess ihrer politischen und gesellschaftlichen Emanzipation hatte einen empfindlichen Rückschlag erlitten. Der Boden für das, was sich unter Hitler ereignen sollte, war damit bereitet.

## Weltoffenes Hessen

Die Gegensätze sind kaum stärker denkbar. Während in Oberhessen und anderen ländlichen Gegenden der dumpfe Antisemitismus Triumphe feierte, zeigten sich die großen Städte und die zahlreichen Kurorte von ihrer weltoffenen Seite. Wiesbaden, das nicht mehr die Hauptstadt eines Herzogtums, sondern nur noch eines preußischen Regierungsbezirks war, wurde zu einem bevorzugten Wohnort für betuchte Pensionäre und Angehörige der Geldaristokratie. Gelegentlich stattete auch der Kaiser dem mondänen Bad einen Besuch ab und ließ, sich zu Ehren, die Maifestspiele erfinden. Gern weilte Wilhelm II. auch in Kassel und Homburg, während seine Mutter, Kaiserin Friedrich, Kronberg als ihren Lieblingsort ausgewählt hatte. Wo sich der Kaiser aufhielt, da durfte auch der deutsche und europäische Hochadel nicht fehlen. Für die Homburger gehörten berühmte Persönlichkeiten bald zum Alltag. Sie schenkten ihnen kaum noch Beachtung. Auch der englische Schriftsteller Oscar Wilde interessierte sich während seines Badeaufenthalts im Juli 1892 herzlich wenig für die gekrönten Häupter. Anscheinend gab es sonst nicht viel zu sehen und zu erleben in Homburg. Sonst hätte er einem Freund nicht geklagt: „Ich langweile mich hier ungemein". Was vielleicht auch daran lag, dass ihm die Ärzte sein geliebtes Zigarettenrauchen verboten hatten. Sein hochadliger Landsmann, der Prince of Wales und spätere König Edward VII., schätzte Homburg dagegen außerordentlich. Er kam regelmäßig, um sich – so wurde gemunkelt – bei amourösen Schubkarrenrennen im dunklen Forst von seinem ausschwei-

fenden Leben zu erholen. Ganz nebenbei erfand er noch den Homburger Hut, dem die Stadt seit 1960 ein eigenes Museum widmet. Neben dem modebewussten englischen Thronfolger hinterließen noch zwei weitere Angehörige des internationalen Hochadels in Homburg bleibende Erinnerungen: Zar Nikolaus II. weihte 1899 die in historisierend byzantinischen Formen erbaute russische Kapelle ein, und König Chulalongkorn von Siam stiftete 1907 einen in Gold und Scharlachrot gehaltenen Tempel.
Auch in anderen hessischen Kurorten traf sich Sommer für Sommer der Hochadel. Bad Nauheim zum Beispiel nannte sich nach den Besuchen der berühmten „Sissi" von Österreich (1898), der russischen Zarenfamilie (1910) und der deutschen Kaiserin Auguste Viktoria (1912) stolz das „Drei-Kaiserinnen-Bad".
Unter preußischer Herrschaft und ohne die Last, eine deutsche Hauptstadt sein zu müssen, entwickelte sich Frankfurt mehr und mehr in Richtung einer modernen und weltoffenen Großstadt. Die jüdischen Mitbürger genossen endlich die gleichen Rechte. Der Handel und vor allem das Bankenwesen blühten. Die wichtigste Börse allerdings stand weiterhin in Berlin. Großen Industriebetrieben wurde die Ansiedlung ermöglicht. Das brachte zahlreiche neue Arbeitsplätze und ließ die Einwohnerzahl weiter ansteigen. Die neue (wirtschaftliche) Macht des Bürgertums zeigte sich nicht nur in den großen Villen, die überall dort entstanden, wo es besonders schön war. Zum ersten Mal in der Frankfurter Geschichte wurden repräsentative Großbauten in Angriff genommen, die den

Die Frankfurter Alte Oper, Luftbild von 1929

lange eher verdeckt gehaltenen Wohlstand offensiv nach außen demonstrierten. Zu einem Symbol dieses neuen Selbstbewußtsein wurde das 2000 Zuschauer fassende Opernhaus am Rand der Innenstadt. Am 20. Oktober 1880 wurde es feierlich von Kaiser Wilhelm I. eröffnet. Die ursprünglich angesetzten Kosten für den neoklassizistischen Bau hatten sich im Laufe der Jahre verzehnfacht und lagen am Ende bei acht Millionen Mark. Eine für damalige Verhältnisse ungeheure Summe, die aber die Finanzkraft der Stadt bei weitem nicht erschöpfte. Kurz vorher waren das Städel am Schaumainkai und der ebenfalls repräsentative Neubau der Börse entstanden. Geradezu gigantisch in seinen Ausmaßen geriet der neue Hauptbahnhof, der im August 1888 eingeweiht wurde und für lange Zeit der größte Personenbahnhof in Deutschland blieb, ehe ihn Leipzig ablöste.

Auch als die ersten Flugzeuge am Himmel auftauchten, hatte Frankfurt die Nase vorne. Das war dem Flugpionier August Euler zu verdanken. Bereits 1908 hatte er auf dem Griesheimer Sand die erste deutsche Flugzeugfabrik eröffnet. Seiner Initiative war es auch zu verdanken, dass von Juli bis Oktober 1909 in Frankfurt die Internationale Luftschifffahrtsausstellung stattfand, an der neben 400 Ballonfahrern Motorflieger aus Europa und den USA teilnahmen. Höhepunkt der Veranstaltung war am 31. Juli die Landung des Zeppe-

Der Frankfurter Hauptbahnhof, Luftbild von 1929

Die Empfangsgebäude des Flughafens auf dem Frankfurter Rebstockgelände

lins. Dieses Ereignis hatte weitreichende Folgen. Denn noch am selben Tag verkündete Oberbürgermeister Franz Adickes, dass auf dem Rebstock ein Flughafen entstehen solle. Zunächst war das aber mehr ein provisorischer Start- und Landeplatz, von dem aus Luftschiffe zum Beispiel nach Baden-Baden aufbrechen konnten. 1925 erkannte der damalige Frankfurter Oberbürgermeister Ludwig Landmann, dass der Luftverkehr stark zunehmen werde und forderte den Ausbau des Flugplatzes Rebstock zu einem „Zentral-Flughafen". Schnell wurde deutlich, dass der Rebstock keinen ausreichenden Platz für einen Großflughafen bot. Die Planungen konzentrierten sich deshalb auf den Frankfurter Stadtwald und dort auf einen Platz, wo sich einmal die Nord-Süd- mit der West-Ost-Autobahn kreuzen sollte. Weil aber die politischen und wirtschaftlichen Verhältnisse noch nicht danach waren, wurde das ganze Projekt erst einmal auf die lange Bank geschoben. Von den Vorarbeiten profitierten die Nationalsozialisten, die aus dem „Flug- und Luftschiffhafen Rhein-Main" ein Prestigeobjekt machten. Am 8. Juli 1936 wurde der Flugverkehr auf dem nun „Weltluftschiffhafen Rhein-Main" eröffnet, der sich zunächst rasant entwickelte. Aber die Katastrophe um das Luftschiff „Hindenburg" und der Zweite Weltkrieg stoppten die zivile Luftfahrt in Frankfurt. Sie begann erst im Mai 1946 wieder, als eine Verkehrsmaschine der American Overseas Airlines landete. Heute ist die „Fraport AG" mit rund 71 000 Beschäftigten die größte Arbeitsstätte in Deutschland. Für das Jahr 2020 wird mit 88 Millionen Passagieren gerechnet. 2009 waren es 51 Millionen.

## Darmstädter Jugendstil

Mit der Entwicklung Frankfurts zum Handels- und Verkehrszentrum konnten andere Städte in Hessen nicht mithalten. Der Darmstädter Großherzog Ernst Ludwig setzte deshalb nicht auf die technische Innovation, sondern auf die Kunst, die ebenfalls wirtschaftliche Erfolge bringen sollte. Der 1892 an die Regierung gelangte Ernst Ludwig war ein musisch interessierter Mensch, der seinen schwindenden politischen Einfluss durch die Förderung der Künste kompensierte. Im wilhelminischen Deutschland hatten der Kaiser und der Reichskanzler das Sagen. Die Gesetze, die in Berlin gemacht wurden, galten für alle Deutschen. Der Spielraum, der einem Fürsten vom Range Ernst Ludwigs blieb, war da sehr gering. So konnte der Großherzog auch seine Träume leben. Sein wichtigster und schönster war, auf der Mathildenhöhe eine Künstlerkolonie zu begründen. Bedeutende Künstler und Kunsthandwerker verwirklichten zwischen 1899 und 1914 sein Konzept, das auch wirtschaftlichen Erfolg haben sollte, also nicht als großherzogliche Spinnerei abgetan werden konnte. Ernst Ludwig wollte mit neuen Bauformen und der künstlerischen Gestaltung von Gegenständen des täglichen Bedarfs gleichzeitig ästhetische Bedürfnisse befriedigen und das heimische Handwerk ankurbeln („Mein Hessenland blühe und in ihm die Kunst"). Zu den Gründungsmitgliedern der Kolonie, die mit einem Grundgehalt ausgestattet wurden, gehörten so bekannte Namen wie Joseph Maria Olbrich, Peter Behrens und Ludwig Habich. Erster Höhepunkt war die am 15. Mai 1901 eröffnete Ausstellung „Ein Dokument Deutscher Kunst", die von der Vase bis zu den neu gebauten Häusern der Künstler einen repräsentativen Überblick über den „neuen Stil" gab, der sich so wohltuend von dem überladenen Historismus des Kaiserreichs absetzte. Programmatisch schrieb Peter Behrens zur Eröffnung:

*„Heute nun stehen wir an einem hellen Morgen und sehen klar. Über Nacht ist es gekommen. Über Nacht kam uns die Erkenntnis, dass unsere Zeit die Kraft in sich hat und das Recht auf Glück, und dass das Glück nur in der Schönheit liegt, dass unsre Zeit das Recht auf Schönheit in sich trägt. Jetzt wissen wir besser als jene Frömmler, wie die alte Kunst zu schätzen ist, dass es nicht die äußeren Formen sind, sondern die Einheit der äußeren Kunst mit dem inneren Leben."*[6]

Plakat von Joseph Maria Olbrich für die erste Ausstellung der Darmstädter Künstlerkolonie, 1901

Weitere Ausstellungen folgten, die ebenfalls richtungsweisend wurden. Das „historisch Einmalige in dem Projekt Künstlerkolonie Darmstadt" sieht ihr bester Kenner Klaus Wolbert darin, „dass 1901 auf der Mathildenhöhe ein universales Gesamtkonzept zu einer reformierten Lebensgestaltung für eine spezifische Zielgruppe angeboten wurde, in dem ein neues Lebensgefühl ebenso propagiert worden ist, wie die Häuser und Gegenstände, welche zur Gestaltung des versprochenen Daseinsglücks erforderlich waren".
Der Erste Weltkrieg beendete das Experiment, das den erhofften ökonomischen Erfolg nicht erzielen konnte, weil das zahlungskräftige Bürgertum in seinem Geschmack konservativer war als erwartet. In Darmstadt (aber auch in anderen Orten des ehemaligen Großherzogtums) und vor allem auf der Mathildenhöhe erinnern Häuser, Hochzeitsturm und das Museum im Ernst-Ludwig-Haus an eine Idee, die nicht nur die Lebenswelt der Menschen, sondern auch die Menschen selbst verändern wollte.

Stundenbuch der nach Großherzog Ernst Ludwig benannten Presse

## Das Ende der Monarchie

Für die Gemeinden rund um das Schloss Waldeck sollte es ein ganz großer Tag werden. Kaiser Wilhelm II. hatte sich angesagt, um ein Bauwerk einzuweihen, das in Deutschland keinen Vergleich zu scheuen brauchte. Neun Jahre hatte es gedauert, bis aus kühnen Plänen Wirklichkeit geworden war. Eine 400 Meter lange, 50 Meter hohe und 36 Meter dicke Mauer staute das Flüsschen Eder zu einem gewaltigen See mit zwölf Quadratkilometern Wasseroberfläche. Das riesige Reservoir sollte die Schifffahrt auf Weser und Mittellandkanal auch in den regenarmen Sommermonaten garantieren und ganz nebenbei über Turbinen Strom erzeugen. Am Tag der offiziellen Übergabe, dem 15. August 1914, war aber niemand so recht zum Feiern zumute. Auch der Kaiser hatte Wichtigeres zu tun, als einen Staudamm einzuweihen. Denn seit genau zwei Wochen war Krieg. Nach dem Mord an dem österreichischen Thronfolger Franz Ferdinand in Sarajewo hatten sich die Konflikte unter den Großmächten so zugespitzt, dass zunächst Österreich-Ungarn Serbien und dann das Deutsche Reich Russland den Krieg erklärten. Die Begeisterung in der deutschen Bevölkerung war gewaltig. Überall meldeten sich Freiwillige, und der Darmstädter

Großherzog sprach in seinem Aufruf davon, dass es jetzt gelte, „die höchsten und heiligsten Güter zu wahren".
Die Euphorie der ersten Monate wich bald der Ernüchterung. Nach dem Einmarsch der deutschen Truppen in Belgien, in Frankreich, in das zu Russland gehörende Polen und in Russland selbst kam der Krieg schon bald zum Stillstand. Zermürbende Stellungskämpfe, vor allem in Frankreich, mit Tausenden von Toten vernichteten jede Hoffnung auf ein baldiges, siegreiches Ende des Krieges. Allein im Großherzogtum wurden 63 Lazarette in Schulen, Schwimmbädern, Turnhallen und anderen öffentlichen Gebäuden eingerichtet, um verwundete Soldaten zu behandeln. Mit der Dauer des Krieges verschlechterte sich die Versorgungslage dramatisch. Mitte 1916 wurden in Frankfurt und Darmstadt Lebensmittelmarken ausgegeben, um den Mangel besser verwalten zu können. Besonders hart war der Winter 1917/18, der als „Steckrübenwinter" in die Geschichte eingegangen ist. Die große Kälte verhinderte den Transport von Lebensmitteln und damit eine halbwegs gesicherte Verteilung. Viele Menschen hungerten und sehnten den Frieden herbei. Anfang 1918 kam es zu den ersten Streiks. Auch im Kasseler Henschel-Werk traten die Arbeiter in den Ausstand. Aber nach dem Frieden von Brest-Litowsk im März, mit dem der Krieg gegen Russland beendet wurde, keimte noch einmal Hoffnung auf. Als allerdings die deutsche Frühjahrsoffensive an der Westfront scheiterte, sah die Oberste Heeresleitung keine Chance mehr für einen deutschen Sieg. Anfang Oktober 1918 ging ein Waffenstillstandsangebot an den amerikanischen Präsidenten Wilson. Am 11. November war der Krieg zu Ende. Aber schon vorher hatte es gewaltige politische Umwälzungen in Deutschland gegeben. Auslöser war die Meuterei der deutschen Hochseeflotte in Wilhelmshaven. Überall in Deutschland bildeten sich Arbeiter- und Soldatenräte, die die Macht in den Städten und Gemeinden übernahmen. Am 9. November wurde der Thronverzicht von Kaiser Wilhelm II. bekanntgegeben, der ins holländische Exil ging. Das war das Ende des Kaiserreiches, das der SPD-Politiker Philipp Scheidemann mit dem Ruf „Es lebe die Republik!" vom Balkon des Reichstages besiegelte. Der 1865 in Kassel geborene Scheidemann gehörte seit 1895 der SPD an und hatte unter anderem als Zeitungsredakteur gearbeitet. 1903 zog er als Abgeordneter in den Reichstag ein und fiel durch sein Redetalent auf. Noch vor Beginn des Ersten Weltkriegs rückte er in die Fraktionsführung auf und übernahm – als Befürworter von Friedensverhandlungen – im Juli 1918 das Amt des Reichstagsvizepräsidenten. Im Oktober wurde er sogar Kaiserlicher Staatssekretär. Das Machtvakuum am Kriegsende

Am 9. November wurde der Thronverzicht von Kaiser Wilhelm II. bekanntgegeben, der ins holländische Exil ging. Das war das Ende des Kaiserreiches, das der SPD-Politiker Philipp Scheidemann mit dem Ruf „Es lebe die Republik!" vom Balkon des Reichstages besiegelte.

nutzte Scheidemann, um die Republik auszurufen und mit dem „Rat der Volksbeauftragten" eine provisorische Regierung mit Friedrich Ebert an der Spitze zu bilden. In der Weimarer Nationalversammlung wurde er zum Reichskanzler gewählt. Er blieb es aber nur vier Monate. Am 20. Juni 1919 trat er zurück, angeblich aus Protest gegen die Friedensbedingungen von Versailles. In Wirklichkeit war er den Problemen, die sich vor ihm auftürmten, nicht gewachsen. Scheidemann wurde Oberbürgermeister in Kassel. 1933 musste er vor den Nationalsozialisten ins Exil flüchten und starb am 29. November 1939 in Kopenhagen.

## Volksstaat Hessen

Die Revolution, die von den deutschen Flottenstandorten ausging, erreichte am 8. November 1918 Darmstadt. Zunächst glaubte der Großherzog, der in der Bevölkerung recht beliebt war, nicht abdanken zu müssen. Aber er wurde schon bald eines Besseren belehrt. Der Arbeiter- und Soldatenrat, der unterdessen die Macht übernommen hatte, bestand auf den Thronverzicht. Am Nachmittag des 9. November verkündete der Vorsitzende der SPD-Fraktion im Darmstädter Landtag, Carl Ulrich, dass Ernst Ludwig abgesetzt sei. Er fand dabei durchaus freundliche Worte für den Monarchen und

Novemberdemonstration in Darmstadt, 1918

hieß ihn als Bürger der Republik Hessen willkommen. Ernst Ludwig erhielt später eine großzügige Abfindung und durfte u. a. die Schlösser Wolfsgarten und Kranichstein behalten.
Die Revolution in Darmstadt verlief nicht so wie in anderen Staaten des Deutschen Reichs. Denn Carl Ulrich, der im Auftrag des Arbeiter- und Soldatenrates eine neue Regierung bildete, kehrte rasch zum Parlamentarismus zurück und bot allen Parteien politische Mitverantwortung an. Bei den ersten Wahlen am 26. Januar 1919 gewann er mit der SPD die absolute Mehrheit und wurde damit erster Ministerpräsident des „Volksstaates Hessen". Die SPD regierte zusammen mit ihren Koalitionspartnern, dem Zentrum und der Deutschen Demokratischen Partei, bis zur Machtübernahme durch die Nationalsozialisten.
Der Volksstaat Hessen war von Anfang an mit einer Hypothek belastet, die seine Entwicklungsmöglichkeiten erheblich einschränkte. Im Dezember 1918 hatten französische Truppen begonnen, weite Teile des Rheinlands zu besetzen. Die Zwangsmaßnahme, die auf 15 Jahre befristet war, sollte dazu dienen, die Forderungen des Versailler Vertrages besser durchsetzen zu können. Rund ein Viertel des Staatsgebietes und ein Drittel der Einwohner waren als Pfand in den Händen der Alliierten: Rheinhessen, der Kreis Groß-Gerau und Teile der Kreise Offenbach und Darmstadt. Auch die preußische Provinz Hessen-Nassau war davon betroffen. Zum sogenannten Mainzer Brückenkopf gehörten Wiesbaden, der Rheingau und große Teile des Taunus.
Ein Kuriosum der Besatzungszeit ist der „Freistaat Flaschenhals". Durch einen Kartierungsfehler der Alliierten war ein flaschenhalsähnliches Gebilde zwischen dem Koblenzer und dem Mainzer Brückenkopf entstanden. Es reichte von Lorch am Rhein bis nach Limburg und war vier Jahre, von 1919 bis 1923, auf sich gestellt. Erst dann rückten französische Truppen ein.
Die Geduld, die die französischen Kommandanten mit dem Freistaat Flaschenhals zeigten, war aber eher die Ausnahme. Als deutsche Truppen, um einen kommunistischen Aufstand zu verhindern, in die Neutrale Zone des Ruhrgebiets einmarschiert waren, besetzten französische Truppen im Gegenzug vom 6. April bis zum 17. Mai 1920 Frankfurt, Darmstadt und Offenbach. Allein in Frankfurt starben dabei zehn Menschen. Die französische Verwaltung duldete keinerlei Widerstand. Wer sich, wie während des passiven Widerstands im Jahr 1923, nicht bedingungslos den Anordnungen fügte, wurde mit Haft oder Ausweisung bestraft. Allein im Volksstaat Hessen mussten 4000 Bedienstete mit ihren Familien die besetzten Gebiete verlassen. Daneben unterstützten die Franzosen

die separatistischen Bestrebungen des Wiesbadener Ex-Staatsanwaltes Hans Adam Dorten, der zweimal, 1919 und 1923, erfolglos seine „Rheinische Republik“ ausrief.

Die Besatzung, die bis zum 1. Juli 1930 andauerte, bedeutete für den Volksstaat eine erhebliche Schwächung von Industrie und Handel. Wichtige Verkehrsadern waren durchschnitten. Wichtige Städte wie Mainz, Worms oder Groß-Gerau konnten nur umständlich mit Passierscheinen erreicht werden; in den besetzten Gebieten galt das Kriegsrecht, und Einquartierungen waren an der Tagesordnung.

Trotzdem gelang es der Regierung unter Carl Ulrich in der Bildungs- und Kulturpolitik Zeichen zu setzen. So wurde 1920 auf der Mathildenhöhe eine bedeutende Ausstellung über den „Deutschen Expressionismus“ gezeigt, der in Darmstadt eines seiner künstlerischen Zentren hatte. 1923 rief die Regierung des Volksstaats den Georg-Büchner-Preis ins Leben, der heute als die bedeutendste literarische Auszeichnung in Deutschland gilt. Erste Träger des noch regional ausgerichteten Preises waren der Darmstädter Komponist Arnold Mendelssohn und der aus Wald-Michelbach stammende Schriftsteller Adam Karrillon, der als Arzt zu Beginn des Ersten Weltkriegs ein Lazarett geleitet hatte. Sein Sohn war bei dem Seegefecht vor Gotland gefallen. In seiner 1921 verfassten Erzählung „Ende gut, alles gut“ schilderte Karrillon die Ankunft eines Verwundetentransports aus Frankreich, die „Prozession der Tragbahren“:

*„Ein Verwundeter hat Schwester oder Bruder erkannt, dann ein Schrei, ein lautes Schluchzen. ‚Langsam, langsam, nicht so stürmisch zufassen! Nicht am Arm, nicht am Bein! Die Bahre näher an den Rücken schieben! So nun vier Mann an die Tragstangen, und mit einem Ruck das Ganze auf die Schultern heben!‘ – ‚Ach, Gott, unser Vater!‘, ruft eine Kinderstimme. ‚Mein Mann, mein Mann!, schreit ein Weib auf und fällt, vom Schrecken überwältigt, auf einen Koffer nieder, der da am Wege steht. Man bemüht sich kaum um die Ohnmächtige, während der Zug der Bahrenträger sich ordnet. Bett folgt hinter Bett. Sie führen Soldaten mit Beinschüssen, Bauchschüssen, Rumpfschüssen in ihren Decken. Wer den Arm in der Schlinge trägt, den Kopf in einem weißen Turban, der kann nebenherlaufen. Trübselig brennen die Laternen in der Bahnhofstraße, und zwischen ihnen durch windet sich der traurige Zug dem Lazarett entgegen.“*[7]

Der 1928 gewählte Staatspräsident Bernhard Adelung versuchte den Weg Ulrichs weiterzugehen. An seiner Seite hatte er mit Wilhelm Leuschner als In-

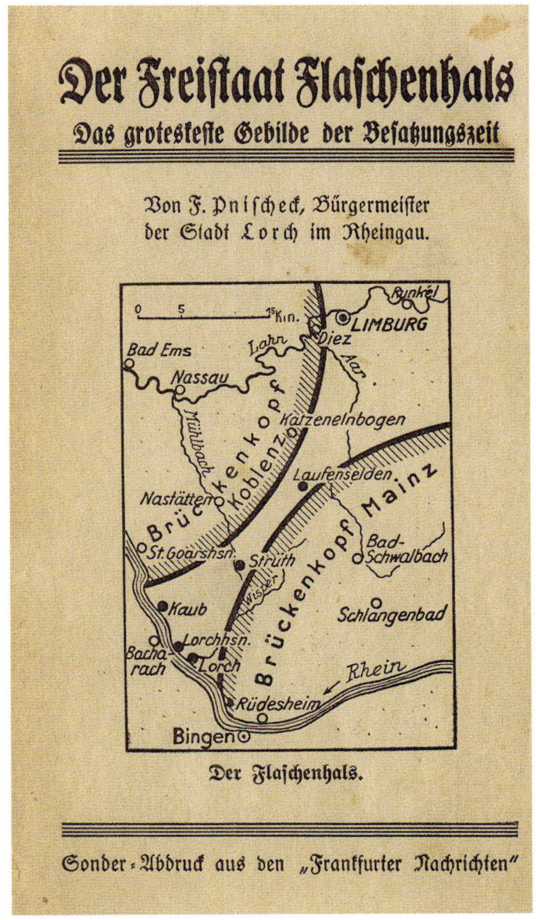

Der Freistaat Flaschenhals

Das groteskeste Gebilde der Besatzungszeit

Von F. Pnischeck, Bürgermeister der Stadt Lorch im Rheingau.



Der Flaschenhals.

Sonder-Abdruck aus den „Frankfurter Nachrichten“

Broschüre des Lorcher Bürgermeisters zum Freistaat Flaschenhals, um 1930

Wilhelm Leuschner trägt sich 1932 in das Eiserne Buch der antifaschistischen Eisernen Front ein, rechts steht der hessische Staatspräsident Adelung

nenminister einen Mann, der aus der Gewerkschaftsbewegung kam und als rückhaltloser Verfechter der Weimarer Demokratie galt. Aber die Möglichkeiten für die neue Regierung waren sehr eingeschränkt. Das hing vor allem mit der wirtschaftlichen Entwicklung zusammen.

Am 25. Oktober 1929 begann mit dem Schwarzen Freitag an der New Yorker Börse die Weltwirtschaftskrise, die das mit Kriegsreparationen belastete Deutschland besonders hart traf. Die Zahl der Arbeitslosen stieg sprunghaft an. Firmen und Banken brachen zusammen. Auch das zweitgrößte deutsche Geldinstitut, die „Darmstädter und Nationalbank" war von der Pleitewelle betroffen. Am 13. Juli 1931 gab sie ihre Zahlungsunfähigkeit bekannt und löste damit eine Krise der gesamten Geldwirtschaft in Deutschland aus. Die Reichsregierung unter Heinrich Brüning reagierte mit Notverordnungen, die Wirtschaft und Finanzen wieder stabilisieren sollten, aber vor allem die Arbeitslosigkeit weiter erhöhten. Staatspräsident Adelung waren die Hände gebunden. Das Vertrauen in seine Regierung wurde immer geringer. Bei den Landtagswahlen am 15. November 1931 erzielten die Nationalsozialisten einen Erdrutschsieg. Mit 37,1 Prozent der Stimmen wurden sie zur stärksten Fraktion und hatten einen Sitz mehr im Landtag als die Regierungskoalition. Mit Ferdinand Werner wurde zum ersten Mal ein Nationalsozialist Präsident des Hessischen Landtags.

## Hessen-Nassau in der Weimarer Republik

Ganz so friedlich, wie es zunächst ausgesehen hatte, verlief die Revolution von 1918 in Hessen dann doch nicht. In allen größeren Städten hatten sich zwischen dem 7. und 10. November Arbeiter- und Soldatenräte gebildet. Sie übernahmen eine Regierungsgewalt, die noch nicht genau definiert war. Die meisten Menschen freuten sich, dass die Waffen schwiegen, aber sie erkannten schon bald, was Frieden bedeutete. Deutschland hatte den Krieg verloren. Große Teile waren von alliierten Truppen besetzt. Ein Friedensvertrag, der Deutschland große Reparationslasten auferlegen würde, war zu erwarten. Überall fehlten Lebensmittel, Kleidung, Brennmaterial und Wohnraum. Die Zahl der Arbeitslosen und Kriegsheimkehrer, die keine Arbeit mehr fanden, wuchs von Tag zu Tag. Die Verzweiflung machte sich in Demonstrationen Luft, die wie in Hanau oder Kassel zu Plünderungen und Straßenschlachten führen konnten. In Kassel tötete Militär am 21. Juni 1919 vier Menschen, 68 wurden schwer verletzt. Zuvor waren beim „Karfreitags-Putsch" im zum Volksstaat gehörenden Offenbach ein Polizist und 16 Demonstranten gestorben.
Wie der Volksstaat war auch Hessen-Nassau durch die französische Besetzung des Rheinlands ein geteilter Staat. Wiesbaden und ein großer Teil des ehemali-

Die Frankfurter Innenstadt mit Börse, Hauptwache und Katharinenkirche, Luftbild von 1929

gen Herzogtums Nassau galten als Ausland und waren seit 1923 sogar durch eine Zollgrenze abgetrennt. Erst mit dem Ende der Rheinlandbesetzung im Jahr 1930 konnte das unterdessen durch zahlreiche Eingemeindungen stark gewachsene Wiesbaden wieder seine Rolle als Zentrum des nach ihm benannten Regierungsbezirks wahrnehmen.

Hauptstadt der Provinz und Sitz des preußischen Oberpräsidenten blieb Kassel, das daraus aber keinen nachhaltigen Gewinn schlagen konnte. Die größte und wirtschaftlich stärkste Stadt in Hessen-Nassau war weiterhin Frankfurt. Daran änderte auch die Inflation nichts, die 1923 ihren Höhepunkt erreichte. Zwar schmolzen die beträchtlichen Privatvermögen und die Kapitalanlagen der Frankfurter Stiftungen auf kleine Restbeträge zusammen, aber für den städtischen Haushalt brachte die galoppierende Geldentwertung auch Vorteile. Im November 1923 kostete eine einfache Straßenbahnfahrt 90 Milliarden Mark. Weil die Reichsdruckerei nicht mehr in der Lage war, genügend neue Geldscheine mit immer größeren Wertangaben zur Verfügung zu stellen, druckte Frankfurt selbst Notgeld: im Wert von sagenhaften 5 Trillionen, 211 Billiarden und 500 Billionen Mark. „Nach der Einführung der Rentenmark", schreibt der Historiker Dieter Rebentisch, „gelang es der Stadtverwaltung bereits im Frühjahr 1924, einen ausgeglichenen Haushaltsplan vorzulegen. Nun zeigte sich, dass die Stadt ihr Sachvermögen sowie den Grund- und Häuserbesitz im Wesentlichen ungeschmälert durch die Inflationszeit hindurchgerettet hatte. Auf der anderen Seite waren auch die Anleihen und Schulden der Stadt mit der allgemeinen Geldentwertung praktisch verschwunden"[8].

Der neue Oberbürgermeister Ludwig Landmann konnte darangehen, die Stadt nach seinen Vorstellungen umzugestalten. Für die städtische Siedlungspolitik,

Notgeldschein von Opel auf dem Höhepunkt der Inflation

Verwaltungsgebäude der I. G. Farben, um 1932

einer der Kernpunkte seiner Arbeit, fand er in dem Architekten Ernst May einen kongenialen Mitstreiter. Der 1886 in Frankfurt geborene May war einer der ganz großen Architekten der Moderne. In nur fünf Jahren baute er das „Neue Frankfurt", 15 500 Sozialwohnungen, die selbst noch bei heutigen Stadtplanern wie Albert Speer Bewunderung hervorrufen:

*„Der ungeheuer schnelle Bau dieser Siedlungen würde aber nicht ausreichen, sie als bedeutend zu klassifizieren. Es ist die revolutionär moderne städtebauliche, architektonische und farbliche Gestaltung, die soziale Komponente und die durch neuartige Baumethoden erreichte Kostenreduktion. Normung von Türen und Fenstern, Vorfertigung von Wandteilen in Fabrikhallen (also unabhängig von der Witterung), Typisierung der Hausformen, Spargrundrisse sind Bestandteile des Konzepts. Mittels der vorgefertigten Platten gelang es zum Beispiel, ein Haus mit Keller, Erdgeschoß und Obergeschoß mit 18 Bauarbeitern in eineinhalb Arbeitstagen im Rohbau fertigzustellen. Das Experimentierfeld fortschrittlicher Bautechnik war riesig. Die Römerstadt z. B. ist die erste vollelektrische Großsiedlung in Deutschland."*[9]

Neben der Römerstadt und weiteren Großsiedlungen entstanden in Frankfurt auch repräsentative Großbauten, die noch heute das Stadtbild prägen. Der Berliner Architekt Peter Behrens, ehemals Mitglied der Darmstädter Künstlerkolonie, entwarf den neuen Verwaltungsbau der Farbwerke Hoechst, der mit seinem imposanten Lichthof zu den bedeutendsten Industriebauten der Weimarer Re-

Die Frankfurter Großmarkthalle morgens um 6.30 Uhr, nach 1930

publik zählt. Für die Zentrale der I. G. Farbenindustrie schuf Hans Poelzig ein kreisbogenförmiges Hochhaus mit sechs Querflügeln, das heute von der Frankfurter Universität genutzt wird. Der damals größte Betonbau der Welt war die 1928 eingeweihte Großmarkthalle von Martin Elssaesser, die heute zum architektonischen Ensemble der Europäischen Zentralbank gehört.
So sehr sich Frankfurt auch als weltoffene und wohlhabende Großstadt darzustellen versuchte, die Weltwirtschaftskrise ging auch an der Mainmetropole nicht spurlos vorüber. 1929 wurden die Frankfurter Frühjahrs- und Herbstmessen eingestellt. Das werteten viele als deutlich negatives Zeichen, denn die Tradition war erst 1919 und zunächst mit großem Erfolg wiederbelebt worden. Die Verunsicherung wuchs und sie wurde durch fast tägliche Hiobsbotschaften noch verstärkt. Auch in Hessen-Nassau verstanden es die Nationalsozialisten, vor dem Hintergrund der wirtschaftlichen Verelendung erdrutschartige Wahlsiege zu erzielen.

## Der Aufstieg der NSDAP

Die Gründe für den Erfolg der NSDAP am Ende der Weimarer Republik sind vielfältig. Sicherlich spielten die Weltwirtschaftskrise mit ihren Firmenzusammenbrüchen und der hohen Arbeitslosigkeit eine entscheidende Rolle. Auch die, die noch Arbeit hatten oder gar ein kleines Vermögen besaßen, fürchteten den sozialen Abstieg. Sicher ist auch, dass sich die Begeisterung für die erste Republik auf deutschem Boden in engen Grenzen hielt. Eine Demokratie ohne Demokraten war die Weimarer Republik zwar nicht, aber die häufigen Regierungswechsel und die Agitation von rechts und links ließ viele Menschen an dem parlamentarischen System zweifeln. Den diffusen Wunsch nach einer „Volksgemeinschaft", die ein neues und mächtiges Deutschland schaffen sollte, und in der Bevölkerung weit verbreitete Vorurteile verstanden die Nationalsozialisten geschickt zu nutzen.
Obwohl die Partei in sich zerstritten war und in den beiden hessischen Ländern noch keinen gut funktionierenden Apparat besaß, konnte die NSDAP bei der Reichstagswahl von 1928 mit Werten um drei Prozent auf sich aufmerksam machen. Danach begann erst der systematische Aufbau von Ortsgruppen in Hessen. Die dramatische Verschlechterung der wirtschaftlichen Lage führte schon zwei Jahre danach zu Wahlergebnissen, die auf die anderen Parteien wie ein Schock wirkten. In den zu einem Verbund zusammengeführten beiden hessischen Wahl-

kreisen ereichte die Partei Adolf Hitlers genau 20 Prozent. Das Ergebnis lag ein ganzes Stück über dem Reichsdurchschnitt. Und so blieb es auch. In Hessen wählten mehr Menschen die NSDAP als in anderen Regionen Deutschlands. Bei den beiden Reichstagswahlen im Juli und im November 1932 erzielten die Nationalsozialisten 43,4 bzw. 40,8 Prozent, während die Sozialdemokraten von über 30 Prozent auf 21,3 Prozent sanken. Ähnlich sah es bei den Landtagswahlen aus. Daran konnten auch Skandale wie um die sogenannten Boxheimer Dokumente nichts ändern.
Am 5. August 1931 hatten sich auf dem Boxheimer Hof bei Lampertheim führende Nationalsozialisten aus dem Gau Hessen-Darmstadt getroffen. Dabei verteilte der Jurist Werner Best den Entwurf einer nationalsozialistischen Notstandsproklamation. Sie war für den Fall gedacht, dass Kommunisten die Herrschaft in Deutschland übernehmen würden. Die Nationalsozialisten wollten dann mit einem Gegenputsch reagieren und eine Diktatur mit weitreichenden Vollmachten errichten. Das von Best verfasste Papier sah u. a. vor, dass „Widerstand ... *grundsätzlich mit dem Tode* bestraft" werden sollte.
Obwohl führende NS-Funktionäre beteuerten, nur legal an die Macht gelangen zu wollen, hatte die NSDAP zum ersten Mal ihr wahres Gesicht gezeigt. Und das war vielen Wählern nicht unsympathisch – vor allem in den ländlichen Gebieten, wo schon die Antisemiten ihre Erfolge gefeiert hatten. Trotz massiver Gegenpropaganda von SPD und KPD, trotz Massenkundgebungen und Appellen des geistigen Deutschland konnte die NSDAP von Wahl zu Wahl ihren Stimmenanteil steigern. Spätestens seit den beiden Reichstagswahlen im Jahr 1932 war vielen klar, dass kein Weg mehr an den Nationalsozialisten vorbeiführte.

Plakat zur Reichstagswahl 1932

[1] Friedrich Stoltze: Hochdeutsche Gedichte. Frankfurt am Main [9]1920, S. 63.

[2] Wilhelm von Humboldt: Tagebücher, 1. Band: 1788–1798. In: Wilhelm von Humboldts gesammelte Schriften. Hrsg. von der Königlich Preußischen Akademie der Wissenschaften. Band XIV, 3. Abt., Tagebücher I. Berlin 1916, S. 9 f.

[3] Klaus Eiler (Hrsg.): Hessen im Zeitalter der industriellen Revolution. Frankfurt am Main 1984, S. 291.

[4] Zitiert nach: Walter Mühlhausen: Carl Ulrich – vom sozialdemokratischen Parteiführer zum hessischen Staatspräsidenten. Wiesbaden 2003, S. 3.

[5] O. Glaubrecht: Das Volk und seine Treiber. Stuttgart 1890, S. 18.

[6] Zitiert nach: Manfred Knodt: Ernst Ludwig. Großherzog von Hessen und bei Rhein. Darmstadt [3]1997, S. 302.

[7] Adam Karrillon: Altes und Neues über ihn und von ihm. Darmstadt 1923, S. 367.

[8] Frankfurter Historische Kommission (Hrsg.): Frankfurt am Main. Die Geschichte der Stadt in neun Beiträgen. Sigmaringen 1991, S. 441.

[9] Albert Speer: Der Architekt des neuen Frankfurt: Ernst May. In: Hans Sarkowicz (Hrsg.): Die großen Frankfurter. Frankfurt am Main/Leipzig 1994, S. 231.

# Hessen unterm Hakenkreuz

5

Am Abend des 30. Januar 1933 zogen Hunderttausende an den Fenstern der Berliner Reichskanzlei vorbei. Fast alle deutschen Rundfunksender übertrugen den Fackelzug, der zum ersten großen propagandistischen Erfolg von Joseph Goebbels wurde. Vormittags um 11.00 Uhr hatte Reichspräsident Paul von Hindenburg den Führer der NSDAP, Adolf Hitler, zum Reichskanzler ernannt. Er sollte das 24. Kabinett seit Bestehen der Weimarer Republik leiten. Der neuen Regierung gehörten neben Hitler selbst nur zwei Nationalsozialisten an: Wilhelm Frick als Innenminister und Hermann Göring als Reichskommissar für den Luftverkehr und kommissarischer Innenminister von Preußen. Wie sich schon bald herausstellte, waren die Innenministerien im Reich und in Preußen die Schlüsselpositionen, um die nationalsozialistische Machtübernahme in Deutschland durchzusetzen.

Die Sozialdemokraten und Kommunisten waren von der Ernennung Hitlers schockiert und organisierten Massenproteste, die allerdings kaum verdecken konnten, dass die NSDAP auch von vielen Arbeitern gewählt worden war. Zwar hatten die Nationalsozialisten in Gebieten und Städten mit hohem Arbeiteranteil, etwa in Offenbach oder im Landkreis Kassel, nur unterdurchschnittliche Stimmengewinne erzielt, aber das konnte nicht darüber hinwegtäuschen, dass auch langjährige Wähler der SPD ihre Hoffnungen auf Hitler und seine „Bewegung" setzten. Anfang 1933 waren über sechs Millionen Menschen arbeitslos, und die Zahl stieg täglich weiter. Die Nationalsozialisten hatten deshalb nicht zuletzt mit einem gigantischen Arbeitsbeschaffungsprogramm geworben, das jeden wieder in Lohn und Brot setzen würde. Derartige Versprechungen stießen nicht auf taube Ohren, und sie zeigten an den Wahlurnen ihre Wirkung. Es war keineswegs nur eine bestimmte Bevölkerungsgruppe, die der NSDAP ihre Stimmen gab. Im Gegenteil konnten sich die Nationalsozialisten bei ihrer Machtübernahme auf eine breite Basis stützen, die von der traditionell rechts eingestellten Landbevölkerung über die von der Weimarer Republik enttäuschten Frontkämpfer des Ersten Weltkriegs bis zu Beamten oder Angestellten reichte.

Der Frankfurter Römer mit Hakenkreuzfahnen

Jugendliche, die keine Perspektive für sich sahen, sympathisierten ebenso mit der NSDAP wie die aus (groß)bürgerlichen Elternhäusern stammenden Studenten, die sich von dem Versprechen einer „nationalen Revolution" blenden ließen. Schon 1931 hatte der „Nationalsozialistische Studentenbund" alle Wahlen an hessischen Hochschulen gewonnen.

Als besonders resistent gegen die nationalsozialistische Ideologie erwiesen sich stark katholisch geprägte Gegenden. Dort hatte die Zentrumspartei mit dem Prälaten Kaas an der Spitze ihre Hochburgen. So kam Klaus Schönekäs, als er 1983 die Rolle der Nationalsozialisten im Raum Fulda untersuchte, zu einem überraschenden Ergebnis: „Die NSDAP konnte ihren Stimmenanteil bei Wahlen nicht über 20 % steigern." Damit lag sie weit hinter dem Zentrum, das immer die absolute Mehrheit errang. Auch nach der NS-Machtübernahme und dem Verbot des Zentrums regte sich in Fulda Widerstand, indem zum Beispiel kirchliche Veranstaltungen besonders rege besucht wurden. Die „Fuldaer Zeitung", die sich nicht so einfach wie gedacht ‚gleichschalten' ließ, wurde mehrfach eingeschüchtert. Im Mai 1933 musste der Chefredakteur gehen, und am 10. Dezember konnten SS-Männer ungestraft das Druckereigebäude mit Äxten, Vorschlaghämmern und anderen Werkzeugen verwüsten.

Die „Fuldaer Zeitung", die sich nicht so einfach wie gedacht ‚gleichschalten' ließ, wurde mehrfach eingeschüchtert. Im Mai 1933 musste der Chefredakteur gehen, und am 10. Dezember konnten SS-Männer ungestraft das Druckereigebäude mit Äxten, Vorschlaghämmern und anderen Werkzeugen verwüsten.

## Der Führer kommt

Im Gegensatz zu Fulda konnte die NSDAP in anderen hessischen Städten auf eine große Anhängerschaft vertrauen und entsprechend skrupellos auftreten. In Kassel zum Beispiel gab es am Abend des 31. Januar 1933 einen Fackelzug nach Berliner Vorbild (allerdings mit nur rund 1000 Teilnehmern) und eine „Siegesfeier" in der Stadthalle. Direkt danach begann die Verfolgung der politischen Gegner, bei der SA- und SS-Leute auch Hilfe von Polizisten erhielten. Die rechtliche Grundlage, wenn man davon überhaupt sprechen konnte, lieferte die am 4. Februar erlassene „Verordnung des Reichspräsidenten zum Schutze des deutschen Volkes", die Versammlungen unter freiem Himmel genehmigungspflichtig machte und das Verbot von Zeitungen ermöglichte. In Kassel war davon das „Volksblatt" betroffen, das zunächst eine Woche lang nicht erscheinen durfte, in Frankfurt wurde die „Volksstimme" verboten. Massendemonstrationen von SPD und KPD waren durch die Verordnung fast unmöglich geworden. Adolf Hitler konnte selbstverständlich weiter öffentlich auftreten. Am 11. Februar besuchte er Kassel, um den nach ihm benannten Sitz der Gauleitung einzuweihen. 80 000 Menschen waren bei der Kundgebung, auf der Hitler verkündete, dass an die Stelle der internationalen Solidarität „die nationale Solidarität des deutschen Volkes" treten werde. Etwa zur gleichen Zeit beurlaubte Göring als preußischer Innenminister den Kasseler und den Wiesbadener Regierungspräsidenten sowie die örtlichen Polizeichefs.

Da sich die Nationalsozialisten über die Innenministerien die Polizeigewalt gesichert hatten, konnten sie im Vorfeld der Reichstagswahl fast nach Belieben Terror gegen Andersdenkende und politische Gegner ausüben. Spätestens nach dem Brand des Berliner Reichstags am 27. Februar und der vom Reichspräsidenten einen Tag später erlassenen Verordnung „Zum Schutz von Volk und Staat" hatten die braunen Horden freie Hand, Kommunisten und Sozialdemokraten zu verhaften, Druckschriften zu beschlagnahmen und Versammlungen zu verbieten.

Etwas anders stellte sich die Situation im Volksstaat Hessen dar. Staatspräsident Adelung war zunächst im Amt geblieben und versuchte trotz Terror von rechts seine Regierungsarbeit fortzusetzen. Obwohl die Bedrohung des Rechtsstaates durch die NSDAP mehr als deutlich geworden war, lehnte die SPD jede Einheitsfront mit der KPD ab und glaubte weiterhin, aus eigener Kraft eine absolute Mehrheit der Nationalsozialisten verhindern zu können. Die Verfolgung insbesondere der Kommunisten nach dem Reichstagsbrand konnte auch Adelung nicht verhindern. Seine Macht als Staatspräsident war durch die Verordnungen aus Berlin eng begrenzt. Trotzdem konnten noch, im Gegensatz zu Kassel oder Wiesbaden, wo der preußische Innenminister Göring das Sagen hatte, die politischen Parteien öffentliche Veranstaltungen durchführen und gegen die Nationalsozialisten demonstrieren. Die Versuche der Regierung Adelungs, den demokratischen Rechtsstaat zu wahren, wurden von dem Großteil der Bevölkerung nicht honoriert. Bei der Reichstagswahl am 5. März 1933 entfiel in Darmstadt genau die Hälfte der Stimmen auf die NSDAP, während SPD und KPD zusammen nur knapp über 30 Prozent erreichten. Im gesamten Volksstaat erreichte die NSDAP 47,4 Prozent der Stimmen, im Regierungsbezirk Wiesbaden 46,7 Prozent und in Kurhessen sogar 53,1 Prozent. Obwohl es den Nationalsozialisten nicht gelang, die absolute Mehrheit im Berliner Reichstag zu erringen, hatten sie keine Bedenken mehr, die Macht in Deutschland nun ganz zu übernehmen. Und sie wussten, dass auch viele von denen, die sie nicht gewählt hatten, mit ihnen sympathisierten. Die Enttäuschung über die erste Demokratie auf deutschem Boden war groß. Dass an die Stelle der Weimarer Republik nun das „Dritte Reich" mit einem autoritären Führer an der Spitze treten würde, löste nicht die von den Sozialdemokraten oder Kommunisten beschworenen Ängste aus. Selbst der offensichtliche Terror gegen Oppositionelle oder Juden wurde hingenommen. ‚Wo gehobelt wird, fallen halt Späne', hieß es entschuldigend. Und die meisten Deutschen schienen schon zufrieden zu sein, dass überhaupt gehobelt wurde. Sie wollten eine Regierung, die wieder einmal Macht demonstrierte, egal wie sie das tat. Nur so lässt sich erklären, wie schnell und reibungslos die ‚Gleichschaltung' der politischen, gesellschaftlichen und kulturellen Institutionen vor sich ging. Schon am 6. März und in den Tagen danach wurden alle führenden Positionen mit Nationalsozialisten oder ihren Gesinnungsgenossen besetzt. Protest rührte sich kaum.

„Die in Straßenkämpfen und Saalschlachten erprobte Bürgerkriegsarmee der NSDAP setzte das Land unter Berufung auf die ‚nationale Erhebung' gleichsam unter Belagerungszustand", beschreibt der Historiker Dieter Rebentisch die Situation in Hessen nach der Reichstagswahl.

„Im Zeichen der lokalen Terrorherrschaft begann die blutige Abrechnung mit den politischen Gegnern, die SA-Schläger ließen ihrem Hass auf Kommunisten und Sozialdemokraten freien Lauf. Es verdient festgehalten zu werden, dass an vielen Orten die Usurpation der öffentlichen Gewalt und der putschistische Zugriff auf den Polizeiapparat ohne jeden Anschein formaler Legalität, sondern allein unter Berufung auf die ‚nationale Erhebung' erfolgte."[1]

## Ende des Volksstaats

Die ‚Machtübernahme' durch die Nationalsozialisten im Volksstaat Hessen vollzog sich putschartig. Noch war die Regierung Adelung im Amt. Aber schon am frühen Morgen des 6. März 1933 wehten die Hakenkreuzfahnen über dem Darmstädter Landtagsgebäude. Ohne wirkliche Legitimation, nur unter Berufung auf die „Verordnung zum Schutze von Volk und Staat", übertrug Reichsinnenminister Frick einem ‚Reichskommissar' die Regierungsgewalt. Es handelte sich dabei um den Fraktionssprecher der NSDAP im Landtag, Heinrich Müller, der allerdings nur ein Übergangskandidat war. Die Entmachtung Adelungs und seiner Minister wurde von Terror gegen Sozialdemokraten, Minister und Gewerkschafter begleitet. Werner Best, unterdessen zum „Sonderkommissar für das hessische Polizeiwesen" aufgestiegen, hatte dazu aus SA-Truppen eine „Hilfspolizei" zusammengestellt, die an keine Gesetze mehr gebunden schien. Es wurde durchsucht, beschlagnahmt, geprügelt und verhaftet, ohne dass die Betroffenen nur die geringste Chance gehabt hätten, sich zu wehren. Zur reinen Formsache

Wachen vor dem Innenministerium in Darmstadt am 7. März 1933

wurde die Neuwahl des hessischen Staatspräsidenten am 13. März. Gegen die Stimmen der SPD kürten NSDAP und Zentrum den nationalsozialistischen Landtagspräsidenten Ferdinand Werner zum Regierungschef.

So viel Geschlossenheit die Nationalsozialisten nach außen demonstrierten, so zerstritten waren sie im Innern. Bisher hatten ausschließlich Gauleiter die Partei auf regionaler Ebene repräsentiert. Hessen war dabei in drei Partei-Gaue eingeteilt gewesen: Hessen-Nassau-Nord (später: Kurhessen), Hessen-Nassau-Süd (mit Wiesbaden und Frankfurt) und Hessen-Darmstadt. Hessen-Nassau-Süd und Hessen-Darmstadt wurden Anfang 1933 zu dem neuen Großgau Hessen-Nassau zusammengeführt. Die Leitung übernahm der Postoberinspektor Jakob Sprenger, der schon 1922 in die Partei eingetreten war und seit 1927 dem Gau Hessen-Nassau-Süd vorstand. Sprenger galt als fähiger Kopf und guter Organisator, aber auch als ehrgeiziger Machtmensch. Nachdem Hitler ihn am 5. Mai 1933 zum „Reichsstatthalter für Hessen“ ernannt hatte, brach der Konflikt mit der neu „gewählten“ Darmstädter Landesregierung offen aus. Wer hatte nun wirklich das Sagen in Südhessen? Der von der Partei ernannte Gauleiter und Reichsstatthalter oder der vom Staatspräsidenten zum Ministerpräsidenten herabgestufte Werner? Diesen für die NS-Zeit typischen Konflikt zwischen der Partei und den von ihr eingesetzten Regierungen entschied Sprenger für sich. Am 18. September 1933 wurden Werner und sein Polizeipräsident Best entlassen. Die Regierungsgeschäfte übernahm der bisherige Staatssekretär Philipp Jung. In Wirklichkeit aber hatte Sprenger alle Fäden in der Hand, und im März 1935 ließ er sich dann ganz mit der Führung der Landesregierung beauftragen.

## Roland Freisler und die Kasseler NSDAP

So wie im Süden Hessens sah es auch im Norden aus. Die NSDAP war in sich zerstritten, aber sie hatte die Reichstagswahl gewonnen und setzte nun rücksichtslos ihren Machtanspruch durch. Für besonderen Konfliktstoff innerhalb der Partei sorgte die Einteilung der Gaue, die nicht identisch mit den Ländergrenzen war. Zum Gau Kurhessen gehörte nur der nördliche Teil der preußischen Provinz Hessen-Nassau, während alles südlich von Marburg und Fulda den Gau Hessen-Nassau bildete.

An der Spitze des Gaus Kurhessen stand Karl Weinrich, der sich 1906 freiwillig zur kaiserlichen Armee gemeldet hatte und immer dann aufblühte, wenn es um die militärische Traditionspflege ging, wenn Gefallenendenkmäler eingeweiht wurden oder Aufmärsche zu veranstalten waren. Wie Sprenger zählte er zu den ‚alten Kämpfern', das heißt zu den frühen NSDAP-Mitgliedern, denen sich Hitler besonders verbunden fühlte. Aber im Gegensatz zu Sprenger galt Weinrich als in jeder Hinsicht beschränkt. Sprenger hätte gern sein Amt mitübernommen und die beiden hessischen Gaue zusammengeführt, aber das war nicht im Sinn der Parteiführung, die einzelnen Gauleitern nicht zu viel Macht zugestehen wollte. Um die Konflikte zwischen Weinrich und Sprenger möglichst klein zu halten, wurde im Juni 1933 Philipp Landgraf und Prinz von Hessen als preußischer Oberpräsident für die Provinz Hessen-Nassau eingesetzt. Das Engagement Philipps von Hessen und auch des Erbprinzen Josias von Waldeck-Pyrmont (als SS-Gruppenführer) für die NSDAP verschafften den Nationalsozialisten Anerkennung in Kreisen, die Hitler bisher als ‚kleinen Gefreiten' oder ‚Anstreicher' abgetan hatten. Philipp von Hessen, der mit einer Tochter des italienischen Königs verheiratet war, hatte sich schon 1930 für die NSDAP entschieden und unterdessen Hitler wertvolle außenpolitische Dienste erwiesen. Denn das faschistische Italien unter Mussolini sollte der wichtigste Verbündete des ‚Dritten Reichs' werden.

Roland Freisler als Präsident des Volksgerichtshofs

Während der neue preußische Oberpräsident fleißig internationale Kontakte knüpfte, machte in Kassel selbst ein Stadtverordneter der NSDAP auf sich aufmerksam, der später zu trauriger Berühmtheit gelangen sollte: Roland Freisler. Schon vor der nationalsozialistischen Machtübernahme hatte er SPD-Politikern gedroht, dass sie nach dem Sieg seiner Partei mit dem Galgen rechnen müssten. In der NSDAP waren brutale Kämpfer wie er geschätzt. 1932 zog Freisler in den Preußischen Landtag ein, ein Jahr später sogar in den Reichstag. Am 7. März 1933 war er es, der den „Siegesmarsch" der Nationalsozialisten durch Kassel anführte und vom Balkon des (illegal) besetzten Gewerkschaftshauses eine Rede hielt. Kurz darauf wechselte er als Leiter der Personalabteilung nach Berlin, allerdings nicht ohne noch vorher den Kasseler Oberbürgermeister für abgesetzt zu erklären. Das war am 24. März, dem Tag, an dem der Reichstag gegen die Stimmen der SPD das „Ermächtigungsgesetz" verabschiedete und damit den Rechtsstaat gänzlich aufhob. Von da an konnte die Reichsregierung Gesetze nach ihrem Gutdünken erlassen und aufheben. Eine Mitwirkung oder gar Kontrolle durch das Parlament war nicht mehr vorgesehen. Damit öffneten sich der staatlichen Willkür Tür und Tor. Die bisher weitgehend illegalen Terroraktionen waren nun legalisiert. Eine neue Verhaftungswelle schwappte über das Land, der auch der frühere hessische

Innenminister Wilhelm Leuschner und sein ehemaliger Pressechef Carlo Mierendorff zum Opfer fielen. Ohne Prozess und damit auch ohne Möglichkeit, sich zu verteidigen, blieb Leuschner bis Mitte 1934 in KZ-Haft, Mierendorff sogar bis 1938. Beide gehörten später zum Widerstand gegen Hitler.

## Die Konzentrationslager Breitenau und Osthofen

Im Juni 1933 wurde auf dem Gelände eines alten Benediktinerklosters im nordhessischen Breitenau das erste Konzentrationslager in der Provinz Hessen-Nassau eingerichtet. Die Gebäude hatten schon vor der NS-Zeit als Arbeitshaus und Besserungsanstalt gedient. Vielleicht akzeptierten es die Bewohner von Breitenau deshalb so bereitwillig, dass plötzlich im Mittelschiff der ehemaligen Klosterkirche ein Lager für politische Gefangene eingerichtet wurde, während sie weiter sonntags den Ostteil für den Gottesdienst nutzten. Die Geschichte des Konzentrationslagers ist erst 1979, nach ausführlichen Forschungen von Kasseler Wissenschaftlern, wiederentdeckt worden. Danach existierte das KZ bis März 1934. Es diente vor allem dazu, politische Gegner der Nationalsozialisten als „Schutzhäftlinge“ auszuschalten oder einzuschüchtern. Insgesamt 470 Gefangene, darunter 139 aus hessischen Gemeinden, waren in dieser Zeit interniert. Die Existenz des Konzentrationslagers wurde keineswegs geheimgehalten. Im Gegenteil: Die nordhessischen Zeitungen berichteten aus-

Historische Postkarte mit der Ansicht des ehemaligen Klosters Breitenau, das der Kasseler Gestapo von 1940 bis 1945 als „Arbeitserziehungslager“ diente (rechts)

Im Mittelschiff der ehemaligen Klosterkirche von Breitenau war das Lager eingerichtet, während die Gemeinde den Ostteil für Gottesdienste nutzte (links)

führlich darüber und erläuterten ihren Lesern, warum die Einrichtung solcher Lager eine zwingende Notwendigkeit sei. Denn gerade bei Funktionären der SPD und KPD würde es nicht darum gehen, sie zu bestrafen, sondern sie im Sinn des ‚neuen' Staates „umzuerziehen". Aus Sozialdemokraten sollten im KZ Nationalsozialisten werden. Immer wieder wurde dabei betont, wie angenehm es die Gefangenen hätten. Die Verpflegung sei „reichlich und gut", in den Unterkünften herrsche „peinliche Ordnung und Sauberkeit" und niemandem werde eine Arbeit zugemutet, die er nicht ausführen könne.

Nachdem sich die Machtstrukturen gefestigt hatten, wurde das Konzentrationslager Breitenau aufgelöst. Mit dem Beginn des Zweiten Weltkriegs und dem Einsatz von ausländischen Zwangsarbeitern erhielt Breitenau aber eine neue Funktion. Im Sommer 1940 richtete die Kasseler Gestapo auf dem weitläufigen Gelände ein „Arbeitserziehungslager" ein. Bis zum Kriegsende waren dort insgesamt 8500 Menschen inhaftiert, zumeist Zwangsarbeiter, die aus irgendeinem Grund besonders bestraft werden sollten, darunter auch viele Kinder. Wer die Demütigungen und Misshandlungen nicht ertrug und sich dagegen wehrte, wurde mit Isolationshaft bestraft, was besonders menschenunwürdig war. Während der Haftzeit wurde darüber entschieden, ob ein Gefangener wieder entlassen oder deportiert werden sollte. Jeder fünfte musste den Weg in ein Konzentrations- oder Vernichtungslager antreten.

2002 veröffentlichte Martin Doerry die Briefe seiner Großmutter, der jüdischen Ärztin Lilli Jahn, die 1933 Berufsverbot erhalten hatte. Als die Ehefrau eines Protestanten konnte sie weiter im nordhessischen Immenhausen leben, wurde dort aber zunehmend ausgegrenzt. 1942 ließ sich ihr Mann von ihr scheiden. Damit war auch ihr letzter Schutz verschwunden. Wegen eines angeblichen Verstoßes gegen die Polizeiordnung wurde sie ein Jahr später verhaftet und in das Lager Breitenau gebracht. Von dort schrieb sie bewegende Briefe an ihre Kinder, die oft herausgeschmuggelt werden mussten, so am 3. Oktober 1943:

*„Meine innigstgeliebten Kinder, alle 6,*
*erst heute in 8 Tagen darf ich wieder an Euch schreiben, aber ein guter Mensch hat mir Freimarken und Umschlag geschenkt und wird mir auch morgen diese Zeilen besorgen … Meine größte und einzige Freude hier sind Eure Briefe und Grüße, und ich kann Euch gar nicht genug dafür danken! … Könnt ihr denn den Käse wirklich entbehren? Und das Brot? Ich bin jedenfalls sehr dankbar für das, was Ihr schickt, denn wir bekommen nur wenig zu essen, nie Butter, nie Fleisch, alle 14 Tage ein kleines Stückchen*

Mit dem Beginn des Zweiten Weltkriegs und dem Einsatz von ausländischen Zwangsarbeitern erhielt Breitenau aber eine neue Funktion. Im Sommer 1940 richtete die Kasseler Gestapo auf dem weitläufigen Gelände ein „Arbeitserziehungslager" ein.

*Wurst, immer nur Suppen, und sonntags ist es ganz schlimm. Da gibt es ½7 Uhr morgens ein Stück trockenes Brot und diese elende Kaffeebrühe, um 11 Uhr entweder eine dünne Suppe oder Pellkartoffel, Sauce und Gurke und um 4 Uhr wieder ein Stück trockenes Brot abwechselnd mit etwas Wurst oder einem Löffel Quark und dazu Kaffee und dann nichts mehr bis zum anderen Morgen."*[2]

Plastik von Wilhelm Hugues mit Erinnerungstafel in Breitenau

Im März 1944 wurde Lilli Jahn nach Auschwitz deportiert, wo sie im Juni 1944 starb. Von vielen anderen Gefangenen aus Breitenau sind die Spuren ganz verloren gegangen. Für die Bevölkerung des kleinen Orts, die täglich die zerlumpten und ausgehungerten Gefangenen beim Marsch durch die Straßen gesehen hatte, schien das alles so selbstverständlich gewesen zu sein, dass man sich nach Kriegsende gar nicht mehr daran erinnern konnte oder wollte.

Für den Volksstaat Hessen wurde in einer ehemaligen Papierfabrik in Osthofen bei Worms bereits im März 1933 ein ‚wildes' Lager eingerichtet, das Werner Best am 1. Mai 1933 zum „Staatlichen Konzentrationslager Osthofen" erklärte. Es bestand bis Juni/Juli 1934. Die genaue Zahl der Gefangenen ist heute nicht mehr zu ermitteln, die Schätzungen schwanken zwischen 2000 und 3000 Männern, vor allem Funktionäre von SPD und KPD, aber auch ‚Bibelforscher' (Zeugen Jehovas), deren Vereinigung Ende 1933 verboten worden war, und jüdische Deutsche.

## Widerstand formiert sich

Auch die Einrichtung von Konzentrationslagern konnte den Widerstand gegen das NS-Regime nicht ersticken. Er kam vor allem aus den Kreisen der Gewerkschaften, die am 2. Mai 1933 gewaltsam ‚gleichgeschaltet' worden waren, aus der SPD und der KPD. In der Regel waren es Arbeiter, die in ihren Betrieben illegale Flugblätter und Zeitungen verteilten. Sie wussten, wie gefährlich das war, und mussten jederzeit damit rechnen, von den Kollegen denunziert zu werden. Kaum einer von ihnen entging den Spitzeln der Gestapo. Lange Haftzeiten, Arbeitslosigkeit, die Diskriminierung als politisch unzuverlässig und – im schlimmsten Fall – die Todesstrafe waren die Folge. Besonders die kommunistischen Betriebszellen ließen sich davon nicht entmutigen. Sie glaubten mit Propagandaschriften und Aufrufen zum Streik einen Umsturz in Deutschland vorbereiten zu können. Daneben sammelten sie, wie u. a. aus einer Anklageschrift gegen Arbeiter der Wiesbadener Druckerei Ritter hervorgeht, Geld für die Familien von verhafteten Kollegen und für ihre illegale Arbeit. Auch das war strafbar. Zwar konnte den Angeklagten in dem Prozess am 19. Juni 1935 vor dem Oberlandesgericht Kassel nicht nachgewiesen werden, dass ihnen bekannt war, „welchem Zweck die eingesammelten Gelder in Wahrheit dienten", aber sie hätten es, so die Richter, spätestens dann wissen müssen, als der die Spenden erbittende Hans Pulkowski auch „mit den Schriften" an sie herantrat.

*„Auch sie selbst waren marxistisch eingestellt, wie bei einigen ihre Zugehörigkeit zur SPD, bei allen ihr Austritt aus der Kirche erhellt. Spätestens als sie die Schriften erhielten, haben sie also gemerkt, dass Pulkowski unterirdische Beziehungen zu illegalen Kreisen unterhielt. Spätestens dann ist ihnen auch klar geworden, dass die regelmäßigen Zahlungen nur kommunistischen Zwecken dienen konnten …*
*Die Schriften hat Pulkowski den Angeklagten immer dann zugesteckt, wenn er und einer der Angeklagten allein im Raum anwesend waren; er sagte dabei regelmäßig, er hätte etwas Interessantes zu lesen."*[3]

Die sechs Angeklagten erhielten Haftstrafen zwischen einem Jahr und 15 Monaten. Hans Pulkowski war bereits Ende 1934 in einem Prozess gegen 40 Wiesbadener Kommunisten zu drei Jahren Zuchthaus verurteilt worden. Bis Ende 1936 fanden Dutzende solcher Prozesse vor Sondergerichten in Kassel und Darmstadt statt.

Das besetzte Darmstädter Gewerkschaftshaus am 7. März 1933

Für die Widerstandsgruppen wurde es immer schwieriger, unerkannt zu operieren. So war es der Gestapo seit 1933 gelungen, allein „im Gebiet des Unterbezirks Darmstadt ungefähr 200 Mitglieder und Funktionäre der kommunistischen Partei und ihrer Nebenorganisationen aufgrund illegaler Aktivitäten zu verhaften und den Gerichten zur Aburteilung zuzuführen. Damit war der überwiegende Teil des organisierten kommunistischen Widerstands zeitweilig ausgeschaltet worden“[4]. Ab 1936 mussten sich die Widerstandsgruppen neu formieren. Die illegale Arbeit wurde noch konspirativer. Sie zielte jetzt weniger auf offene Agitation und Umsturz. Dafür wurde der Aufbau weitverzweigter Strukturen wichtiger, um für den Machtwechsel gerüstet zu sein.

Auch in den Kirchen gab es Männer und Frauen, die sich nicht wie die evangelischen „Deutschen Christen“ zum Nationalsozialismus und zu Hitler bekannten. Im Herbst 1933 hatten sich die hessischen, die nassauischen und die Frankfurter Kirchen zur Evangelischen Landeskirche Nassau-Hessen zusammenschließen müssen. Da der neue Landesbischof den „Deutschen Christen“ angehörte, formierte sich ein massiver innerkirchlicher Widerstand, der zu zahlreichen Amtsenthebungen, Strafversetzungen und schließlich sogar zu Verhaftungen führte. Gegen die „Deutschen Christen“ stand die „Bekennende Kirche“, die für Unabhängigkeit vom Staat eintrat und gegen den Antisemitismus protestierte. Einer ihrer wichtigsten Vertreter wurde Pastor Martin Niemöller, der im Ersten Weltkrieg als U-Boot-Kommandant gedient hatte. Er hielt am 29. Juni 1937 in Wiesbaden einen Vortrag, in dem er das NS-Regime hart attackierte. Zwei Tage später wurde er festgenommen und bis Kriegsende in den Konzentrationslagern Sachsenhausen und Dachau inhaftiert. Die „Bekennende Kirche“ ließ sich davon nicht einschüchtern, ebenso wenig wie mutige Katholiken, die sogar, wie der Frankfurter Pfarrer Aloys Eckert und seine „Rhein-Main-Klerus-Front“, die nationalsozialistische Judenverfolgung anprangerten und eine öffentliche Stellungnahme der Bischofskonferenz erreichen wollten – was ihnen allerdings nicht gelang. Zu den Katholiken, die ihren Widerstand gegen das nationalsozialistische Unrechtsregime mit dem Leben bezahlten, gehörten der christliche Gewerkschafter Hubert Timmer, der Hünfelder Bankbeamte Raymund Biedenbach, der in Treysa verhaftete Pfarrer Alfons Mersmann, der Pallotinerbruder Eduard Ossowski, der aus Altenmittlau stammende Pfarrer Konrad Trageser und der Kaplan Hermann Joseph Wehrle, der als ‚Mitwisser‘ des Attentats vom 20. Juli 1944 von Roland Freisler zum Tod verurteilt wurde.

Auch in den Kirchen gab es Männer und Frauen, die sich nicht wie die evangelischen „Deutschen Christen“ zum Nationalsozialismus und zu Hitler bekannten. Im Herbst 1933 hatten sich die hessischen, die nassauischen und die Frankfurter Kirchen zur Evangelischen Landeskirche Nassau-Hessen zusammenschließen müssen.

## Beginn der Judenverfolgung in Hessen

Nach der Machtübernahme durch die Nationalsozialisten waren die alten antisemitischen Vorurteile zur Staatsdoktrin geworden. Fast schutzlos sahen sich die deutschen Juden dem Terror ausgesetzt, der zunächst das Ziel hatte, sie zu Staatsbürgern zweiter Klasse werden zu lassen. Die Nationalsozialisten hatten zu keiner Zeit ein Geheimnis daraus gemacht, wen sie für ihre Feinde hielten: ihre politischen Gegner und die deutschen Juden. Schon im ersten Parteiprogramm der NSDAP von 1920 waren die Juden zu „Gästen" unter Fremdenrecht erklärt worden, für die der Schutz des Staates nur eingeschränkt gelten sollte. Für Hitler wurde der Antisemitismus zum konstituierenden Element seiner Ideologie, die er seit 1933 weitgehend ungehindert und so radikal umsetzen konnte, wie er wollte. Nachdem es schon vorher zu einzelnen Übergriffen gekommen war, machte die NS-Regierung am 1. April 1933 mit dem ohne größeren Widerstand durchgeführten Boykott jüdischer Geschäfte, Anwaltsbüros und Arztpraxen unmissverständlich deutlich, dass sie es nicht bei den verbalen Attacken belassen würde. In allen größeren Städten Hessens wurden Juden misshandelt und verhaftet, Schaufenster beschmiert und Menschen, die sich nicht vom Einkauf oder dem Gang zum Arzt abhalten lassen wollten, beschimpft und bedroht. Auf dem Kasseler Opernplatz legte die SA sogar ein symbolisches Konzentrationslager für „Staatsbürger, die ihre Einkäufe bei Juden tätigen" an. In Kassel und Darmstadt waren schon vorher Kaufhäuser mit jüdischen Besitzern boykottiert worden. Das „Gesetz zur Wiederherstellung des Berufsbeamtentums", das am 7. April 1933 verabschiedet wurde, war ein weiterer Schritt auf dem Weg, die deutschen Juden zu isolieren und ihnen ihre Lebensgrundlagen zu entziehen. „Beamte", heißt es darin, „die nichtarischer Abstammung sind, sind in den Ruhestand zu versetzen". Damit war die gesetzliche Grundlage für die umfangreichen „Säuberungsaktionen" in der öffentlichen Verwaltung geschaffen, die nicht nur staatliche und kommunale Stellen, sondern auch Opernhäuser, Theater und das Frankfurter Funkhaus erfassten. Viele geachtete Persönlichkeiten, die über Jahre oder gar Jahrzehnte das Leben in Hessen mitgeprägt hatten, verloren von heute auf morgen jede Möglichkeit, ihre Berufe weiter auszuüben. Besonders gravierend waren die Entlassungen an den Hochschulen in Frankfurt, Gießen, Marburg und Darmstadt. Allein in Frankfurt wurden bis Ende 1933 50 Professoren und Dozenten zwangspensioniert, darunter der Begründer der „Frankfurter Schule", der Soziologe Max Horkheimer, der in die USA emigrierte.

FRANKFURTER ISRAELITISCHES
GEMEINDEBLATT
Amtliches Organ der Israelitischen Gemeinde

Das Gemeindeblatt erscheint monatl. und wird den Gemeindemitgliedern unentgeltl. durch die Post zugestellt. — Preis der Einzelnummer 30 Pfg. — Schriftleitung: Gemeindehaus, Fahrg. 146. Fernspr.: Sammel-Nr. H. 27544. — Postscheckk.: Frankfurt a. M. 33521. — Anzeigenverwaltung: M. Isaac & Co., Hölderlinstr. 3, Fernspr. 44868 u. 44888. — Anzeigen n. Tarif. — Anzeigenschluß f. d. nächste Nr.: 30. April. Die Schriftleitung übernimmt für den Inhalt des Gemeindeblattes nur die preßgesetzl. Verantwortung. Nachdr. nur mit Erlaubnis gest.

11. Jahrgang — Frankfurt a. M., April 1933 — Nr. 8

An die Gemeindemitglieder

In dieser schweren Zeit ist es uns ein tiefes Bedürfnis, ein Wort an unsere Gemeinde zu richten. Jeder darf überzeugt sein, dass wir mit unserer ganzen Kraft bemüht sind, in Verbindung mit den anderen Gemeinden Deutschlands für die staatsbürgerliche Gleichberechtigung der deutschen Juden einzutreten, den in Not Geratenen beizustehen und den Fortbestand unserer Gemeinde zu sichern.

Nichts kann uns die tausendjährige Verbundenheit mit unserer deutschen Heimat rauben, keine Not und Gefahr kann uns dem von unseren Vätern ererbten Glauben abspenstig machen. In Besonnenheit und Würde wollen wir für unsere Sache einstehen.

Wenn keine Stimme sich für uns erhebt, so mögen die Steine dieser Stadt für uns zeugen, die ihren Aufschwung zu einem guten Teil jüdischer Leistung verdankt, in der so viele Einrichtungen vom Gemeinsinn der Juden künden, in der aber auch das Verhältnis zwischen jüdischen und nichtjüdischen Bürgern stets besonders eng gewesen ist.

Verzagt nicht! Schliesst die Reihen! Kein ehrenhafter Jude darf in dieser Zeit fahnenflüchtig werden. Helft uns, das Vätererbe zu bewahren, und wenn die Not der Zeit den Einzelnen hart anfasst, so gedenkt der Worte, die wir am bevorstehenden Pessachfest, dem Fest der Befreiung, von altersher sprechen: „Von Geschlecht zu Geschlecht sind sie gegen uns aufgestanden, uns zu vernichten. Aber der Heilige, gelobt sei Er, hat uns aus ihrer Hand errettet."

Frankfurt a. M., 30. März 1933

Vorstand der Israelitischen Gemeinde

Aufruf der Frankfurter Israelitischen Gemeinde vom 30. März 1933

Mit dem Erlass der „Nürnberger Gesetze" am 15. September 1935 wurden Juden in Deutschland zu ‚Staatsangehörigen' ohne politische Rechte herabgestuft. Ausnahmeregelungen für Kriegsveteranen und Beamte, die vor 1914 ihren Dienst begonnen hatten, galten nicht mehr. Nur wer keine jüdischen Vorfahren hatte, konnte ‚Reichsbürger' werden. Jüdische und nichtjüdische Deutsche durften nicht mehr heiraten. Aber bereits bestehende Ehen blieben davon unberührt. Scheidungen waren allerdings erwünscht.
Die jüdische Bevölkerung der beiden hessischen Länder reagierte unterschiedlich auf die staatlichen Drangsalierungen. Ihre Verbandsfunktionäre suchten den Kontakt mit den nationalsozialistischen Regierungsstellen, weil sie noch Schlimmeres verhüten wollten, aber der Erfolg blieb aus. Viele hofften, dass die Nationalsozialisten noch zur Vernunft kommen würden und harrten in Deutschland aus. Andere besaßen nicht genügend Geld, um zu emigrieren, oder wussten gar nicht wohin. Denn sie empfanden sich als Frankfurter, Offenbacher, Darmstädter oder Kasseläner.
Ein bewegendes Zeugnis ist der Aufruf des Vorstands der Frankfurter Israelitischen Gemeinde an seine Mitglieder vom 30. März 1933, in dem es heißt:

*„Nichts kann uns die tausendjährige Verbundenheit mit unsrer deutschen Heimat rauben, keine Not und Gefahr kann uns dem von unseren Vätern ererbten Glauben abspenstig machen. In Besonnenheit und Würde wollen wir für unsere Sache einstehen. Wenn keine Stimme sich für uns erhebt, so mögen die Steine dieser Stadt für uns zeugen, die ihren Aufschwung zu einem guten Teil jüdischer Leistung verdankt, in der so viele Einrichtungen vom Gemeinsinn der Juden künden, in der aber auch das Verhältnis zwischen jüdischen und nichtjüdischen Bürgern stets besonders eng gewesen ist. Verzagt nicht! Schließt die Reihen! Kein ehrenhafter Jude darf in dieser Zeit fahnenflüchtig werden."*[5]

Wer die Zeichen der Zeit richtig deutete, floh trotzdem ins Ausland. Der Frankfurter Maler und Kunstprofessor Max Beckmann zum Beispiel, der nach Amsterdam übersiedelte, oder der Generalintendant des Darmstädter Landestheaters, Gustav Hartung, der in der Schweiz seine neue Heimat fand. Zu den prominenten Emigranten zählten auch der Philosoph Theodor W. Adorno, der Theologe Paul Tillich, der Religionswissenschaftler Martin Buber, der Verleger der renommierten „Frankfurter Zeitung", Heinrich Simon, und ein gerade vier Jahre altes Mädchen, das später durch ihr Tagebuch weltberühmt werden sollte: Anne Frank.

Die Kaufmannsfamilie Frank hatte seit 1881 in Frankfurt gelebt. Spätestens seit den Boykottaktionen gegen jüdische Geschäfte, Kanzleien und Arztpraxen ahnte Otto Frank, der Vater von Anne, was sich in Deutschland noch ereignen würde. Im Sommer 1933 zog die Familie zunächst nach Aachen und dann nach Amsterdam, wo Otto Frank einen Absatzmarkt für die Opekta-Werke aufbauen sollte. Nachdem die deutschen Truppen in die Niederlande einmarschiert waren und sich die Situation für die jüdischen Bürger immer weiter verschlechterte, versteckte sich die Familie im Juli 1942 im Hinterhaus Prinsengracht 263. Vom 12. Juni 1942 bis zum 1. August 1944 führte Anne Frank ihr Tagebuch, das zu einem erschütternden Dokument des nationalsozialistischen Rassenwahns wurde. Ein Kind erlebte Terror und Verfolgung, aber es resignierte nicht. In der Enge des Verstecks wuchs eine Persönlichkeit heran, deren Gedanken und Gefühle ein beeindruckendes Zeugnis geblieben sind. Am 4. August 1944 wurde Anne Frank verhaftet und über das Sammellager Westerbork nach Auschwitz-Birkenau deportiert. Im Oktober 1944 kam sie nach Bergen-Belsen, wo sie als Fünfzehnjährige an Typhus starb.

## Arbeitsbeschaffung als Propaganda

In Hessen konnte jeder sehen, mit welcher Brutalität das Hitler-Regime gegen die jüdischen Mitbürger und seine politischen Gegner vorging. Der Terror fand öffentlich statt und wurde von Tausenden bejubelt. Allein 30 000 Menschen versammelten sich am 19. Mai 1933 in Kassel, um die sym-

Gauleiter Sprenger auf dem Weg zur Autobahnbaustelle am 23. September 1933

Propagandabroschüre zum Autobahnbau, um 1938

bolische Bücherverbrennung zu verfolgen. Auch in Frankfurt, Marburg und Gießen gingen die bis dahin vielgelesenen Schriften von Kurt Tucholsky, Heinrich Mann oder Erich Kästner in Flammen auf. Beliebte Politiker wie der Frankfurter Oberbürgermeister Ludwig Landmann wurden aus ihren Ämtern gejagt, und Pfarrer, die sich kritisch zum Nationalsozialismus äußerten, mussten mit Amtsenthebung rechnen. Und trotzdem saß die neue Regierung nach wenigen Wochen schon so fest im Amt, dass an einen baldigen Sturz nicht zu denken war. Die nationalsozialistische Propaganda mit Joseph Goebbels an der Spitze hatte den meisten Menschen in Deutschland das Gefühl vermittelt, es gehe nun bald radikal aufwärts. Dafür wurde einiges, manchmal sicherlich nur zähneknirschend, akzeptiert, was in anderen Zeiten auf heftigen Protest gestoßen wäre. Vor allem die hohe Arbeitslosigkeit bedrückte die Menschen. Und gerade da versprachen Hitler und seine Partei wahre Wunder. Nur zu gern wurde ihnen geglaubt. Gauleiter Sprenger richtete schon im Juni 1933 ein „Kontrollamt für Arbeitsbeschaffung" ein. Das erste große propagandistische Projekt war der Bau der Reichsautobahn von Frankfurt nach Heidelberg. Zwar existierten die Pläne schon lange, aber das störte die Nationalsozialisten wenig. Sie ließen das Projekt als ihre Idee und ihren Erfolg feiern. Und Sprenger nutzte den ersten Spatenstich geschickt für Propaganda in eigener Sache.

Spätestens mit der Wiedereinführung der Wehrpflicht im März 1935 und dem Einmarsch deutscher Truppen in das entmilitarisierte Rheinland fast genau ein Jahr später wurde offensichtlich, dass sich die nationalsozialistischen Machthaber für einen Krieg rüsteten. In gleich mehreren hessischen Orten entstanden neue Kasernen oder wurden bereits bestehende Anlagen erweitert. Großmanöver gehörten plötzlich zur Tagesordnung, und Städte wie Kassel, Fritzlar oder Darmstadt waren wieder stolz darauf, eine Garnison zu beherbergen.

Auch Frankfurt hätte da gern mitgehalten, aber die – auch jüdische – Geschichte der Stadt machte dem ehrgeizigen Oberbürgermeister Friedrich Krebs einen Strich durch die Rechnung. Krebs versuchte einiges, um Frankfurt zum nationalsozialistischen Vorzeigemodell zu machen. Schon kurz nach der Amtsübernahme hatte er erklärt, er werde alles daransetzen, aus der „Stadt der Frankfurter Zeitung und Mayer Amschel Rothschilds wieder die deutsche Stadt und die Stadt Goethes" zu machen. Aber die NS-Führung schätzte die als jüdisch geprägt geltende Mainmetropole nicht sehr. Hitler trug sich erst im März 1938 in das Goldene Buch der Stadt ein. Als es darum ging, Frankfurt einen klingenden Beinamen zu verleihen, und da weder ‚Handel' noch ‚Banken' als Begriffe auftauchen sollten, kamen die Verantwortlichen auf eine absurde Idee. Anlässlich des ‚Reichshandwerkertages' am 16. Juni 1935 wurde Frankfurt zur „Stadt des deutschen Handwerks" erklärt. Das zielte weit an der Realität vorbei und blieb eine leere Formel. Aber wichtiger war, dass niemand den Beinamen mit den jüdischen Leistungen für Frankfurt in Verbindung bringen konnte.

Adolf Hitler trägt sich in das Goldene Buch der Stadt Frankfurt ein, neben ihm Oberbürgermeister Friedrich Krebs

## Deportation und Vernichtung

Auf dem Gebiet des heutigen Hessen hatten 1933 58 000 Menschen gelebt, die sich zum jüdischen Glauben bekannten. 1945 waren es noch 600. Die Vertreibung der jüdischen Mitbürger stieß in Hessen – wie überall – auf wenig Widerstand. Ganz im Gegenteil: Nicht wenige waren stolz darauf, wenn sie ihr Dorf oder ihre Stadt als „judenfrei" melden konnten. In der Nacht vom 9. auf den 10. November 1938 brannten überall in Hessen die Synagogen. Den Vorwand für die Pogrome hatte das Attentat des jungen Juden Herschel Grünspan auf den deutschen Diplomaten Ernst von Rath in Paris geliefert. Aber der ‚spontane Volkszorn' war genau geplant. Systematisch wurden Synagogen angezündet, jüdische Einrichtungen demoliert, jüdische Deutsche misshandelt und verhaftet. Dass die nicht betroffenen Deutschen die Terroraktionen „eher betreten" wie in Frankfurt oder auch in Darmstadt verfolgten, war die Ausnahme. Gerade in kleineren Orten konnten die SA- und SS-Trupps auf die aktive Mithilfe aus der Bevölkerung zählen. Die Pogromnacht sollte die über Jahrhunderte gewachsene Lebensgemeinschaft zwischen jüdischen und nichtjüdischen Deutschen endgültig beseitigen. Sie markiert den Beginn des Holocaust, der nur wenige Jahre später und wieder ohne nennenswerten Protest vollzogen wurde.

Nach einer Statistik von Thea Altaras sind von den 363 Synagogen in Hessen 40 Prozent völlig zerstört worden, die meisten anderen wurden zum Teil erheblich beschädigt. Aber nicht überall gelang die Vernichtung der jüdischen Gotteshäuser. Zwei Gebäude hat das Freilichtmuseum Hessenpark bei Neu-Anspach übernommen: eine steinerne Synagoge aus Groß-Umstadt und eine Fachwerksynagoge aus Nentershausen. Mit den Zeugnissen der jüdischen Kultur war in Hessen jahrzehntelang äußerst sorglos umgegangen worden. Ehemalige Synagogen dienten, wenn sie nicht auf Abbruch standen, als Rumpelkammern oder

Deportation Hanauer Juden vor dem ehemaligen Bahnhofsgebäude

Garagen. Zwischen 1945 und 1993 sind 66 von ihnen abgerissen, aber nur ganz wenige renoviert worden.
Wer als Jude auch noch nach der Pogromnacht in Deutschland geblieben war, vielleicht weil er keine Möglichkeiten für die Emigration hatte, der musste täglich mit neuen Drangsalierungen rechnen. Ein auch nur halbwegs ‚normales' Leben war den Juden versagt. Die wenigen Freiheiten, die sie noch besaßen, wurden immer mehr eingeschränkt. Am öffentlichen Leben konnten sie schon lange nicht mehr teilnehmen. Mit der nur wenige Tage nach der Pogromnacht erlassenen „Verordnung über die Ausschließung der Juden aus dem deutschen Wirtschaftsleben" war der sogenannten Arisierung Tür und Tor geöffnet. Jüdische Vermögen mussten zu Schleuderpreisen verkauft werden. Nicht wenige Symbolgestalten des späteren ‚Wirtschaftswunders', wie zum Beispiel Josef Neckermann, legten damals mit arisierten Unternehmen den Grundstein für ihre eigenen Firmenimperien. Zu keiner Zeit waren jüdische Menschen so rechtlos in Deutschland wie nach den November-Pogromen. Seit dem 19. September 1941 war das Tragen des gelben Judensterns Pflicht, auch das ein Relikt aus dem Mittelalter. Genau einen Monat später begannen die Deportationen aus hessischen Städten. Frankfurt machte den Anfang. 1200 Bürger wurden zum angeblichen Arbeitseinsatz in das Ghetto Litzmannstadt gebracht, bald darauf 1000 Menschen von Kassel in das Ghetto Riga. Bis zum Sommer 1943 fuhren die Züge aus Frankfurt, Kassel und Darmstadt. Insgesamt 15 000 Menschen, darunter allein 9500 aus Frankfurt, wurden in den Osten verschleppt. Kaum einer von ihnen überlebte. Auch von den Sinti und Roma, die seit Mai 1940 über das „Zigeunerlager" in Frankfurt-Riederwald zunächst in polnische Ghettos und schließlich nach Auschwitz-Birkenau gebracht wurden, sind nur wenige zurückgekehrt. 25 000 der etwa 40 000 von den NS-Stellen erfassten Sinti und Roma aus Deutschland und Österreich wurden ermordet. Obwohl die Transporte in aller Öffentlichkeit, in Frankfurt zum Beispiel vor der Festhalle, zusammengestellt wurden, entschuldigten sich viele nach dem Zweiten Weltkrieg, sie hätten davon nichts gewusst.
Aber selbst die Ermordung von Menschen hielten die Nationalsozialisten nicht geheim. Ein Beispiel dafür ist die Landesheil- und Pflegeanstalt in Hadamar. Im Rahmen ihres verbrecherischen „Erbgesundheitsprogramms", der „Aktion T4", wurden dort ab Januar 1941 geistig und körperlich behinderte Menschen, vom Säugling bis zum Greis, ermordet. Das geschah am helllichten Tag und unter den Augen der Hadamarer Bürger. Dafür war im Keller, der heute zur Gedenk-

stätte gehört, eine Tötungsfabrik gebaut worden. Die ermordeten Menschen wurden entweder in einen Sezierraum gebracht, wo sie einer nationalsozialistischen Pseudowissenschaft dienen sollten, oder direkt zur Einäscherung.
Schon nach wenigen Monaten waren 10 000 Menschen in den Kellerräumen der T4-Anstalt in Hadamar ermordet worden. Die Anstaltsleitung nahm dies zum Anlass für eine Feier, die, wie berichtet wurde, in einem Saufgelage endete. Die Bürger von Hadamar sahen die Schornsteine des Krematoriums täglich rauchen, und sie wussten, woher der Gestank kam, der dauerhaft über der Stadt lag. Unternommen haben sie nichts. Die Angst war zu groß, selbst verhaftet zu werden. Trotzdem regte sich Protest. Am 13. August 1941 schrieb der Bischof von Limburg, Antonius Hilfrich, an den Reichsminister der Justiz:

„Judenstern"

*„Alle gottesfürchtigen Menschen empfinden diese Vernichtung hilfloser Wesen als himmelschreiendes Unrecht. Beamte der Geheimen Staatspolizei suchen, wie man hört, das Reden über die Hadamarer Vorgänge mit strengen Drohungen zu unterdrücken. Es mag im Interesse der öffentlichen Ruhe gute Absicht sein. Das Wissen und die Überzeugung und die Entrüstung der Bevölkerung werden damit nicht geändert; die Überzeugung wird um die bittere Erkenntnis vermehrt, dass das Reden mit Drohungen verboten wird, die Handlungen aber nicht strafrechtlich verfolgt werden."*[6]

Hilfrichs Brief blieb nicht der einzige. Schließlich führte der kirchliche Protest, vor allem die mutigen Predigten des Bischofs Galen in Münster, zur Einstellung der Euthanasiemorde noch im August 1941. Das Töten hatte damit aber kein Ende. In einer zweiten Phase, vom August 1942 bis Ende März 1945, wurden noch einmal über 4000 Menschen in Hadamar ermordet, mit Giftspritzen und Tabletten. Darunter auch viele Zwangsarbeiter, die als nicht mehr einsatzfähig galten.
Zwangsarbeiter aus der Sowjetunion, Polen, Frankreich oder anderen besetzten Ländern waren fast überall in Hessen anzutreffen. Selbst in kleinen Ortschaften, wo eine Ziegelei stand oder wo ein Bauer eine Hilfskraft benötigte. Aber in besonders großer Zahl wurden sie in Rüstungs- und Munitionsbetrieben eingesetzt, wie etwa in den beiden Sprengstoffwerken von Stadtallendorf. Über 8000 Kriegsgefangene, Strafgefangene und KZ-Häftlinge aus 20 Nationen produzier-

ten dort unter unmenschlichen Bedingungen TNT und andere Chemikalien, die den sogenannten Wunderwaffen V1 und V2 die Durchschlagskraft sichern sollten. Zwangsarbeiter genossen keinen Schutz. Sie konnten misshandelt und schon bei kleinen Verstößen deportiert oder ermordet werden. Allein im Bereich der Wehrwirtschaftsinspektion Kassel waren 1942 25 000 Zwangsarbeiter registriert.

## Hessen im Zweiten Weltkrieg

Die Anzettelung des Zweiten Weltkriegs, die Ermordung von Millionen Menschen und die dauernde Misshandlung von Zwangsarbeitern rächte sich bitter. Nach ‚Blitzsiegen' im Osten und Westen wendete sich langsam das Blatt. Immer mehr Familien hatten Opfer zu beklagen, die Versorgungslage wurde schwieriger, und dann begann, im Sommer 1942, die systematische Bombardierung deutscher Städte, großer Industrieanlagen und wichtiger Versorgungseinrichtungen. Am 17. Mai 1943 zerstörten britische Bomber die Staumauer des Edersees. In der Flutwelle, die bis nach Kassel reichte, starben mindestens 70 Menschen. 6000 Opfer forderte der Luftangriff auf Kassel in der Nacht vom 22. auf den 23. Oktober 1943. Die gotische Altstadt von Frankfurt ging am 18. und 22. März 1944 in Flammen auf. Bei den beiden Angriffen auf Frankfurt starben über 4800 Menschen.

6000 Opfer forderte der Luftangriff auf Kassel in der Nacht vom 22. auf den 23. Oktober 1943. Die gotische Altstadt von Frankfurt ging am 18. und 22. März 1944 in Flammen auf. Bei den beiden Angriffen auf Frankfurt starben über 4800 Menschen.

Darmstadt verwandelte sich in der Nacht vom 11. auf den 12. September 1944 in eine Trümmerwüste mit über 8400 Toten. Am 6. Dezember 1944 versank Gießen in Schutt und Asche. Die meisten hessischen Städte waren bis Kriegsende Ziel der alliierten Bombardements – mit mehr oder weniger großen Schäden. Nur acht Tage vor dem Einmarsch der Amerikaner, am 19. März 1945, wurde Hanau dem Erdboden gleichgemacht. Von den 450 Häusern der Altstadt standen nur noch sieben.

Der verheerende Angriff auf Kassel hatte noch ein politisches Nachspiel. Gauleiter Weinrich war nämlich in der Nacht vom 22. auf den 23. Oktober 1943 nicht in der Stadt gewesen, sondern hatte in Bad Wildungen bei einem Kameradschaftsabend gefeiert. Goebbels selbst begab sich nach Kassel und beschuldigte Weinrich in seinem Bericht, als Reichsverteidigungskommissar für Kurhessen keine ausreichenden Schutzvorrichtungen geschaffen zu haben. Der Gauleiter wurde seines Postens enthoben und durch den SS-Mann Karl Gerland

Die zerstörte Frankfurter Altstadt im März 1945. Luftbild der U. S. Airforce (links)

Die Frankfurter Altstadt vor ihrer Zerstörung im Zweiten Weltkrieg (rechts)

ersetzt, der auch das Amt des preußischen Oberpräsidenten übernahm. Denn der mit dem italienischen Königshaus eng verbundene Prinz Philipp von Hessen war nach der Kapitulation Italiens in Ungnade gefallen und in das Konzentrationslager Flossenbürg eingeliefert worden. Seine Frau Mafalda, die Tochter des italienischen Königs Viktor Emanuel, starb im August 1944 bei einem Luftangriff auf das KZ Buchenwald, wo sie seit dem Sturz ihres Mannes einsaß.
Der in Frankfurt residierende Gauleiter Jakob Sprenger nutzte die Gunst der Stunde und erreichte mit einem Führererlass die Teilung der preußischen Provinz Hessen-Nassau in die zwei neuen Provinzen Kurhessen und Nassau. Er selbst wurde am 1. Juli 1944 Oberpräsident von Nassau und musste sich mit keinem Konkurrenten in Kassel mehr auseinandersetzen. Er hatte damit die völlige politische Kontrolle über das Gebiet, das sowohl den NSDAP-Gau Hessen-Nassau als auch die neu geschaffene Provinz Nassau umfasste. Die Grenzen der beiden preußischen Provinzen Kurhessen und Nassau entsprachen nun denen der NSDAP-Gaue. Die Trennung zwischen Partei und Staat war damit in Hessen weitestgehend aufgehoben.
Während in Deutschland die Städte im Feuersturm verglühten, versuchten mutige Politiker und Widerstandskämpfer, das Steuer herumzureißen, Hitler zu beseitigen und zu einem Frieden mit den Alliierten zu kommen. Eine der wichtigsten Gruppierungen war der ‚Kreisauer Kreis', benannt nach dem Gut von Hellmuth James Graf von Moltke in Niederschlesien. Dort trafen sich die Vertreter aller weltanschaulichen Richtungen, um über einen Umsturz in Deutschland nachzudenken. Dass Hitler beseitigt werden musste, um eine Neuordnung in

Wilhelm Leuschner als Angeklagter vor dem Volksgerichtshof am 8. September 1944 (links)

Adolf Hitler am 5. Januar 1945 mit Generalfeldmarschall Albert Kesselring in seinem Hauptquartier „Adlerhorst" (rechts)

Deutschland zu erreichen, war Konsens. Allerdings gingen die Meinungen, ob das auch Mord bedeuten musste, weit auseinander. Gerade die Oppositionellen, die ein christliches Fundament hatten, scheuten davor zurück, einen Menschen zu töten. Eine weitgehende Übereinstimmung konnten die Kreisauer dagegen in einigen anderen zentralen Fragen erzielen. „Im Vordergrund der Planungen", so der Historiker Hermann Weiß, „stand die Erneuerung des Staates, sein Verhältnis zum Individuum, zu Wirtschaft und Arbeitswelt und zu den Kirchen"[7].
In Kreisau trafen sich bei drei Zusammenkünften hohe Militärs und Beamte, Sozialisten und Konservative, Theologen und Geistliche, Gewerkschafter und Kommunisten, darunter der Diplomat Adam von Trott zu Solz, der Jesuit Alfred Delp, der Pädagoge Adolf Reichwein, der Sozialdemokrat Carlo Mierendorff (der am 4. Dezember 1943 bei einem Fliegerangriff ums Leben kam) und Wilhelm Leuschner. Der ehemalige Innenminister des Volksstaats Hessen war bis zum Juni 1934 ohne Prozess u. a. in dem gefürchteten KZ Börgermoor gefangen gehalten worden. Danach arbeitete er in einer von Gewerkschaftern gegründeten Fabrik für Armaturen und Bierzapfhähne, die militärisch interessante Patente besaß. Leuschner konnte so viel reisen und politische Kontakte knüpfen, zum Beispiel zu hohen Militärs, die ebenfalls in Opposition zu Hitler standen. „Es gab rechts bis links kaum einen Oppositionellen von Bedeutung", so Eugen Kogon, „mit dem er nicht in Verbindung gestanden hätte, oft war er um den Ausgleich gegensätzlicher Auffassungen bemüht"[8].
Nach der Ermordung Hitlers wäre er Vizekanzler geworden. Aber das Attentat gegen Hitler am 20. Juli 1944 scheiterte. Für wenige Stunden hatte es so aus-

gesehen, als ob Hitler die Bombenexplosion in seinem Hauptquartier „Wolfsschanze" nicht überleben würde. Der Umsturz schien geglückt, und in Berlin wurde der Machtwechsel militärisch vorbereitet. In Kassel gaben daraufhin der Studienrat Hermann Kaiser und der Stabsoffizier Claus-Henning von Plate den Befehl, Gauleiter Gerland und den SS-Obergruppenführer Erbprinz Josias von Waldeck-Pyrmont zu verhaften. Für den Wehrkreis Wiesbaden war der Rechtsanwalt Ludwig Schwamb als Politischer Bevollmächtigter vorgesehen. Aber schon bald wurde deutlich, dass das Attentat gescheitert war. Noch am 20. Juli nahm sich in Berlin einer der führenden Köpfe des Umsturzversuchs, der aus Wiesbaden stammende Generaloberst Ludwig Beck, das Leben. Kaiser und Schwamb wurden in den folgenden Tagen verhaftet und am 23. Januar 1945 zusammen mit dem ehemaligen Reichsbanner-Führer Theodor Haubach in Berlin-Plötzensee hingerichtet. Haubach hatte engen Kontakt zu Wilhelm Leuschner, Adolf Reichwein und Franz Leuninger, die im Widerstand die sozialdemokratisch-gewerkschaftlichen Ideen vertraten. Leuschner wurde am 8. September 1944 vom Volksgerichtshof unter dem Vorsitz des früheren Kasseler NSDAP-Funktionärs Roland Freisler zum Tod verurteilt. In der mit wüsten Beschimpfungen durchsetzten Urteilsbegründung hieß es über Leuschner und seine Mitangeklagten, sie seien „ehrgeizzerfressene, ehrlose, feige Verräter", die sich verschworen hätten, um „als Minister einer feindhörigen Verräterregierung unser Volk in dunkler Reaktion zu knechten und unseren Feinden auf Gnade und Ungnade auszuliefern". Leuschner wurde am 29. September 1944 hingerichtet, Adolf Reichwein am 20. Oktober 1944. Der ebenfalls zu den Verschwörern zählende Adam Trott zu Solz, der aus einem alten hessischen Rittergeschlecht stammte, war bereits am 25. August 1944 ermordet worden. Pater Alfred Delp, der den katholischen Widerstand verkörperte, wurde am 2. Februar 1945 ebenfalls in Berlin-Plötzensee gehängt. Er hatte seine Kindheit in Lampertheim und Dieburg verbracht.

Diese Namen stehen stellvertretend für die vielen – Kommunisten, Sozialdemokraten, Gewerkschafter, bekennenden Christen, Soldaten und andere –, die im Widerstand ihr Leben ließen. Selbst als die alliierten Truppen schon auf deutschem Boden standen, verhängte der Volksgerichtshof noch Todesurteile und ließ sie vollstrecken.

Gegen Ende des Krieges rückte Hessen noch einmal in den Mittelpunkt des militärischen Geschehens, und zwar mit dem „Führerhauptquartier Adlerhorst" bei Ziegenberg. Das Kommandozentrum war bereits 1938 von der Organisation

Plakat von Mjölnir (= Hans Schweitzer), 1945

Todt angelegt worden. Militärische Bedeutung erlangte es aber erst Ende 1944. Hitler leitete von dort aus zwischen dem 11. Dezember 1944 und dem 15. Januar 1945 die sogenannte Ardennen-Offensive, die den Krieg im Westen für Deutschland entscheiden sollte, aber schon bald scheiterte. Hitler kehrte nach Berlin in die Reichskanzlei zurück, wo er Selbstmord verübte.

Amerikanische Soldaten besetzen Bensheim am 27. März 1945

Die Besetzung Hessens Ende März 1945 durch amerikanische Truppen ging rasch. Das letzte Aufgebot, der Volkssturm, war den alliierten Soldaten in jeder Hinsicht unterlegen. Trotzdem starben auch noch in aussichtsloser Situation Menschen, die nicht aufhören wollten an Hitler, die Wunderwaffe und den Endsieg zu glauben.

Der Neuaufbau nach der Kapitulation am 8. Mai 1945 begann mit Menschen, die das andere Deutschland verkörperten, die im Konzentrationslager gesessen hatten oder im Exil gewesen waren.

---

[1] Dieter Rebentisch: Nationalsozialistische Revolution, Parteiherrschaft und totaler Krieg in Hessen. In: Uwe Schultz (Hrsg.): Die Geschichte Hessens. Stuttgart 1983, S. 237.

[2] Martin Doerry: „Mein verwundetes Herz". Das Leben der Lilli Jahn 1900–1944. Stuttgart/München 2002, S. 178 ff.

[3] Zitiert nach: Lothar Bembenek/Axel Ulrich: Widerstand und Verfolgung in Wiesbaden 1933–1945. Gießen 1990, S. 127.

[4] Heinrich Pingel-Rollmann: Widerstand und Verfolgung in Darmstadt und der Provinz Starkenburg 1933–1945. Darmstadt/Marburg 1985, S. 160.

[5] Zitiert nach: Paul Arnsberg: Geschichte der Frankfurter Juden seit der Französischen Revolution. Band 1. Darmstadt 1983, S. 913.

[6] Zitiert nach: Bembenek/Ulrich, a.a.O., S. 244.

[7] Hermann Weiß: Kreisauer Kreis. In: Wolfgang Benz/Walter H. Pehle: Lexikon des Widerstands. Frankfurt am Main 1994, S. 251.

[8] Eugen Kogon: Wilhelm Leuschners politischer Weg. In: Wilhelm Leuschner. Auftrag und Verpflichtung. Wiesbaden 1993, S. 24.

# Der Neubeginn nach 1945

6

Hungernde Hanauer plündern einen Güterwagen am 27. März 1945

Schon mehr als drei Wochen vor der offiziellen Kapitulation des Deutschen Reichs war Hessen fest in amerikanischer Hand. Aber was die siegreichen Truppen vorfanden, war ein weitgehend zerstörtes Land. Nichts funktionierte mehr. Strom- und Wasserleitungen waren unterbrochen, die Brücken gesprengt. Auf den mit Trümmern übersäten Straßen kamen die Fahrzeuge nur mühsam voran. An eine auch nur halbwegs geregelte Lebensmittelversorgung war nicht zu denken, denn die zivile und militärische Verwaltung funktionierte nicht mehr. Aus Angst vor den Amerikanern hatten sich die meisten NS-Funktionäre aus dem Staub gemacht. Frankfurt, Kassel, Darmstadt, Offenbach, Hanau oder Gießen wirkten wie Geisterstädte. Unvorstellbar, dass dort einmal Menschen gewohnt hatten. Als der Schweizer Schriftsteller Max Frisch nicht lange nach Kriegsende Frankfurt besuchte, traute er seinen Augen nicht und notierte in seinem Tagebuch:

*„Wenn man in Frankfurt steht, zumal in der alten Innenstadt, und wenn man an München zurückdenkt: München kann man sich vorstellen, Frankfurt nicht mehr. Eine Tafel zeigt, wo das Goethehaus stand. Dass man nicht mehr auf dem alten Straßenboden geht, entscheidet den Eindruck: die Ruinen stehen nicht, sondern versinken*

Die zerstörte Paulskirche, 1945

*in ihrem eigenen Schutt, und oft erinnert es mich an die heimatlichen Berge, schmale Ziegenwege führen über die Hügel von Geröll, und was noch steht, sind die bizarren Türme eines verwitterten Grates; einmal eine Abortröhre, die in den blauen Himmel ragt, drei Anschlüsse zeigen, wo die Stockwerke waren. So stapft man umher, die Hände in den Hosentaschen, weiß eigentlich nicht, wohin man schauen soll."*[1]

13 Millionen Kubikmeter Schutt mussten allein in Frankfurt beseitigt werden. Das dauerte bis 1965. Was sich nicht zum Bauen wiederverwerten ließ, wurde auf dem „Monte Scherbelino" im Frankfurter Stadtwald abgelagert. Mit seinen 36 Metern Höhe ist er ein monumentales, wenngleich verborgenes Denkmal für die Zerstörung Frankfurts im Zweiten Weltkrieg geworden. Von den 550 000 Einwohnern im Jahr 1939 lebten 1945 noch 269 000, also nicht einmal mehr die Hälfte, in der Stadt. In Kassel waren es 71 000 statt über 216 000, in Darmstadt 40 000 von vorher 115 000. Und in den anderen großen hessischen Städten sah es ähnlich aus – mit der Ausnahme von Wiesbaden, das verhältnismäßig wenig zerstört war und deshalb gute Voraussetzung bot, die amerikanische Militärverwaltung und später die Regierung des Landes Hessen aufzunehmen.

Proklamation Nr. 2 der amerikanischen Militärregierung

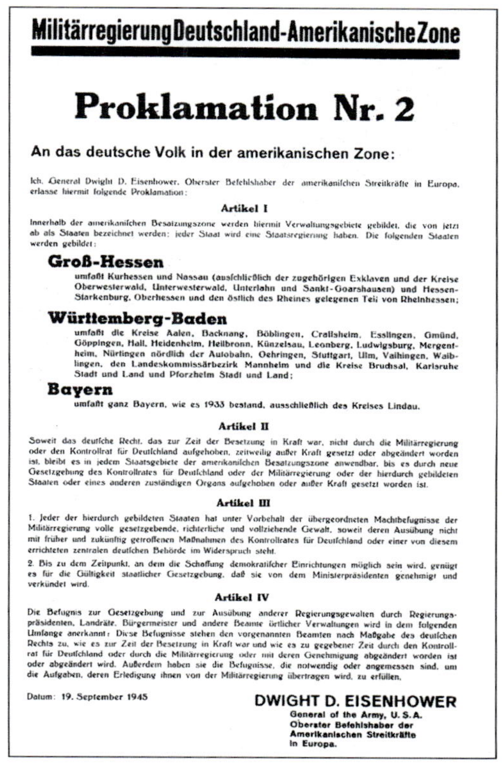

**Militärregierung Deutschland-Amerikanische Zone**

**Proklamation Nr. 2**

**An das deutsche Volk in der amerikanischen Zone:**

Ich, General Dwight D. Eisenhower, Oberster Befehlshaber der amerikanischen Streitkräfte in Europa, erlasse hiermit folgende Proklamation:

**Artikel I**

Innerhalb der amerikanischen Besatzungszone werden hiermit Verwaltungsgebiete gebildet, die von jetzt ab als Staaten bezeichnet werden; jeder Staat wird eine Staatsregierung haben. Die folgenden Staaten werden gebildet:

**Groß-Hessen**
umfaßt Kurhessen und Nassau (ausschließlich der zugehörigen Exklaven und der Kreise Oberwesterwald, Unterwesterwald, Unterlahn und Sankt-Goarshausen) und Hessen-Starkenburg, Oberhessen und den östlich des Rheines gelegenen Teil von Rheinhessen;

**Württemberg-Baden**
umfaßt die Kreise Aalen, Backnang, Böblingen, Crailsheim, Esslingen, Gmünd, Göppingen, Hall, Heidenheim, Heilbronn, Künzelsau, Leonberg, Ludwigsburg, Mergentheim, Nürtingen nördlich der Autobahn, Oehringen, Stuttgart, Ulm, Vaihingen, Waiblingen, den Landeskommissärbezirk Mannheim und die Kreise Bruchsal, Karlsruhe Stadt und Land und Pforzheim Stadt und Land;

**Bayern**
umfaßt ganz Bayern, wie es 1933 bestand, ausschließlich des Kreises Lindau.

**Artikel II**

Soweit das deutsche Recht, das zur Zeit der Besetzung in Kraft war, nicht durch die Militärregierung oder den Kontrollrat für Deutschland aufgehoben, zeitweilig außer Kraft gesetzt oder abgeändert worden ist, bleibt es in jedem Staatsgebiete der amerikanischen Besatzungszone anwendbar, bis es durch neue Gesetzgebung des Kontrollrates für Deutschland oder der Militärregierung oder der hierdurch gebildeten Staaten oder eines anderen zuständigen Organs aufgehoben oder außer Kraft gesetzt worden ist.

**Artikel III**

1. Jeder der hierdurch gebildeten Staaten hat unter Vorbehalt der übergeordneten Machtbefugnisse der Militärregierung volle gesetzgebende, richterliche und vollziehende Gewalt, soweit deren Ausübung nicht mit früher und zukünftig getroffenen Maßnahmen des Kontrollrates für Deutschland oder einer von diesem errichteten zentralen deutschen Behörde im Widerspruch steht.

2. Bis zu dem Zeitpunkt, an dem die Schaffung demokratischer Einrichtungen möglich sein wird, genügt es für die Gültigkeit staatlicher Gesetzgebung, daß sie von dem Ministerpräsidenten genehmigt und verkündet wird.

**Artikel IV**

Die Befugnis zur Gesetzgebung und zur Ausübung anderer Regierungsgewalten durch Regierungspräsidenten, Landräte, Bürgermeister und andere Beamte örtlicher Verwaltungen wird in dem folgenden Umfange anerkannt: Diese Befugnisse stehen den vorgenannten Beamten nach Maßgabe des deutschen Rechts zu, wie es zur Zeit der Besetzung in Kraft war und wie es zu gegebener Zeit durch den Kontrollrat für Deutschland oder durch die Militärregierung oder mit deren Genehmigung abgeändert worden ist oder abgeändert wird. Außerdem haben sie die Befugnisse, die notwendig oder angemessen sind, um die Aufgaben, deren Erledigung ihnen von der Militärregierung übertragen wird, zu erfüllen.

Datum: 19. September 1945

**DWIGHT D. EISENHOWER**
**General of the Army, U. S. A.**
**Oberster Befehlshaber der Amerikanischen Streitkräfte in Europa.**

## Die neue Verfassung

Die Besatzungsmacht stand vor gewaltigen Problemen, die sie mit Entschlossenheit anpackte. Aus Deutschland sollte wieder, wie zu Weimarer Zeiten, eine parlamentarische Demokratie werden, allerdings mit einem stärkeren politischen Gewicht bei den Ländern. Zunächst stand die Frage an, wie viele hessische Länder es überhaupt geben solle: nur eins oder gleich zwei oder vielleicht sogar gar keins? Drei Möglichkeiten schälten sich für die amerikanische Besatzungszone heraus: ein großer ‚Weststaat' mit Württemberg, Baden, Hessen(-Darmstadt) und Hessen-Nassau; zwei selbstständige Staaten Württemberg-Baden und Groß-Hessen oder die drei Länder Württemberg-Baden, Hessen(-Darmstadt) und Hessen-Nassau. Die Amerikaner mit Lucius D. Clay als stellvertretendem Militärgouverneur an der Spitze favorisierten zunächst die dritte Möglichkeit. Darmstadt und Marburg wären dann die Hauptstädte der beiden hessischen Länder geworden. Dagegen regte sich Widerstand von verschiedenen Seiten. Gerade die deutschen Politiker sahen die historische

Karl Geiler

Wahlplakat der SPD, 1946

Chance, die seit fast 400 Jahren währende Teilung Hessens aufzuheben. Clay ließ sich schließlich überzeugen. Am 19. September 1945 veröffentlichte der Oberste Befehlshaber der Amerikanischen Streitkräfte in Europa, Dwight D. Eisenhower, die „Proklamation Nr. 2", in der er die Bildung von Bayern, Württemberg-Baden und Groß-Hessen bekanntgab. Dieses Groß-Hessen, das bald nur noch Hessen hieß, setzte sich aus der ehemaligen preußischen Provinz Hessen-Nassau und dem früheren Volksstaat Hessen zusammen, allerdings waren Rheinhessen und die Kreise Oberwesterwald, Unterwesterwald, Unterlahn und Sankt Goarshausen abgetrennt worden. Sie fielen zunächst der französischen Besatzungsmacht zu und wurden dann Teil von Rheinland-Pfalz. Kurz nach der Proklamation setzten die Amerikaner eine hessische Landesregierung ein. Erster Ministerpräsident wurde am 16. Oktober 1945 in Wiesbaden der parteilose Wirtschaftsprofessor Karl Geiler. Bei der Rekrutierung ihrer deutschen Mitarbeiter legte die Militärregierung besonderen Wert darauf, ‚unbelastete' Personen zu finden. Sie selbst hatte dafür ‚Weiße Listen' angelegt, die Namen von Nazigegnern enthielten, und sie verließ sich auf Empfehlungen von Vertrauenspersonen. Als Regierungspräsidenten in Kassel, Darmstadt und Wiesbaden bestellten sie mit Fritz Hoch, Ludwig Bergsträsser und Hans Bredow bzw. Martin Nischalke Politiker, die von den Nationalsozialisten verfolgt worden waren. Schon nach wenigen Monaten hatte die Militärregierung die wichtigsten Positionen auf allen politischen Entscheidungsebenen besetzt.

Auch der Aufbau der Parteien kam rasch voran. Neben die schon in der Weimarer Republik aktiven SPD und KPD traten die Liberaldemokratische Partei (LDP) und die von Christen beider Konfessionen getragene Christlich-Demokratische Union (CDU). Sie sollten die zukünftigen Geschicke des Landes Hessen bestimmen. Allerdings schwand der Einfluss der KPD in dem Maß, wie sich in der Sowjetischen Besatzungszone eine stalinistische Diktatur herausbildete. Mit Ausnahme der Liberaldemokraten waren sich die Parteien darin einig, dass die Schlüsselindustrien, also Bergbau, Stahlerzeugung, Verkehr, Energiewirtschaft, Banken und Versicherungen, verstaatlicht werden sollten.

Deshalb nahmen die hessischen Politiker in ihren Entwurf einer neuen Landesverfassung auch einen Artikel auf, der die Verstaatlichung legitimieren sollte. Aber gerade dieser Passus stieß bei der Militärregierung auf wenig Gegenliebe. General Clay war ein vom amerikanischen Kapitalismus überzeugter Offizier. Und warum sollte das, was in den USA so hervorragend funktionierte, nicht auch gut für Hessen sein? Er verzichtete aber auf ein Veto und ließ den Entwurf ohne Änderung passieren. Allerdings verlangte er, dass über den Verstaatlichungsartikel separat abgestimmt werden sollte. Am 1. Dezember 1946 votierten 76,8 Prozent der Hessen für ihre neue Verfassung. Der Verstaatlichungsartikel fand bei 72 Prozent Zustimmung. Praktische Konsequenzen hatte das allerdings nicht. Der Artikel wurde nie angewendet. Die Sozialisierung wichtiger Betriebe blieb aus. 1954 hob der Hessische Landtag den Artikel dann ganz auf.

1946 war in Hessen das Jahr der Wahlen. Zwölf Jahre lang hatten die Bürger die Politik Hitlers in sogenannten ‚Volksabstimmungen' nur bestätigen dürfen; jetzt waren sie aufgerufen, in insgesamt fünf Urnengängen ihre Gemeindeparlamente, Kreistage und Stadtverordnetenversammlungen, die Verfassungsberatende Landesversammlung und schließlich, am 1. Dezember 1946 mit der Abstimmung über die Verfassung, den ersten Hessischen Landtag zu wählen. Die SPD wurde dabei die stärkste Partei in Hessen, gefolgt von der CDU. Beide bildeten eine große Koalition, die der SPD-Politiker und bisherige Präsident der Landesversicherungsanstalt Christian Stock anführte. In seinem Kabinett saß als Justizminister ein Mann, der später für lange Zeit die Geschicke Hessens bestimmen sollte: Georg August Zinn.

Wahlplakat der KPD, 1946

Christian Stock und sein Nachfolger Georg August Zinn, 1951

## Integration und Entnazifizierung

Die Probleme, vor die sich die neue hessische Regierung gestellt sah, schienen zunächst kaum lösbar. Da war zunächst die katastrophale Versorgungslage der Bevölkerung, die sich im harten Winter 1945/46 noch weiter verschlechterte. Schon die offiziellen Rationen, die es auf Lebensmittelmarken gab, lagen unter dem Existenzminimum. Aber nicht immer waren genügend Brot, Fett, Fleisch oder Kartoffeln vorhanden, um diesen geringen Bedarf befriedigen zu können.

Nur weil Millionen von Care-Paketen aus den USA kamen und die Militärverwaltung dafür sorgte, dass über 300 000 Kinder eine Schulspeisung erhielten, konnte Ende 1947 eine katastrophale Hungersnot verhindert werden. Denn obwohl die Versorgungsbetriebe wieder arbeiteten, die Fabriken wieder produzierten und die Bauern ihr Bestes gaben, um die Grundversorgung zu sichern, war keine kurzfristige Besserung in Aussicht. Das lag an den sprunghaft wachsenden Bevölkerungszahlen.

Direkt nach Kriegsende wirkten die großen Städte in Hessen wie entvölkert. Aber schon bald kehrten die Menschen zurück, die sich vor den alliierten Bomben auf das Land geflüchtet hatten. Ehemalige Soldaten kamen aus der Kriegsgefangenschaft und suchten ihre Familien. Befreite KZ-Häftlinge und die aus vielen Ländern stammenden ehemaligen Zwangsarbeiter, die bei den Amerikanern „displaced persons“ hießen, warteten in speziellen Lagern darauf, wie es mit ihnen weitergehen sollte. Die meisten kehrten schließlich in ihre Heimatländer zurück. Etwa 30 000 „DPs“, vor allem aus Osteuropa, blieben in Hessen. Die größte Herausforderung für die Verwaltung, die Nahrungsmittelversorgung und die gesamte Infrastruktur waren aber die Vertriebenen, die sich vor allem aus den abgetrennten deutschen Ostgebieten, aus der Tschechoslowakei, Ungarn und Rumänien in die Westzonen geflüchtet hatten. Bis Mitte 1949 stieg ihre Gesamtzahl auf über 650 000. Sie machten damit gut 15 Prozent der hessischen Bevölkerung aus. Hinzu kamen über 200 000 evakuierte Menschen aus anderen deutschen Ländern und 48 000 Zuwanderer aus der Sowjetischen Besatzungszone (SBZ). Hessen lag jetzt direkt am Eisernen Vorhang, der den kapitalistischen Westen vom kommunistischen Osten trennte. Der Flüchtlingsstrom aus der Sowjetischen Besatzungszone (bzw. der 1949 gegründeten DDR) sollte auch später nicht abreißen. Ende 1949 wurde in Hessen fast eine Million neue Einwohner gezählt, die essen mussten, nicht frieren sollten, Kleidung benötigten und ein

Der Frankfurter Oberbürgermeister Walter Kolb bei der Trümmerbeseitigung auf dem Römerberg

Dach über dem Kopf. Im Schnitt lebten zwei Menschen in einem Raum. Familien, die über genügend Platz verfügten, mussten zusammenrücken und Flüchtlinge aufnehmen. Das sorgte für böses Blut. Kaum jemand wollte freiwillig etwas abgeben. Die Solidarität stieß da an ihre Grenzen, wo es nur notdürftig für die eigene Familie langte. Trotzdem ging die Integration der Vertriebenen erstaunlich reibungslos vonstatten. Der Historiker Rolf Messerschmidt führt das gerade auf die Zwangseinweisungen in die privaten Haushalte zurück: „Über diese Form der Unterbringung wuchs letztlich das Verständnis der einheimischen Bevölkerung für die Situation der Neubürger, auch wenn man sie nicht auf Dauer im eigenen Haus oder in der eigenen Wohnung haben wollte."[2]

Die Frankfurter Paulskirche im Wiederaufbau, 1947

Neben der Versorgung der Bevölkerung mit dem Lebensnotwendigsten und der Integration der Flüchtlinge musste als dritte große Aufgabe die Entnazifizierung geleistet werden. Die Militärregierung hatte zunächst einen harten Kurs gefahren. Keinem amerikanischen Soldaten war es erlaubt, einem Deutschen auch nur die Hand zu geben. Eine vertrauensvolle Zusammenarbeit konnte sich so nicht entwickeln. Die Praxis sah deshalb bald anders aus. Auch erkannten die Amerikaner, dass nicht alle Deutsche Nazis gewesen waren. Zunächst mussten endlose Fragebögen ausgefüllt werden. Im März 1946 wurden dann die Spruchkammern gebildet, die bis zum Ende der gesetzlichen Entnazifizierung im Oktober 1951 allein in Hessen fast eine Million Verfahren abwickelten. Als Hauptschuldige, Schuldige, Minderbelastete und Mitläufer wurden letztlich rund 160 000 Hessen eingestuft. Sie erhielten Haftstrafen, Berufsverbot und Geldbußen. Die Entnazifizierung mit Fragebögen und Spruchkammern war sicher nicht die beste Lösung. Eugen Kogon hat sie sogar als „Geburtsfehler der Demokratie" bezeichnet: Und Kogon wusste, wovon er sprach. Er war als Redakteur einer linkskatholischen Zeitschrift im Konzentrationslager Buchenwald inhaftiert gewesen und hatte darüber u. a. in seinem 1946 erschienenen Buch „Der SS-Staat" berichtet. Für Hessen fiel seine Bilanz allerdings nicht so negativ aus:

*„Eine erkleckliche Anzahl von ‚Ehemaligen' ist als angeblich nichtbetroffen oder als lediglich Mitläufer in maßgebliche gesellschaftliche und staatliche Positionen zurückgekehrt; und peinlich war, dass die demokratischen Parteien von Anfang an bei den Wahlen auf die Stimmen derer mitangewiesen waren, die soeben von den Spruchkammern belangt worden waren und belangt wurden. Trotz allem ist in Hessen das Abenteuer der politischen ‚Säuberung' weniger schädlich verlaufen als in einigen anderen westdeutschen Bezirken"*[3].

Als der Hessische Landtag nach vier Jahren seine erste Legislaturperiode beendete, hatte sich die Situation im Vergleich zu 1946 grundlegend geändert. Durch die Währungsreform im Juni 1948 war das Geld wieder etwas wert. Fast über Nacht hatten sich die Schaufenster mit Gebrauchsgütern und Luxusartikeln gefüllt. Niemand musste mehr hungern. Die Industrieproduktion wuchs von Jahr zu Jahr. In den Städten gingen die Aufräumarbeiten voran, und neue Wohnungen entstanden in erstaunlichem Tempo. Die Gründe für den raschen Aufschwung lagen vor allem in einer Wirtschaftspolitik, die auf die Kräfte des Marktes setzte, und in dem amerikanischen Wiederaufbauprogramm für Westeuropa, das sich nach dem US-Außenminister George C. Marshall nannte. Bis 1952 profitierte besonders die Bundesrepublik von der amerikanischen Hilfe. Damit waren aber auch die Weichen für eine soziale Marktwirtschaft gestellt.

Die Schuhabteilung des Kaufhofs auf der Frankfurter Zeil, 1952

## Hessen wird Bundesland

Langsam begann sich das Leben in Deutschland zu normalisieren. Zeitungen erschienen wieder, darunter die „Frankfurter Rundschau“, das „Darmstädter Echo“, die „Hessischen Nachrichten“ in Kassel, die „Fuldaer Volkszeitung“ und schließlich die „Frankfurter Allgemeine Zeitung“, die sich in der Tradition der von den Nationalsozialisten verbotenen „Frankfurter Zeitung“

sah. Radio Frankfurt ging am 28. Januar 1949 als Hessischer Rundfunk in deutsche Hände über. Theater und Kinos spielten wieder. Bedeutende Verlage wie Suhrkamp, Fischer, Insel und Brockhaus ließen sich in Hessen nieder, und die traditionsreiche Frankfurter Buchmesse öffnete wieder ihre Pforten. In Frankfurt wurde das bis auf die Grundmauern zerstörte Geburtshaus Goethes rekonstruiert, und in der wiederaufgebauten Paulskirche nahm Thomas Mann am 25. Juli 1949 den Goethepreis entgegen. Kurz vorher, am 23. Mai 1949, war das Grundgesetz verabschiedet und damit die Bundesrepublik Deutschland gegründet worden. Der hessischen Sozialdemokratin Elisabeth Selbert ist es zu verdanken, dass im Grundgesetz die Gleichberechtigung von Mann und Frau festgeschrieben wurde. Nur gegen erhebliche Widerstände war es ihr erst in der zweiten Lesung gelungen, die Formulierung durchzusetzen. Bis aus dem Gebot des Grundgesetzes aber politische und gesellschaftliche Wirklichkeit wurde, sollte es noch Jahre dauern. Noch zu Beginn der fünfziger Jahre durfte eine Ehefrau nur mit der Zustimmung ihres Mannes ein Bankkonto eröffnen oder einen Beruf ausüben.

Eine große Enttäuschung erlebte Frankfurt als jahrhundertelange heimliche Hauptstadt Deutschlands und als Ort der ersten Deutschen Nationalversammlung. Mit knapper Mehrheit stimmte der Parlamentarische Rat am 10. Mai 1949 für Bonn und nicht für Frankfurt als vorläufige Hauptstadt der Bundesrepublik. Das war eine Überraschung. Im Archiv des Hessischen Rundfunks liegt noch die damals vorproduzierte Dankesrede von Frankfurts Oberbürgermeister Walter Kolb. Sie wurde natürlich nie gesendet. Kolb war von der Wahl Frankfurts fest überzeugt gewesen und hatte unter anderem gesagt:

*„Unsere Stadt Frankfurt hat die Nachricht, dass sie zur Bundeshauptstadt gewählt wurde, keineswegs mit dem Gefühl irgendeines Triumphes gegenüber anderen deutschen Städten, die gleichfalls zur Wahl standen, aufgenommen. Sie gibt vielmehr ihrer Freude Ausdruck, dass der Parlamentarische Rat in Bonn nach rein praktischen und sachlichen Gesichtspunkten entschieden und damit dem Wunsche des größten Teiles der deutschen Bürger der Westzonen entsprochen hat.“*[4]

Einen Ersatz gab es für Frankfurt nicht. Denn Wiesbaden blieb auch die Hauptstadt des neuen Bundeslandes Hessen.

Für weitere Überraschungen sorgte die Landtagswahl vom 6. Dezember 1950. Zwar erzielte die SPD mit 44,4 Prozent der Stimmen durch die Besonderheiten des hessischen Wahlrechts erwartungsgemäß die absolute Mehrheit, aber die

Als Abgeordnete des Parlamentarischen Rats unterzeichnet Elisabeth Selbert am 23. Mai 1949 das Grundgesetz

Die wiederhergestellte Paulskirche, 1949

Karikatur der Rhein-Neckar-Zeitung zum Hauptstadt-Streit zwischen Frankfurt und Bonn, 30. Juni 1949

zweitstärkste Partei wurde nicht die CDU (18,8 Prozent), sondern mit 31,8 Prozent die FDP, die mit dem „Block der Heimatvertriebenen und Entrechteten" (BHE) eine Listenverbindung eingegangen war. Die Freie Demokratische Partei hatte sich, in Erinnerung an die Heppenheimer Versammlung der Liberalen im Oktober 1847, am 10. Dezember 1948 in Heppenheim gegründet. Sie war aus den drei Liberaldemokratischen Parteien der Westzonen hervorgegangen und hatte den späteren Bundespräsidenten Theodor Heuss zu ihrem Vorsitzenden gewählt. Die hessische FDP gehörte in der Gründungsphase zum rechten Flügel der Partei, der bei der Bundestagswahl 1949 eine Listenverbindung mit der Nationaldemokratischen Partei (NDP) durchsetzen konnte. Für den Marburger Politologen Theo Schiller verfolgte die hessische FDP eine „problematische und riskante rechtsbürgerliche Sammlungsstrategie"[5], die schließlich Mitte der fünfziger Jahre zur Spaltung führte. Ehemalige FDP-Funktionäre, die zum rechten Flügel zählten, gründeten die Freie Volkspartei (FVP), die aber nur bescheidene Erfolge erzielen konnte und schon bald wieder verschwand. Die nun mehr in die Mitte gerückte hessische FDP war durch die parteiinternen Konflikte so geschwächt, dass sie bis 1970 keine nennenswerte politische Rolle spielte. Ihr Listenpartner von 1950, der

Die nun mehr in die Mitte gerückte hessische FDP war durch die parteiinternen Konflikte so geschwächt, dass sie bis 1970 keine nennenswerte politische Rolle spielte.

BHE, nahm die genau entgegengesetzte Entwicklung. Nach dem Ende des Zweiten Weltkriegs war es in den westlichen Besatzungszonen zunächst verboten gewesen, Vertriebenenparteien zu gründen. Mit der Aufhebung des sogenannten Lizenzzwangs im März 1950 entstanden zahlreiche neue Parteien, darunter auch der BHE. Seinen raschen und länger anhaltenden Erfolg verdankte der BHE der klaren Ausrichtung auf die Bedürfnisse und Probleme der Vertriebenen, also vor allem auf die Wohnungsnot, den Lastenausgleich und die Versorgungsansprüche. Auf Bundesebene, wo die Partei nach der Bundestagswahl 1953 zwei Minister im Kabinett Adenauer stellte, stritt der BHE auch für die „Ehre der deutschen Soldaten“, gegen die gesellschaftliche Ausgrenzung ehemaliger Nationalsozialisten und selbstverständlich gegen den Verzicht auf die ehemaligen Ostgebiete. Obwohl der BHE durchaus Berührungspunkte mit rechtsradikalen Parteien hatte, gehörte er eindeutig zum bürgerlichen Lager. Für Ministerpräsident Georg August Zinn war es deshalb 1954 auch politisch möglich, mit dem BHE eine Koalition einzugehen. Der BHE, der wiederum in Listenverbindungen zunächst mit dem Gesamtdeutschen Block (GB) und später mit der Gesamtdeutschen Partei (GDP) stand, stellte mit Gotthard Franke und Gustav Hacker bis 1962 zwei Minister. Hacker als Minister für Landwirtschaft und Forsten blieb sogar bis 1966 im Amt, obwohl die SPD seit 1962 wieder über die absolute Mehrheit im Landtag verfügte. Die Einbindung des BHE war ein kluger Schachzug von Zinn. Er hatte damit der CDU einen möglichen Bündnispartner entzogen, die Sprecher der in Hessen lebenden Heimatvertriebenen in seine sozialdemokratische Landespolitik eingebunden, eine Radikalisierung des BHE verhindert und letztlich seinen Koalitionspartner überflüssig gemacht. Diese wohlüberlegte und unter seinen eigenen Parteifreunden nicht nur begrüßte Entscheidung war typisch für den Politikstil von Zinn, der sich als Ministerpräsident aller Hessen empfand und die Rolle des Landesvaters, nicht zum Nachteil seiner SPD, kultivierte.

Wahlplakat des BHE, 1958

## Beginn der Ära Zinn

Der am 27. Mai 1901 nicht in Nordhessen (wie gern geglaubt), sondern in Frankfurt-Sachsenhausen geborene Ingenieurssohn Georg August Zinn lebte seit dem Ende des Ersten Weltkriegs in Kassel und trat schon während seines Jurastudiums der SPD bei. 1931 legte er sein zweites Staatsexamen ab und arbeitete danach als Rechtsanwalt. Bereits 1929 war er in die Kasseler Stadtverordnetenversammlung gewählt worden, wo er sich mit den Nationalsozialisten unter dem späteren Blutrichter Roland Freisler auseinandersetzen musste. Nach der Machtübernahme durch die Nationalsozialisten wurde Zinn in ‚Schutzhaft' genommen und konnte nach seiner Freilassung nur noch eingeschränkt arbeiten. Obwohl er unter Beobachtung durch die Gestapo stand, hielt er Kontakt zu Widerstandsgruppen, bis sein Bruder Karl, der dem sozialdemokratischen „Roten Stoßtrupp" angehört hatte, im Oktober 1933 vom „Volksgerichtshof" zu sieben Jahren Zuchthaus verurteilt wurde. Den Zweiten Weltkrieg erlebte Zinn als Soldat in Frankreich und an der Ostfront mit. Nach seiner Rückkehr aus amerikanischer Gefangenschaft wurde er im Oktober 1945 im Kabinett Geiler hessischer Justizminister, übernahm eine führende Rolle im Frankfurter Wirtschaftsrat, arbeitete an der Hessischen Landesverfassung mit und wurde einer der hessischen Vertreter im Parlamentarischen Rat in Bonn, wo er intensiv an der Abfassung des Grundgesetzes beteiligt war. 1949 zog er als direkt gewählter Abgeordneter in den ersten Bundestag ein. Aber der SPD-Parteivorstand hatte anderes mit ihm vor. Nach der Landtagswahl vom November 1950, bei der die SPD die absolute Mehrheit errang, wurde von den Parteigremien überraschend nicht der Wahlsieger Stock (für eine weitere Amtszeit) als Ministerpräsident vorgeschlagen, sondern der Bundestagsabgeordnete Zinn, der die Hoffnungen auf einen raschen Wiederaufbau Hessens wie kein Zweiter verkörperte.

Wahlplakat der SPD, 1954

Mit der Vereidigung des Kabinetts am 10. Januar 1951 begann eine neue Ära, die Hessen zu einem wirtschaftlich und kulturell prosperierenden Bundesland machte. Für Eugen Kogon war es vor allem der Regierungsstil Zinns, der fast 20 Jahre lang die hessische Politik prägte. Er charakterisierte ihn als: „durch und durch modern: systematische Beobachtung, wissenschaftliche Analyse, ständige Beratung durch die Beteiligten und Betroffenen, Rationalisierung des Verwaltungsapparates, Rahmenplanung mit Dringlichkeitsstufen, Schwerpunktbildungen. Mit den jeweils zu Beginn der Regierungsperioden bekanntgegebenen ‚Hessenplänen' erreichte er eine langfristige Vorausschau in der Erneuerung, Festigung und Weiterentwicklung. Er nannte das Verfahren nicht zu Unrecht ‚einen neuen Weg in die Zukunft'"[6].

Die Basis für seine über fast zwei Jahrzehnte ungebrochene Popularität waren die Hessenpläne. Der erste, den Zinn 1951 in seiner Regierungserklärung vorstellte, war noch unter Stock ausgearbeitet worden. Er zielte vor allem auf die über 750 000 Heimatvertriebenen, von denen ein großer Teil in den strukturschwachen nördlichen Landesteilen lebte. Rund 100 000 Heimatvertriebene sollten in die südhessischen Ballungsräume umgesiedelt werden, wo die Industrieproduktion langsam, aber stetig anlief. Gleichzeitig wurde die Gründung von neuen Betrieben in Nordhessen gefördert. Um die ländlichen Regionen attraktiver zu machen und die nicht gewünschte Abwanderung der eingesessenen Bevölkerung zu verhindern, wurde im April 1952 ein Programm zur „Sozialen Aufrüstung des Dorfes" verabschiedet, das eine Fülle von Gemeinschaftseinrichtungen (wie Kindergärten, Jugendräume, Büchereien, Kühlhäuser, Backstuben, Waschküchen oder Obstmostereien) und den Bau von Dorfgemeinschaftshäusern vorsah. Parallel dazu sorgte die Flurbereinigung für wirtschaftlichere Ackergrößen. Zinn verstand sich zwar als politischer Gegner der von Adenauer geführten konservativen Bundesregierung, aber die soziale Marktwirtschaft lehnte er trotzdem keineswegs ab. Sozialisierungswünsche, die selbst CDU-Politiker in den ersten Nachkriegsjahren geäußert hatten, waren ihm fremd. Ganz im Gegenteil: Von ihm konnten Unternehmen jede erdenkliche Hilfe erwarten, wenn sie sich für Hessen als neuen Standort entschieden oder wenn sie expandieren wollten. Über Umweltschutz redete in den fünfziger Jahren noch niemand, und selbst mit der Atomenergie wurde mehr als sorglos umgegangen. Die chemische Industrie (mit den Farbwerken Hoechst an der Spitze), die Elektrotechnik und der

Wahlplakat der CDU, 1958

Das Empfangsgebäude des Frankfurter Flughafens, erweitert 1950–1953

Automobilbau mit den Opelwerken in Rüsselsheim und dem 1957 neu erbauten VW-Werk in Baunatal wurden zum Motor der Wirtschaftsentwicklung. Daneben stieg Frankfurt zum zentralen Finanzmarkt und zum wichtigsten Messestandort in Deutschland auf. Die Mainmetropole war zwar nicht deutsche Hauptstadt geworden, sie profitierte aber von der politischen Situation Berlins. Die Bankenmanager und Börsenmakler zogen es vor, in der Mitte des westlichen Deutschland zu residieren und nicht auf einer unsicheren Insel, die, wie die Blockade durch die Sowjets gezeigt hatte, sehr anfällig für politische Ränkespiele war. Die Rosinenbomber der berühmten Luftbrücke waren damals im Drei-Minuten-Takt vom Frankfurter Flughafen gestartet, um die Einwohner von Berlin mit den wichtigsten Gütern zu versorgen.

## Hessen vorn

Die rasante wirtschaftliche Entwicklung, die Hessen jährliche Zuwachsraten von fünf Prozent und mehr brachte, verdankte sich in erster Linie der CDU-geführten Bundesregierung, die dafür die politischen Rahmenbedingungen geschaffen hatte. Aber Zinn nutzte alle Möglichkeiten, die ihm als Ministerpräsident eines Landes blieben. Der Aufschwung, der von verschiedenen nicht nur innereuropäischen, sondern auch weltpolitischen Ent-

Die neue Carl-Schurz-Siedlung an der Frankfurter Hansaallee

wicklungen begünstigt wurde, fiel deshalb in dem exportorientierten Hessen noch etwas heftiger aus als in anderen Teilen Deutschlands. Bereits 1957 rückte Hessen im Länderfinanzausgleich zu den Geberländern auf, und sechs Jahre später erzielten die hessischen Bürger das höchste Pro-Kopf-Steueraufkommen aller deutschen Flächenstaaten. Die gut gefüllten Kassen nutzte Zinn zum einen für die Wirtschaftsförderung und zum anderen für die von ihm so bezeichnete „Politik der sozialen Verantwortung". Dort, wo die Landesregierung weitgehend unbeeinflusst von Bonn agieren konnte, setzten der Ministerpräsident und sein Kabinett die Akzente. Das waren vor allem die Bildungs-, die Sozial- und die Gesundheitspolitik. Neue Krankenhäuser, Kinderspielplätze, Sport- und Übungsstätten, Seniorenheime und Schwimmbäder entstanden. Daneben wurden bis 1970 450 000 Wohnungen gefördert. Während dieses Vorgehen auf ungeteilten Beifall in der Bevölkerung stieß, war das auf einem so sensiblen Feld wie der Bildungspolitik nicht zu erwarten. Zinn und seine Erziehungs-, später Kultusminister Ludwig Metzger, Arno Hennig und seit 1958 Ernst Schütte gingen äußerst behutsam vor, ohne ihr Ziel, jedem Kind eine angemessene Schulausbildung zu ermöglichen, aus den Augen zu verlieren. Die Schulgeld- und Lernmittelfreiheit hatte bereits die Hessische Verfassung festgelegt. Das war aber nur ein erster Schritt, um Kindern aus sozial benachteiligten Familien den Besuch einer höheren Schule zu ermöglichen. Gerade auf dem Land gab es noch viele Zwergschulen mit nur unzureichend ausgebildeten Lehrern. Erst die Einführung von Mittelpunktschulen mit getrennten Klassen und der Zwang für angehende Volks- und Realschullehrer, ein akademisches Studium zu absolvieren, brachte eine deutliche Verbesserung. Auch die Einführung der Elternmitbestimmung fällt in diese Zeit. Mit dem ab 1959 ausgebauten „Hessenkolleg" als zweitem Bildungsweg wurde für Erwachsene eine Möglichkeit geschaffen, versäumte Schulabschlüsse nachzuholen. Heftig umstritten blieben die Einführung der Förderstufe und der Gesamtschule als Regelschule. Bereits im Mai 1954 war mit amerikanischer Finanzhilfe das Schuldorf Bergstraße als erste Gesamtschule in Deutschland eingeweiht worden. Das pädagogische Laboratorium mit einem großen Campus als Zentrum vereinigte alle Schulformen in einem Komplex. Es enthielt auch die erste Förderstufe, die allerdings noch niemand so nannte. In der 5. und 6. Klasse wurden die Schüler nicht getrennt nach Zweigen, sondern gemeinsam unterrichtet, um den Wechsel in eine der Schulformen besser vorbereiten zu können. Obwohl bald weitere Gesamtschulen u. a. in Kirchhain (1956) und Wolfhagen (1957) folgten, blieb diese Form des Lernens, die sich

Die Schulgeld- und Lernmittelfreiheit hatte bereits die Hessische Verfassung festgelegt. Das war aber nur ein erster Schritt, um Kindern aus sozial benachteiligten Familien den Besuch einer höheren Schule zu ermöglichen.

Plakat der ersten Frankfurter Buchmesse nach dem Zweiten Weltkrieg

auch gegen das von vielen Eltern favorisierte dreigliedrige Schulsystem wendete, die große Ausnahme. Mit der Ernennung von Hildegard Hamm-Brücher zur Staatssekretärin im Kultusministerium setzte Zinn 1967 aber ein eindeutiges Zeichen, wohin die Bildungspolitik in Hessen steuern sollte. Denn die FDP-Politikerin galt als Vorkämpferin für die Gesamtschule. Schon zwei Jahre später wurden mit dem Schulverwaltungsgesetz die Förderstufe und die Gesamtschule zu regulären Einrichtungen des hessischen Bildungssystems. Bis 1972 erhöhte sich die Zahl der Gesamtschulen sprunghaft von sieben auf 84. Die Erfolge der sozialdemokratischen Bildungspolitik waren beeindruckend. In der Mitte der sechziger Jahre wies Hessen von allen Flächenstaaten der Bundesrepublik die höchste Abiturienten- und Studentenquote auf. Im Bundesdurchschnitt kamen 1966 auf 100 000 Einwohner 401 Studenten. In Hessen waren es 548. Bis in die siebziger Jahre hinein, so der Bildungshistoriker Johann Zilien, habe Hessen schulpolitisch an der Spitze der westdeutschen Flächenstaaten gestanden. „Der zeitgenössische, teils bewundernd, teils anerkennend geäußerte Ausspruch ‚Hessen vorn' speiste sich zum guten Teil aus diesen Schulreformen."[7]

## Weltoffen und heimatverbunden

Die Bereitschaft in Hessen, auf allen Gebieten Neues zu wagen, beflügelte auch das Kulturleben. Die Wiedererweckung der Frankfurter Buchmesse machte die Mainmetropole zu einem bevorzugten Ort für Verlage. Peter Suhrkamp zog es nach Frankfurt, ebenso wie Gottfried Bermann-Fischer, der mit seinem S. Fischer Verlag aus dem Exil zurückkehrte. Damit hatten zwei der renommiertesten literarischen Häuser in Frankfurt eine neue Heimat gefunden. 1953 waren es schon 270 Verlage, die in Hessen Bücher herausbrachten, darunter auch Insel und Brockhaus, die sich zunächst in Wiesbaden angesiedelt hatten. Das westdeutsche PEN-Zentrum und die 1950 gegründete Deutsche Akademie für Sprache und Dichtung wählten Darmstadt als Sitz, wo bis heute der nach Georg Büchner benannte und unterdessen bedeutendste deutsche Literaturpreis vergeben wird. 1951 feierten die Hersfelder Festspiele ihre Premiere. Bundespräsident Theodor Heuss übernahm die Schirmherrschaft, um damit seine Verbundenheit mit der Stadt an der „Zonengrenze" zu demonstrieren. In Kassel öffnete 1955 die Documenta zum ersten Mal ihre Pforten. Die heute weltweit größte Schau zeitgenössischer Kunst war

von dem Professor für Malerei an der Kasseler Werkakademie, Arnold Bode, begründet worden. Bode wollte mit seiner Ausstellung die Künstler wieder ins Bewusstsein bringen, die von den Nationalsozialisten verfemt worden waren, und er wollte gleichzeitig eine Bestandsaufnahme der Moderne versuchen. Als Glücksfall erwies sich das Museum Fridericianum, in dem die Ausstellung mit Kunstwerken von Joan Miró, Fernand Léger, Henry Moore, Wilhelm Lehmbruck, Paul Klee, Oskar Schlemmer, Lyonel Feininger, Wassily Kandinsky und vielen anderen zu sehen war. Das Gebäude, im Zweiten Weltkrieg ausgebrannt, wurde selbst Teil einer Inszenierung, die das gesamte Gewicht auf die Kunstwerke selbst legte. Die erste Documenta war so beeindruckend, dass sie kein singuläres Ereignis blieb. Heute findet sie alle fünf Jahre in Kassel statt.
Von ähnlicher elementarer Wucht, wenigstens in der Rückschau, muss der Aufenthalt von Elvis Presley in Hessen gewesen sein. Von 1958 bis 1960 leistete der „King of Rock'n'Roll" seinen Militärdienst in den Friedberger Ray Barracks und logierte dabei in einem Bad Nauheimer Hotel. Ein Soldat wie andere war Elvis nicht. Dafür sorgte schon der Tross, den er mit nach Deutschland gebracht hatte, nämlich seinen Vater, seine Großmutter und zwei Leibwächter. Sowohl die Kaserne als auch seine Wohnung wurden immer wieder von Verehrerinnen belagert, die, wie der Musikkritiker Peter Kemper schreibt, noch Jahrzehnte später von ihren Erlebnissen schwärmten.

*„Ende der fünfziger Jahre hatten deutsche Durchschnittsjugendliche gerade ihre Kleidungskämpfe gegen die Diktatur der Korrektheit gewonnen. Mädchen durften jetzt zwar lange Hosen anziehen, sollten darüber aber in der Schule nach wie vor Röcke tragen. Petticoats waren angesagt und knallige Lippenstifte. Modebewusste Jungen bevorzugten schwarze Schuhe, Lederjacken und Schnürsenkel-Schlipse. Die vorn überstehende ‚Elvis-Tolle' – mit viel ‚Brisk' in die Haare frisiert – war obligatorisch."*[8]

Neben diesen eher angepassten Jugendlichen sorgten die sogenannten Halbstarken mit ihren knatternden Mopeds und Motorrädern für gelegentliche Störungen der öffentlichen Ordnung. Mitte der fünfziger Jahre gingen die Wogen hoch, wenn über die ‚Halbstarken' diskutiert wurde, aber statistisch gesehen nahm die Jugendkriminalität ab. „Die Jugend jedenfalls", schrieb die „Frankfurter Neue Presse" im November 1959, „ist besser als ihr Ruf."
Die beliebteste Freizeitbeschäftigung der Jugendlichen war auch nicht das Zerlegen des Mobiliars bei Rock-Konzerten (was durchaus vorkam), sondern der

Fußball. Bei dem kam es am 28. Juni 1959 zu einem überaus denkwürdigen Ereignis. Im Endspiel um die deutsche Meisterschaft standen sich im Berliner Olympiastadion Eintracht Frankfurt und Kickers Offenbach gegenüber. Erst in der Verlängerung fiel die Entscheidung. Am Ende des Fußball-Krimis stand es 5:3 für die Eintracht.

Ministerpräsident Zinn und Alsfelds Bürgermeister Kratz auf dem 1. Hessentag 1961, Seite aus der ersten Hessentagschronik

Die Einigkeit, die die Fans der Fußballvereine auf den Sportplätzen zeigten, täuschte darüber hinweg, dass durch Hessen immer noch ein tiefer Graben ging, nicht nur in alter Rivalität zwischen Nord- und Südhessen, sondern auch zwischen Alt- und Neu-Bürgern. Die Heimatvertriebenen und die Flüchtlinge aus der DDR litten zwar keine materielle Not mehr, aber sie fühlten sich immer noch als Fremde. Um alle Hessen näher zusammenzubringen und um das Bewusstsein für Hessen als gemeinsames Heimatland zu stärken, wurde 1960 von Ministerpräsident Zinn ein Fest beschlossen, für das es in Deutschland kein Vorbild gab: der Hessentag. Er sollte, so Zinn, „den Heimatvertriebenen und Flüchtlingen zeigen, dass wir alle in einer Gemeinschaft leben, die Platz für jeden hat". Schon der erste Hessentag 1961 in Alsfeld war vom Geist der Gastfreundschaft und dem Willen geprägt, ein Fest für alle Hessen zu sein. In seiner Rede auf dem Hessentag erinnerte Zinn daran, dass es in Hessen seit dem 17. Jahrhundert, als die französischen Hugenotten aufgenommen worden waren, eine große Tradition gibt,

Flüchtlingen eine neue Heimat zu bieten. Die hessische Bevölkerung von heute habe ein Staatsbewusstsein entwickelt, das von Toleranz und der Freiheit des Geistes geprägt sei. Darüber dürfe aber nicht das größere Ganze vergessen werden. Denn das Bekenntnis zu Hessen schließe auch das Bekenntnis zu Deutschland ein: „Hessen ist unsere Heimat, aber Deutschland ist unser Vaterland."
Im Lauf von 50 Jahren hat der Hessentag mehrfach seine Konturen geändert, aber im Kern ist er sich treu geblieben. Den Rahmen bilden die Eröffnung und der Festzug zum Abschluss, der zwar mit Trachten, Musikkapellen und Motivwagen seinen folkloristischen Charakter gewahrt hat, aber auch immer die Gegenwart mit einbezog. Die meisten Veranstaltungen des unterdessen gewaltig angewachsenen Programms bestimmen immer noch die Trachtenvereinigungen, die Sportbünde, die Kirchen, die Feuerwehr, die Bundeswehr, die Polizei, die Landesdienststellen und zahlreiche weitere Verbände und Vereine. Der anhaltende Erfolg des Hessentags hat viele Gründe. Einer der wichtigsten ist die deutlich formulierte Aufgabe, die ihm mitgegeben wurde. Der Hessentag war von Anfang an ein Fest für alle Menschen, die in Hessen leben. Der Integrationsgedanke stand immer im Vordergrund, zunächst für die Vertriebenen und Flüchtlinge, die mit ihren Veranstaltungen bis heute ein wichtiger Teil des Hessentags sind, dann für die Behinderten, für die ausländischen Arbeitnehmer und für die Migranten.

Motivwagen im Festzug auf dem Hessentag in Kassel 1965, der den Finanzausgleich karikiert

Ein Thema, das den Hessentag lange begleitete, war der Ost-West-Konflikt. Nicht einmal sechs Wochen nach dem Ende des ersten Hessentags in Alsfeld wurde mit dem Bau der Berliner Mauer begonnen. Hessen war damit noch deutlicher als vorher zum Grenzland geworden, zum östlichen Rand der westlichen Welt. Der militärische Ausbau der DDR-Grenzanlagen mit Selbstschussapparaten und Minenfeldern traf ein wirtschaftlich prosperierendes Land, dessen Bürger sich Gedanken über ihre Zukunft machten und nur ungern an die NS-Zeit erinnert werden wollten. Der Mauerbau führte ihnen vor Augen, wie sehr Diktatur und Krieg die Welt verändert hatten.

## Wirtschaftswunderland Hessen

Für viele Bundesbürger schien im Oktober 1955 das dunkelste Kapitel der deutschen Geschichte endgültig abgeschlossen zu sein, als der erste Zug mit deutschen Spätheimkehrern in den hessischen Grenzbahnhof Herleshausen einfuhr. Bundeskanzler Adenauer hatte bei seinem Besuch in der Sowjetunion die Freilassung der letzten kriegsgefangenen Deutschen erreicht. Die ehemaligen Soldaten kamen in ein Land, das ihnen fremd war, das wirtschaftlich blühte und der Vollbeschäftigung entgegenstrebte. Jede Arbeitskraft wurde gebraucht. Für eine gut vorbereitete und von Psychologen betreute Wiedereingliederung blieb keine Zeit. Hessen hatte gerade die niedrigste Arbeitslosenquote seit Kriegsende gemeldet, und überall fehlten schon ausgebildete Facharbeiter. Die Stimmen, die den Einsatz von ausländischen Arbeitskräften forderten, wurden immer lauter, und schließlich unterzeichnete die Bundesregierung noch 1955 ein erstes Anwerbeabkommen mit Italien, dem bald ähnliche Verträge mit Spanien, Griechenland, der Türkei und Portugal folgten. Parallel dazu, so der Wirtschaftshistoriker Gerd Hardach, warben einzelne Unternehmen selbstständig Arbeitskräfte im Ausland an.

Hochofenabstich bei den Buderus'schen Eisenwerken in Wetzlar

*„Die Bundesregierung nahm zunächst an, dass die ausländischen Arbeitskräfte nach einem kurzen Aufenthalt von ein bis zwei Jahren in ihre Heimatländer zurückkehren würden. Die Unternehmen, die einen längerfristigen Arbeitskräftebedarf hatten, sollten nach dem Rotationsprinzip jeweils neue Mitarbeiter einstellen. Daher kam der Begriff ‚Gastarbeiter' auf, der den temporären Aufenthalt betonte und zugleich auch jeden Anklang an die unfreiwilligen ‚Fremdarbeiter' der nationalsozialistischen Diktatur vermeiden sollte.“*[9]

Gastarbeiter bei den Buderus'schen Eisenwerken 1959

Diese Vorstellungen entsprachen weder den Wünschen der Unternehmen noch denen der ausländischen Arbeitnehmer, die zum Teil gar nicht mehr zurückkehren wollten und ihre Familien nach Deutschland holten oder neue Familien in Deutschland gründeten. Die ersten „Gastarbeiter" in Hessen wurden 1956 von der Odenwälder Hartstein-Industrie in Ober-Ramstadt und von landwirtschaftlichen Betrieben eingestellt. Es folgten vor allem Unternehmen der Autoindustrie, des Baugewerbes und der Eisenverarbeitung.
Vor diesem Hintergrund des ungebremsten wirtschaftlichen Wachstums und des weit verbreiteten Fortschrittsoptimismus wirkte der Mauerbau wie ein Schock, obwohl viele geahnt hatten, dass die DDR die Flucht von Zehntausenden ihrer Bürger nicht mehr weiter hinnehmen würde. Zinn blieb Pragmatiker. Auch wenn die Weltpolitik Kapriolen schlug, konzentrierte er sich ganz auf Hessen. Obwohl ihm gelegentlich Ambitionen in Richtung Bonn nachgesagt wurden. Die Wähler dankten es ihm, zumal es in Hessen keine nennenswerte Opposition gab. Aus dem Ministerpräsidenten wurde der Landesvater, dem die SPD sekundierte. „Mit der Zeit", so der Historiker Michael Müller, „wurden Zinn und Hessen, aber auch die SPD und Hessen Synonyme, die als Ausweis für sozialdemokratischen Erfolg und eine moderne Politik standen, noch bevor die Bundes-SPD in Bonn die Rolle des Modernisierers einnehmen konnte und damit eine Regierungsmehrheit zustande brachte"[10].
Besonders triumphal fiel die Landtagswahl im November 1962 aus, bei der Zinn mit dem Slogan „Hessen vorn" angetreten war. Die SPD erreichte 50,8 Prozent

Wahlplakat der CDU, 1962

und damit eine komfortable absolute Mehrheit. Trotzdem beließ Zinn seinen Landwirtschaftsminister Hacker von der (unterdessen) GDP/BHE im Amt. Dominierendes Thema des Wahlkampfs war der „Große Hessenplan" gewesen, der schließlich 1965 vorgelegt wurde und die Entwicklungslinien für die nächsten zehn Jahre festlegte. Der Plan sollte längerfristig die Infrastruktur deutlich verbessern. Er benannte die Investitionen in soziale Einrichtungen, in Verkehrsprojekte, in den Wohnungsbau, in kulturelle Vorhaben und in die Wirtschaftsförderung. Die Landesregierung schuf sich damit ein eigenes Instrument der Konjunkturpolitik, das sich positiv auf das weitere Wirtschaftswachstum auswirken sollte. 20 Jahre nach dem Ende des Zweiten Weltkriegs war Wachstum in Hessen ein hoher Wert, der außerhalb jeder Kritik stand. Die Zerstörungen in der Umwelt als Folge der industriellen Expansion und des ungebremsten Konsums wurden wie selbstverständlich hingenommen. Der Fortschrittsglaube war ungebrochen und nährte Fantasien von der vollkommenen Beherrschbarkeit der Natur und von unbegrenzten Energievorräten durch die Atomkraft. Aber nicht alle Politiker aus Hessen sahen das so.

Die in Frankfurt geborene Elisabeth Schwarzhaupt hatte 1961 als erste Frau ein Ministeramt in der Bundesregierung übernommen. Von Adenauer war ihr die Verantwortung für die Gesundheitspolitik übertragen worden. In ihrem Ministerium richtete sie eine eigene Abteilung für „Umweltschutz" ein und ließ Gesetze zur Reinhaltung von Wasser und Luft erarbeiten, die den Gewerbeaufsichtsämtern das Einschreiten gegen Umweltsünder ermöglichten. Das waren erste Schritte auf dem langen Weg zu Umweltministerien in Bund und Ländern. (In Hessen wurde erst 1987 unter Joschka Fischer ein eigenständiges Umweltministerium eingerichtet.) Elisabeth Schwarzkopf gehörte zu den Politikern, die aus der NS-Zeit unbelastet hervorgegangen war. Sie hatte zu den Gegnern des Regimes gezählt und für die evangelische Kirche gearbeitet. Damit war sie keine Ausnahme. Aber es galt in der immer noch jungen Bundesrepublik nicht mehr als schwerer Makel, Mitglied der NSDAP gewesen zu sein oder wichtige Funktionen im nationalsozialistischen Staat ausgeübt zu haben. In dieser Weise vorbelastete Politiker konnten ohne ernsthafte Schwierigkeiten in hohe Staats- und Parteiämter aufsteigen. Das hieß zwar nicht, dass NS-Verbrechen nicht mit der nach dem Gesetz möglichen Härte bestraft wurden, aber wer die Prozesse verfolgte, konnte den Eindruck gewinnen, dass es sich mehr um Einzeltäter handelte als um eine gigantische Mordmaschinerie mit Tausenden von Tätern. Erst der Frankfurter Auschwitz-Prozess brachte die Wende.

## Im Schatten der Vergangenheit

Die Massenmorde in dem nationalsozialistischen Konzentrations- und Vernichtungslager Auschwitz waren fast 15 Jahre lang weitgehend ungesühnt geblieben. Erst 1959 konnte die Frankfurter Staatsanwaltschaft mit den Untersuchungen beginnen. So zögerlich NS-Verbrecher bis dahin angeklagt und verurteilt worden waren, so wenig hatten staatliche Stellen unternommen, um vor allem Jugendliche über Nationalsozialismus und Judenfeindlichkeit aufzuklären. „Morgen schon, ich zweifle nicht", hatte Eugen Kogon direkt nach dem Kriegsende in seinem berühmten Buch „Der SS-Staat" geschrieben, „würden Zehntausende von Deutschen, wenn sie nur könnten, ihre Gegner zu Hunderttausenden den alten Martern unterwerfen, während Millionen wieder bereit wären, die Wahrheit zu verleugnen, indem sie die Wirklichkeit einfach nicht kennenlernen oder nicht zur Kenntnis nehmen wollten"[11]. Trotzdem hatte Kogon nicht die Hoffnung aufgegeben, und der Erfolg seines Buchs über das mörderische System der Konzentrationslager gab ihm zunächst Recht. Aber Aufklärung allein genügte nicht. Schon bald kam es in Westdeutschland wieder zu antisemitischen Ausschreitungen.

Vor diesem politischen Hintergrund wurden von der Frankfurter Staatsanwaltschaft gegen über 1200 Beschuldigte ermittelt und mehr als 1000 Zeugen befragt. Ende Dezember 1963 begann die Hauptverhandlung gegen 22 Angeklagte wegen Mordes bzw. Beihilfe zum Mord. In 20 Monaten vernahm das Gericht 360 Zeugen, darunter 211 Auschwitz-Überlebende. Was die Öffentlichkeit über die unvorstellbaren Gräuel und die menschenverachtende Grausamkeit der SS-Bewacher in dem Vernichtungslager erfuhr, wollten viele Deutsche zunächst nicht glauben. Aber die gut vorbereitete und sorgsame Prozessführung widerlegte jeden Zweifel. Das war vor allem dem hessischen Generalstaatsanwalt Fritz Bauer zu verdanken, dem es nicht nur um eine Bestrafung der Täter, sondern auch um eine umfassende Analyse des nationalsozialistischen Unrechtsregimes ging. Der 1903 in Stuttgart geborene Bauer hatte wegen seiner jüdischen Abstammung Deutschland 1935 verlassen müssen. Er war zunächst nach Dänemark und dann nach Schweden geflohen. 1949 kehrte er in seine Heimat zurück, wo er sich für den Aufbau einer neuen demokratischen Rechtsordnung und die Bestrafung nationalsozialistische Gewalttäter einsetzte. Den Auschwitz-Prozess konnte er noch abschließen. Die von ihm jahrelang vorbereiteten Verfahren gegen die juristischen Helfershelfer der „Eu-

Der hessische Generalstaatsanwalt Fritz Bauer

Fritz Bauers „Auf der Suche nach dem Recht" (1966)

thanasie"-Morde wurden dagegen bald nach seinem frühen Tod 1968 eingestellt.
Auch die Strafen im Auschwitz-Prozess waren eher milde ausgefallen, weil ein Teil der Angeklagten nicht als Täter (zu lebenslangem Zuchthaus), sondern „in Übereinstimmung mit der höchstrichterlichen Rechtsprechung als bloße Gehilfen" verurteilt wurde, wie Werner Renz vom Frankfurter Fritz Bauer Institut feststellte, das sich heute – in Erinnerung an seinen Namensgeber – der Erforschung und Dokumentation des Holocaust widmet.

*„Die verhängten zeitigen, meist milden Zuchthausstrafen (dreieinhalb bis vierzehn Jahre) waren keine Sühne für ihre Teilnahme an dem vom deutschen Verbrecherstaat angeordneten Völkermord. Einen gerechten Schuldausgleich stellten die milden Strafen nicht dar. Das Rechtsempfinden der Opfer der nationalsozialistischen Verfolgungspolitik und ihrer Angehörigen ist durch das geringe Strafmaß fraglos verletzt worden …*
*Der Bonner Gesetzgeber vermied alle rechtspolitischen Schritte, eine dem Verbrechen angemessene Verfolgung der Täter zu ermöglichen. Die höchstrichterliche Judikatur in Karlsruhe erschwerte jegliche Rechtsschöpfung. So konnten auch die Richter im Auschwitz-Prozess Gerechtigkeit nicht walten lassen. Das deutsche Strafrecht und die herrschende Rechtsprechung standen dagegen."*[12]

Bei aller Enttäuschung über die ergangenen Urteile darf aber nicht übersehen werden, was der Auschwitz-Prozess in der deutschen Gesellschaft bewirkte. Er gab den Opfern die Möglichkeit, über das, was sie erlebt hatten, zu berichten. Die Massenmorde, fast zwei Jahrzehnte aus dem öffentlichen Bewusstsein weitgehend verdrängt, waren nicht mehr abstrakte Verbrechen. Die Täter hatten plötzlich Namen, Stimmen und Gesichter. Hinter dem Massenmord, der für viele unvorstellbar geblieben war, wurden individuelles Leiden und das Schicksal der Getöteten deutlich erkennbar. Die Reporter der Zeitungen und Rundfunkanstalten berichteten ausführlich darüber, und diese Berichte schockierten und verstörten. Zum ersten Mal waren die Menschen in Deutschland mit dem ganzen Grauen der nationalsozialistischen Konzentrations- und Vernichtungslager konfrontiert. Nicht jeder zog daraus die richtigen Schlüsse. Politische Rattenfänger, die die Existenz der Vernichtungslager leugneten und jede „Kollektivschuld" entschieden ablehnten, hatten plötzlich Konjunktur. Bei der hessischen Landtagswahl am 6. November 1966 gelang der gerade drei Jahre zuvor gegründeten Nationaldemokratischen Partei Deutschlands

(NPD) der politische Durchbruch. Mit 7,9 Prozent der abgegebenen Stimmen und damit acht Abgeordneten zog sie in den Landtag ein. Das trübte die Freude von Ministerpräsident Zinn erheblich, der mit 51 Prozent sein bestes Wahlergebnis überhaupt erzielt hatte und ohne Koalitionspartner weiterregierte.

## Unruhige Zeiten

Die Große Koalition in Bonn mit dem ehemaligen NSDAP-Mitglied Kurt Georg Kiesinger (CDU) und dem ehemaligen Emigranten Willy Brandt (SPD) an der Spitze sah sich im Bundestag keiner nennenswerten Opposition gegenüber und konnte damit alle Gesetzesvorhaben ohne ernsthaften Widerstand über die parlamentarischen Hürden bringen. Der Widerstand regte sich außerhalb des Parlaments und wurde zunächst nicht ernst genommen. Bereits Ende Oktober 1966 kamen über 20 000 Menschen auf dem Frankfurter Römerberg zusammen, um gegen die geplante Verabschiedung der sogenannten Notstandsgesetze zu protestieren, die es den Staatsorganen u. a. im Verteidigungsfall und bei inneren Unruhen erlauben sollten, auch Grundrechte einzu-

Das Frankfurter Institut für Sozialforschung

Der Begriff „Frankfurter Schule“ hängt eng mit dem 1924 gegründeten Institut für Sozialforschung zusammen, das sich zunächst der Erforschung des Marxismus und der Arbeiterbewegung gewidmet hatte, sich aber unter Max Horkheimer (seit 1930) und Theodor W. Adorno der interdisziplinären Forschung von Philosophen, empirischen Sozialwissenschaftlern und Psychoanalytikern zuwandte, die auf die Entwicklung einer Gesellschaftstheorie zielte.

schränken. Die Proteste zogen sich über fast zwei Jahre hin. Am 28. Mai 1968 stellte der Hessische Rundfunk dem Aktionskomitee „Demokratie im Notstand“ seinen Frankfurter Sendesaal für eine Veranstaltung zu Verfügung. Bei der dreistündigen Diskussion mit mehr als 20 Rednern sprachen u. a. Theodor W. Adorno, Ernst Bloch, Martin Walser, Heinrich Böll, Rudolf Augstein, Siegfried Unseld und Hans Magnus Enzensberger. Die öffentliche Aufmerksamkeit war groß, die Wirkung aber blieb gering. Knapp einen Monat später wurde das umstrittene Gesetzeswerk verabschiedet. Dass die Veranstalter den Hessischen Rundfunk als Ort ihres intellektuellen Protests gewählt hatten, war so überraschend nicht gewesen. Denn seit den fünfziger Jahren bot das Hörfunk-„Abendstudio“ des hr den wichtigsten Vertretern der sogenannten Frankfurter Schule eine publizistische Plattform.

Der Begriff „Frankfurter Schule“ hängt eng mit dem 1924 gegründeten Institut für Sozialforschung zusammen, das sich zunächst der Erforschung des Marxismus und der Arbeiterbewegung gewidmet hatte, sich aber unter Max Horkheimer (seit 1930) und Theodor W. Adorno der interdisziplinären Forschung von Philosophen, empirischen Sozialwissenschaftlern und Psychoanalytikern zuwandte, die auf die Entwicklung einer Gesellschaftstheorie zielte. Diese „Kritische Theorie“ wurde – in Deutschland durch die NS-Zeit und die damit verbundene Emigration der bedeutendsten Vertreter unterbrochen – zu einer der wichtigsten sozialphilosophischen Forschungsrichtungen des 20. Jahrhunderts. In seiner Geschichte der Frankfurter Schule schreibt Rolf Wiggershaus, dass die Bezeichnung erst in den sechziger Jahren dem in Frankfurt wiedererstandenen Institut für Sozialforschung und ihren bekanntesten Vertretern angeheftet wurde, was diese offenbar gern akzeptierten. Längst ist dieses Etikett zu einem umfassenderen und vagen Begriff geworden. Theodor W. Adorno, Jürgen Habermas und Herbert Marcuse wurden zu den geistigen Vorbildern für die Studenten, die zunächst in Berlin und wenig später in Frankfurt und Marburg auf die Straße gingen und sich als Außerparlamentarische Opposition (APO) bezeichneten.

Bereits im Mai 1967 waren Marburger Studenten in einen zweitägigen Generalstreik getreten, um die Kürzung von Haushaltsmitteln für ihre Universität zu verhindern. Am 2. Juni 1967 erschoss ein Polizist, der, wie wir heute wissen, auch für den Staatssicherheitsdient der DDR arbeitete, den Studenten Benno Ohnesorg am Rand einer Anti-Schah-Demonstration in Berlin. Im erregten Klima des Protests gegen die verkrusteten Strukturen an den Universitäten, den

Plakat des Sozialistischen Deutschen Studentenbunds

Vietnamkrieg, gegen den Imperialismus und die Springer-Presse, die als Hetz- und Verdummungsorgan verteufelt wurde, überschlugen sich die Debatten und die revolutionären Fantasien. Vielleicht war aber das Schweigen der Väter über ihre Verstrickungen in den nationalsozialistischen Unrechtsstaat die tiefste Ursache für das Aufbegehren der Kinder.

Als am 11. April 1968 auf Rudi Dutschke, den führenden Kopf der APO, ein Attentat verübt wurde, kam es auch in Frankfurt zu gewalttätigen Auseinandersetzungen, von denen sich Adorno und Habermas mit deutlichen Worten distanzierten. Jürgen Habermas sprach von einem „linken Faschismus".

In Frankfurt residierte der SDS (Sozialistischer Deutscher Studentenbund), der sich als Avantgarde der Bewegung begriff und in dessen Umkreis in der Tat die großen Debatten über den Vietnamkrieg, die unbewältigte Vergangenheit und die Notstandsgesetze angezettelt und begleitet wurden. Hans-Jürgen Krahl war (neben den Brüdern Frank und KD Wolff sowie dem nach den Pariser Maiunruhen aus Frankreich ausgewiesenen Daniel Cohn-Bendit) der theoretische Kopf des Frankfurter SDS. An seiner Person (er starb bei einem Autounfall im Februar 1970) lassen sich die Widersprüche der 68er-Bewegung deutlich machen. Geprägt durch die Sozialphilosophie der Frankfurter Schule versuchte er, eine radikal verstandene politische Theorie mit der Praxis revolutionärer Bewegungen zusammenzuschließen. Er scheiterte daran ebenso wie die anderen Wortführer der APO. Zu keiner Zeit war die demokratische Grundordnung in der Bundesrepublik ernsthaft gefährdet.

Andererseits hat die später so genannte 68er-Bewegung in all ihren Facetten frischen Wind durch den Westen Deutschlands geblasen und eine ganze Menge scheinbarer Gewissheiten, erstarrter Traditionen und gesellschaftlicher Tabus in Frage gestellt. Ein später Ausläufer des Studentenprotests war zwischen 1970 und 1974 der Häuserkampf im Frankfurter Westend, wo sich die Protagonisten der 68er-Bewegung und Bürger verbündeten, um ein im Zweiten Weltkrieg weitgehend unzerstörtes Wohnviertel zu erhalten.

Wie sehr die Aktionen und Reflexionen der 68er noch heute die Gemüter bewegen, zeigen die immer wieder neu aufkommenden Versuche, die Deutung dieser irritierenden und einschneidenden Ereignisse zu verändern. Auch die große Ausstellung im Frankfurter Historischen Museum im Jubiläumssommer 2008 bezeugte die andauernde Wirkung.

## Der blutige Terror der RAF

Es bleibt eine verstörende Tatsache, dass auch der Terror der RAF (Rote Armee Fraktion) 1968 in Frankfurt seinen Anfang nahm. Aus Protest gegen die politischen und gesellschaftlichen Verhältnisse in der Bundesrepublik hatten in der Nacht zum 3. April 1968 die Studenten Gudrun Ensslin und Thorwald Proll, der Journalist Andreas Baader und der Schauspieler Horst Söhnlein Brandanschläge auf zwei Frankfurter Kaufhäuser verübt. Dafür wurden sie zu jeweils drei Jahren Zuchthaus verurteilt, aber bereits im Juni 1969 vorläufig auf freien Fuß gesetzt. Als der Bundesgerichtshof das ursprüngliche Urteil fünf Monate später bestätigte und damit die erneute Einlieferung ins Zuchthaus bevorstand, tauchten die vier Straftäter unter. Eine, die ihnen Unterschlupf gewährte, war die Journalistin Ulrike Meinhof, die für die Zeitschrift „konkret" über den Frankfurter Prozess gegen die vier geschrieben hatte. Im Untergrund entstand eine politisch-militante Organisation, die sich selbst „Rote Armee (Fraktion)" nannte und in kurzen Abständen gewaltsame Anschläge gegen Polizisten, Mitarbeiter des Springer Verlags und amerikanische Soldaten unternahm. Am 1. Juni 1972 wurden drei führende Mitglieder der RAF, Andreas Baader, Holger Meins und Jan-Carl Raspe, in unmittelbarer Nähe des Hessischen Rundfunks in Frankfurt gefasst. Es folgten weitere Festnahmen, und einen Monat später waren alle führenden Mitglieder der RAF verhaftet. Die Gefahr des Terrorismus schien damit gebannt. Aber das war ein Irrtum. Bis Ende 1974 wuchs die Zahl der polizeilich gesuchten Terroristen auf rund 300, die mit Mordanschlägen, Entführungen und Geiselnahmen für ein Klima der Angst und des Misstrauens in der Bundesrepublik sorgten. Auch Hessen war weiterhin von terroristischen Aktionen betroffen. Am 30. Juli 1977 versuchten vier Frauen und zwei Männer den Vorstandssprecher der Dresdner Bank, Jürgen Ponto, aus seinem Haus in Oberursel zu entführen. Zu den Tätern zählte auch Susanne Albrecht, ein Patenkind Pontos. Die Entführung misslang und Jürgen Ponto wurde erschossen. Kurz darauf wurde der Präsident der Bundesvereinigung der Deutschen Arbeitgeberverbände, Hanns Martin Schleyer, entführt und schließlich ermordet. Die Terroristen der zweiten Generation hofften, mit den Entführungen von hochrangigen Wirtschaftsvertretern und, am 13. Oktober 1977, einer Lufthansamaschine ihre inhaftierten Gesinnungsgenossen freipressen zu können. In dem Flugzeug erschossen sie Kapitän Jürgen Schumann vor den Augen der Passagiere, ehe ein GSG-9-Sonderkommando die Maschine in Mogadischu stürmen und die Geiseln befreien konnte.

Bis Ende 1974 wuchs die Zahl der polizeilich gesuchten Terroristen auf rund 300, die mit Mordanschlägen, Entführungen und Geiselnahmen für ein Klima der Angst und des Misstrauens in der Bundesrepublik sorgten. Auch Hessen war weiterhin von terroristischen Aktionen betroffen.

Noch in der selben Nacht töten sich Jan-Carl Raspe, Andreas Baader, Gudrun Ensslin und Irmgard Möller in ihren Zellen. Bereits 1974 war Holger Meins an den Folgen seines Hungerstreiks gestorben, und im Frühjahr 1977 hatte sich Ulrike Meinhof in ihrer Zelle erhängt. Die erste Generation der RAF war tot, die zweite saß weitgehend hinter Gittern, aber die dritte setzte ihren mörderischen Kampf fort, der den demokratischen Rechtsstaat in seinen Grundfesten erschüttern sollte. Zu den Opfern zählte der Vorstandssprecher der Deutschen Bank, Alfred Herrhausen, der am 30. September 1989 mit seinem Auto in Bad Homburg in eine Sprengfalle fuhr. Sein Fahrer wurde schwer verletzt, Herrhausen war sofort tot. Erst 1993 endete der blutige Terror der RAF.

## Umstrittene Reformen

In Bonn und Wiesbaden kam es im Oktober 1969 zu bedeutenden Veränderungen. Bei der Bundestagswahl erhielt erstmals die CDU nicht die Mehrheit der Stimmen und musste nach 20 Jahren auf die Oppositionsbank. In der neuen sozialliberalen Regierung unter Bundeskanzler Willy Brandt arbeiteten auch drei Minister aus Hessen: Gerhard Jahn für die Justiz, Lauritz Lauritzen für Städtebau und Georg Leber für Post- und Fernmeldewesen.

Drei Wochen vorher war in Wiesbadener Landtag der bisherige Finanzminister Albert Osswald zum neuen hessischen Ministerpräsidenten gewählt worden. Er hatte Georg August Zinn abgelöst, der aus gesundheitlichen Gründen zurückgetreten war (und am 27. März 1976 im Alter von 74 Jahren starb). Eine grundsätzliche Richtungsänderung in der Landespolitik erwartete niemand von Osswald. Der neue Ministerpräsident schrieb die Hessenpläne seines Vorgängers fort, jetzt unter dem Titel „Hessen 80", und führte am 7. Oktober 1970 das erste Datenschutzgesetz in Deutschland ein, das den Missbrauch der elektronischen Speichermöglichkeiten verhindert sollte. Auch das Amt des Datenschutzbeauftragten wurde neu geschaffen. Auf diesem für die Zukunft wichtigen Feld hatte Hessen die Vorreiterrolle übernommen. In den Augen der hessischen Bürger allerdings konnte Osswald gegenüber seinem Vorgänger Zinn keine Kontur gewinnen. Das zeigte sich am deutlichsten bei der Landtagswahl im November 1970. Die CDU erwachte unter ihrem seit 1967 amtierenden Vorsitzenden Alfred Dregger aus dem Dornröschenschlaf und gewann 20 Sitze hinzu. Durch die Erhöhung der Abgeordnetenzahl (von 96 auf 110) und das Ausscheiden der

Wahlplakat der CDU, 1970

NPD konnte sich die SPD zwar auch um einen Sitz verbessern, aber für eine absolute Mehrheit reichte es nicht mehr. Wie in Bonn regierte künftig auch in Wiesbaden eine sozialliberale Koalition. Stellvertretender Ministerpräsident und Wirtschaftsminister wurde Heinz-Herbert Karry. Sein jüdischer Vater hatte während der NS-Zeit im Konzentrationslager gesessen, und er selbst wurde als sogenannter Halbjude gesellschaftlich diskriminiert. Nach Kriegsende baute er sich eine wirtschaftliche Existenz auf und trat früh in die FDP ein, wo er rasch Karriere machte. Sein Hauptinteresse galt der wirtschaftlichen Entwicklung Hessens, die er als Minister mit zum Teil spektakulären und höchst umstrittenen Projekten voranbringen wollte. In seine erste Amtszeit fielen 1972 die Eröffnung des „Terminals Mitte" auf dem Frankfurter Flughafen und 1974 die Inbetriebnahme des Kernkraftwerks in Biblis, das mit 2500 Megawatt Leistung (seit 1976) die größte Anlage dieser Art in Europa war. Noch hielten sich die Umweltschützer mit ihren Protesten zurück. Ganz anders reagierten die Elternverbände, die gegen die Bildungsreformen der neuen Regierung Sturm liefen. Kultusminister Ludwig von Friedeburg, der am Institut für Sozialforschung gelehrt und sich bei Adorno habilitiert hatte, wurde zum Feindbild für Eltern, die um die Zukunftsaussichten ihrer Kinder fürchteten. Dabei führte von Friedeburg nur das konsequent fort, was unter Zinn bereits in die Wege geleitet worden war: den Ausbau von Förderstufen und die Errichtung von Gesamtschulen. Ziel der Reformen blieb es, allen jungen Menschen in Hessen die gleichen Bildungschancen zu eröffnen, egal aus welcher gesellschaftlichen Schicht sie kamen. Niemand sollte nur aufgrund seiner sozialen Herkunft vom Besuch einer weiterführenden Schule ausgeschlossen werden. Viele Eltern befürchteten, dass durch die Rücksicht auf die Schwächeren leistungsstärkere Schüler benachteiligt würden. Für weiteren Zündstoff sorgten die 1972 erlassenen „Rahmenrichtlinien" für die Klassen 5 bis 10, die eine reine Wissensvermittlung in Frage stellten und stattdessen vor allem in Deutsch und dem neu geschaffenen Fach Gesellschaftslehre die Fähigkeit der Schüler zum kritischen Nachdenken und Nachfragen stärken sollten. Ein weiterer Kritikpunkt war die Einführung der Mengenlehre im Mathematikunterricht.

Auch eine neue, breit angelegte Reform machte Osswald und seinem Kabinett zu schaffen. In Hessen gab es zu Beginn der siebziger Jahre 2682 Gemeinden und Städte, neun kreisfreie Städte und 39 Landkreise. Für eine effektive, kostengünstige und zukunftsorientierte Verwaltung waren diese zum Teil Klein- und Kleinstgebilde nicht geeignet. Dafür hatten sie tiefreichende historische Wurzeln und eine unübertroffene Bürgernähe. Als die Landesregierung daranging, die kommunale Struktur in Hessen grundlegend zu straffen, unterschätzte sie die lokalen Befindlichkeiten der Bürger, denen das Vertraute und Überschau-

Die Bildungspolitik wurde für die CDU-Opposition zu einem zentralen (Wahlkampf-) Thema

Bundespräsident Gustav Heinemann besucht 1971 den Hessentag in Eschwege, der Heimatstadt seines Vaters, rechts Ministerpräsident Albert Osswald

bare wichtiger war als die wirtschaftliche Vernunft. So geriet auch die Gebietsreform zum Zankapfel. In manchen Dörfern entstanden kleine Bürgerbewegungen, die den Zusammenschluss mit anderen Gemeinden oder die Angliederung an eine benachbarte Stadt verhindern wollten. Die Landesregierung hörte nicht darauf und setzte ihre Pläne rigoros um. Am Ende blieben 421 Gemeinden (und Städte), fünf kreisfreie Städte und 21 Landkreise übrig. Zusätzlich entstand der neue Regierungsbezirk Gießen. Ein Nachzügler allerdings hatte keinen Bestand. Die am 1. Januar 1977 aus Gießen, Wetzlar und 14 weiteren Gemeinden gegründete Stadt „Lahn" wurde nach nur 31 Monaten wieder aufgelöst, weil die Bürger nicht bereit waren, das Kunstgebilde zu akzeptieren („Wenn ich Lahn seh, krieg ich Zahnweh").

Hochöfen in der Industriestadt Wetzlar

## Von Osswald zu Börner

Die umstrittenen Reformen, die das Kabinett Osswald konsequent umsetzte, bescherten der sozialliberalen Koalition bei der Landtagswahl 1974 herbe Stimmenverluste. Die CDU errang die sieben Mandate, die SPD und FDP verloren. Das war vor allem Alfred Dregger zu verdanken. Dem ehemaligen Oberbürgermeister von Fulda und CDU-Landesvorsitzenden gelang es, den Stimmenanteil seiner Partei von 26,4 Prozent (1966) auf 47,3 Prozent

(1974) zu steigern. Dregger, der den Gegensatz zur Sozialdemokratie wie kaum ein zweiter Politiker in Deutschland verkörperte, mobilisierte die Wähler, die mit den Veränderungen unter Osswald unzufrieden waren und die sich eine Rückkehr zum Vertrauten erhofften. Die absolute Mehrheit verfehlte er nur knapp, so dass die SPD/FDP-Koalition weiterregieren konnte. Auch Albert Osswald blieb im Amt, allerdings nicht mehr lange. Den Skandal um die illegale Entsorgung von Giftmüll hatte er 1973 noch ohne Schaden überstanden. Damals war Umweltminister Werner Best zurückgetreten. Als aber im Sommer 1975 Milliardenverluste der Hessischen Landesbank bekannt wurden, musste der Ministerpräsident die persönliche Verantwortung übernehmen. Als Vorsitzender des Helaba-Verwaltungsrates hatte er die riskanten Geschäfte des Vorstands nicht unterbunden. Am 3. Oktober 1976, am Tag der Bundestagswahl, trat er unmittelbar nach der Schließung der Wahllokale zurück. Sein Nachfolger wurde der gebürtige Kasseläner und gelernte Betonfacharbeiter Holger Börner, der seit 1972 als Bundesgeschäftsführer der SPD fungiert hatte. Mit Börner kam ein gewachsener Sozialdemokrat und Gewerkschafter, der auch vom Koalitionspartner FDP geschätzt wurde. Er sollte dem Ansehen der SPD in Hessen neuen Glanz verleihen. Wie weit der politische Niedergang der hessischen Sozialdemokratie vorangeschritten war, machte die Kommunalwahl im März 1977 deutlich. Die CDU lag deutlich vor der SPD und stellte mit Walter Wallmann erstmals einen Oberbürgermeister in Frankfurt. Obwohl jetzt allgemein auch mit einem Sieg der Christdemokraten bei der Landtagswahl 1978 gerechnet wurde, gelang es dem bodenständigen und volksnahen Börner den Trend umzukehren. Während die CDU stagnierte, konnte die SPD leicht zulegen und mit der FDP weiterregieren. Trotz des unerwarteten Triumphs stand Börner vor keinen leichten Aufgaben. Zwar ließen sich einzelne Konflikte wie um die Stadt Lahn oder in der Bildungspolitik durch vorsichtiges Zurückrudern entschärfen, aber dafür tauchten schon neue und weit gravierendere am Horizont auf. Das „rote Hessen" hatte seit Zinn als wirtschaftsfreundliches Land gegolten. Der industriellen Produktion, dem Ausbau von Verkehrswegen und der möglichst unaufwendigen Entsorgung von Altlasten wurde unbedingte Priorität eingeräumt. Landschaftszerstörung, Luftverschmutzung und die Verarmung von Tier- und Pflanzenwelt waren die Folge. Für Börner sollte die Umweltpolitik zur entscheidenden Herausforderung für seine gesamte Amtszeit werden, nicht zuletzt deshalb, weil es einem wichtigen Teil der Öko-Aktivisten gelang, sich in einer eigenen Partei zu organisieren. Am 16. Dezember 1979 wurde in Leihgestern bei Gießen der hessische Landesver-

Ministerpräsident Holger Börner in Dreieich, 1977

Wahlplakat der FDP, 1978

Wahlplakat der Grünen Liste Hessen, 1978

band der Grünen gegründet. Die Bundespartei war noch im Aufbau und versuchte, wie auch der Landesverband in Hessen, die verschiedenen politischen Richtungen zusammenzubringen. Die grundsätzlichen Diskussionen und Richtungsstreitigkeiten wiegten die etablierten Parteien in einer trügerischen Sicherheit. Kaum einer glaubte daran, dass sich die Grünen als vierte Kraft in Deutschland etablieren könnten. Wie zur Bestätigung erreichten sie bei der Bundestagswahl 1980 magere 1,4 Prozent. Aber ihre Zeit war reif. Die Themen für eine grüne Partei lagen auf der Straße, gerade in Hessen, das die größten deutschen Kernreaktoren und den größten deutschen Flughafen beherbergte. Während die Anti-Atom-Bewegung bundesweit aktiv war, konzentrierten sich die Proteste gegen den Ausbau des Frankfurter Flughafens ganz auf den Stadtwald, vom dem geschätzte 225 Hektar der neuen Startbahn West weichen sollten. Zunächst war auf dem geplanten Baugelände ein Hüttendorf als Zeichen des friedlichen Widerstands errichtet worden. Zahlreiche Bürger aus den umliegenden Gemeinden, die erhöhte Lärmbelastungen durch die neue Startbahn befürchteten, solidarisierten sich mit den Bewohnern der Waldhütten. Aber beim friedlichen Protest blieb es nicht. Gewaltbereite Demonstranten und mit ungewöhnlicher Härte vorgehende Polizisten lieferten sich blutige Auseinandersetzungen, nachdem das Hüttendorf am 2. November 1981 zwangsgeräumt worden war. Im Frühjahr 1984 wurde die neue Startbahn West in Betrieb genommen. Damit waren die Proteste aber nicht beendet. Am sechsten Jahrestag der Hüttendorf-Räumung trafen sich Startbahn-Gegner in der Nähe des Frankfurter Flughafens zu einem „Sonntagsspaziergang". Was friedlich verlaufen sollte, endete tragisch. Aus den Reihen militanter Demonstranten wurden zwei Polizisten erschossen. Dieser Doppelmord überschattet bis heute jede Diskussion über den weiteren Ausbau des Flughafens. Um neue Gewaltexzesse zu vermeiden und um besser mit den betroffenen Bürgern ins Gespräch zu kommen, gründete die Landesregierung im Juni 2000 das Regionale Dialogforum. Mediatoren versuchten in einem langwierigen Prozess, die Interessen der lärmgeplagten Menschen und der Fraport AG in Einklang zu bringen. Ein neuer Streit entzündete sich an der Zahl der genehmigten Flüge in der Nacht. Ministerpräsident Koch hatte zunächst eine starke Beschränkung mit wenigen Ausnahmen versprochen, war dann aber von dieser Aussage abgerückt. Die überragende ökonomische Bedeutung des Flughafens erfordert ständig neue Kompromisse, die nicht einseitig zu Lasten der Bevölkerung gehen dürfen. Andererseits ist der Flughafen der große Wirtschaftsmotor in Hessen, dessen Weiterentwicklung außer Frage stehen muss.

## Rot-Grünes Hessen

Noch während friedlich über den Bau der Startbahn West gestritten wurde, kam der hessische Wirtschaftsminister Heinz-Herbert Karry bei einem Mordanschlag ums Leben. Unbekannte Täter erschossen ihn am 11. Mai 1981 in seinem Haus in Frankfurt-Seckbach. Über Motive und Täter wird bis heute gerätselt. Eine linksradikale Gruppierung, die „Revolutionären Zellen", steht ebenso in Verdacht wie die RAF. Aber sichere Anhaltspunkte gibt es nicht. Nachfolger Karrys als Wirtschaftsminister wurde Klaus-Jürgen Hoffie, der den Kurs seines Vorgängers fortsetzte.

Ministerpräsident Börner unterschätzte lange, wie schnell und wie intensiv sich ökologisches Denken in Hessen ausbreitete. Großprojekte wurden von den Menschen in Hessen zunehmend nicht nur nach ihrem wirtschaftlichen Nutzen bewertet, sondern auch danach, welche Beeinträchtigungen sie für die Umwelt mit sich brachten. Ein herausragendes Beispiel für das veränderte Denken ist der Streit um die Grube Messel. Nach dem Willen der Landesregierung sollte der aufgelassene Ölschiefertagebau in der Nähe von Darmstadt zu einer gigantischen Mülldeponie werden, obwohl bekannt war, dass es sich bei dem vermeintlichen Brachland um eine bedeutende Fossilienfundstätte handelt.

Zu den ersten Politikern, die sich für den Erhalt der Grube Messel einsetzten, gehörten führende Mitglieder der gerade gegründeten Grünen, die sich als radikale Oppositionspartei verstanden und erst noch nach einer einheitlichen Linie suchten. Einig waren sich die noch bunt zusammengewürfelten Grünen in ihren umwelt- und friedenspolitischen Zielen. Und damit konnten sie in Hessen punkten. Das zeigte sich zum ersten Mal bei der Kommunalwahl 1981. In Kassel erreichte Rot-Grün sogar eine rechnerische Mehrheit, und Oberbürgermeister Hans Eichel, der im Gegensatz zu seinem Ministerpräsidenten Börner den weiteren Ausbau der Kernenergie ablehnte, regierte vier Jahre im Schulterschluss mit den Grünen. Das war zwar keine richtige Koalition, aber das erste rot-grüne Bündnis in Deutschland.

Wie schnell die Anhängerschaft der Grünen wuchs, spürten die drei etablierten Parteien bei der Landtagswahl im September 1982. Kurz vorher hatte die FDP die sozialliberale Koalition in Bonn verlassen. Das mobilisierte die SPD-Wähler („Verrat in Bonn") und bescherte dem CDU-Spitzenkandidaten Alfred Dregger die bitterste Niederlage seiner politischen Laufbahn. In allen Umfragen hatte er weit vor der SPD gelegen und konnte auf eine Regierungskoalition mit der FDP

Fossile Fledermaus aus der Grube Messel (Sonderbriefmarke der Deutschen Bundespost von 1978) (oben)

Urpferdchen aus der Grube Messel (Sonderbriefmarke der Deutschen Bundespost 1978) (unten)

hoffen. Aber es kam anders. CDU und SPD verloren jeweils einen Sitz, die FDP scheiterte an der Fünf-Prozent-Hürde, und die Grünen erreichten aus dem Stand acht Prozent und damit neun Sitze. Noch in der Wahlnacht trat Dregger als CDU-Landesvorsitzender zurück. Sein Nachfolger wurde der Frankfurter Oberbürgermeister Walter Wallmann. Aber auch Holger Börner konnte mit dem Ergebnis nicht zufrieden sein. Weder er noch die Grünen wollten miteinander eine Koalition eingehen, und so blieb die Landesregierung als geschäftsführend im Amt. Auch Neuwahlen ein Jahr später brachten keine Änderung. Zwar kehrte die FDP in den Landtag zurück (während die CDU weiter Stimmen verlor), aber sie lehnte ebenfalls eine Zusammenarbeit mit der SPD ab. Die sprichwörtlichen „Hessischen Verhältnisse" blieben bestehen. Ministerpräsident Börner, weiterhin nur geschäftsführend im Amt und damit in seinem Handlungsspielraum stark eingeengt, musste schließlich in den sauren Apfel beißen und in kleinen Schritten auf die Grünen zugehen. Wie schwer ihm das fiel, kann man daraus ermessen, wie abfällig er sich mehrfach über die Partei und ihre Anhänger geäußert hatte. In der Tat gab es wenige Gemeinsamkeiten, schon gar nicht in der Atompolitik und beim Ausbau des Frankfurter Flughafens. Trotzdem fanden sich die politischen Pragmatiker beider Parteien zusammen und unterschrieben neun Monate nach der Landtagswahl eine Tolerierungsvereinbarung, die allerdings schon knapp sechs Monate später wegen unterschiedlicher Auffassungen in der Atompolitik von den Grünen aufgekündigt wurde. Aber da war Holger Börner schon als Ministerpräsident gewählt. Im Juni 1985 nahmen SPD und Grüne ihre parlamentarische Zusammenarbeit wieder auf. Aus der über einhundertseitigen Tolerierungsvereinbarung entstand in wenigen Monaten ein Koalitionsvertrag. Am 12. Dezember 1985 wurde der ehemalige Frankfurter Hausbesetzer und Sponti-Funktionär Joseph („Joschka") Fischer als erster hessischer Minister für Umwelt und Energie vereidigt. Der Grünen-Politiker hatte maßgeblichen Anteil am Zustandekommen der Koalition. Bei seiner Vereidigung trug er Turnschuhe und lieferte damit ein symbolträchtiges Pressefoto.

Wahlplakat der Grünen, 1983

Wie eine Bestätigung der grünen Atompolitik wirkte der Reaktorunfall im sowjetischen Atomkraftwerk Tschernobyl am 26. April 1986. Auch Hessen war von dem radioaktiven Niederschlag betroffen. Und Joschka Fischer forderte erneut, das Kernkraftwerk in Biblis abzuschalten. Schließlich scheiterte die Koalition an den unterschiedlichen Vorstellungen, wie es in der Atompolitik in Hessen weitergehen sollte. Als Wirtschaftsminister Ulrich Steger ankündigte, die Plutoniumverarbeitung in Hanau zu genehmigen, fassten die Grünen am 8. Feb-

Das rot-grüne Kabinett Börner mit Joschka Fischer in der Mitte kurz nach der Vereidigung am 12. Dezember 1985

ruar 1987 den Beschluss, „die Koalition zu beenden", falls die SPD bei ihrer Haltung bliebe. Nur einen Tag später entließ Holger Börner seinen Umweltminister und beendete die Koalition, die von Anfang an unter keinem guten Stern gestanden hatte. Gleichzeitig trat er als Ministerpräsident und SPD-Landesvorsitzender zurück. Spitzenkandidat der SPD bei den vorgezogenen Neuwahlen wurde Finanzminister Hans Krollmann, dem es nicht gelang, den politischen Niedergang seiner Partei in den ihm verbleibenden zwei Monaten bis zum Urnengang zu stoppen.

## Walter Wallmann wird erster CDU-Ministerpräsident in Hessen

Bei der Landtagswahl 1987 verlor die SPD sieben Sitze, während CDU, FDP und Grüne zulegen konnten. CDU und FDP gingen, wie in Bonn, eine Koalition ein. Neuer Ministerpräsident wurde der hessische CDU-Vorsitzende und frühere Frankfurter Oberbürgermeister Walter Wallmann, den Bundeskanzler Helmut Kohl nach der Katastrophe von Tschernobyl als Umweltminister in sein Kabinett geholt hatte. Jetzt kehrte er nach Hessen zurück.

*„Die Hessen-Wahl ist in ihrer Bedeutung gar nicht zu überschätzen. Die Sozialdemokraten müssen ihre Macht im Land abgeben, das sie seit 40 Jahren regiert haben. Dieser Schlag ist schon schwer genug. Aber mehr noch: Zum ersten Mal in der bundesdeutschen Nachkriegsgeschichte ist es einer Bonner Koalition gelungen, in einer Landtagswahl die Regierung an Ort und Stelle aus dem Sattel zu heben; bisher galt die umgekehrte Regel: Wer in Bonn regiert, kann in den Ländern nur Wähler verlieren."*[13]

Ministerpräsident Walter Wallmann in Melsungen, 1987

Walter Wallmann war der erste christdemokratische Ministerpräsident in Hessen. Bis dahin hatte die SPD unangefochten, wenn auch in wechselnden Koalitionen, das Land regiert.

Wie seine sozialdemokratischen Vorgänger unternahm auch Ministerpräsident Wallmann alles, um die wirtschaftliche Entwicklung Hessens weiter zu fördern. Unter den deutschen Flächenstaaten erzielte Hessen 1988 zum ersten Mal das höchste Bruttoinlandsprodukt (das ist der Wert aller Waren und Dienstleistungen) pro Kopf der Bevölkerung. Im Jahr davor hatte noch Baden-Württemberg an vorderster Stelle gelegen. Zu diesem Zeitpunkt ahnte noch niemand, dass das wichtigste Ereignis der Regierung Wallmann noch bevorstehen würde. Am 9. November 1989 erklärte das Mitglied des SED-Politbüros Günter Schabowski auf einer internationalen Pressekonferenz die langersehnte Reisefreiheit für DDR-Bürger.

Die 269 Kilometer lange Grenze, die Hessen und Thüringen 38 Jahre lang mit Stacheldraht und Todesstreifen getrennt hatte, verschwand fast spurlos. Plötzlich war die gemeinsame Geschichte der beiden Länder, die im frühen Mittelalter begonnen hatte, wieder lebendig.

*„1989 fiel der Eiserne Vorhang nicht nur in Berlin. Er fiel auch zwischen Philippsthal und Vacha, zwischen Herleshausen und Wartha, zwischen Ober- und Untersuhl, zwischen Großburschla und Altenburschla. In den ersten Tagen der Grenzöffnung strömten tausende Menschen in beiden Richtungen über die nun offenen Grenzen. Hessische Bürgerinnen und Bürger organisierten private Hilfstransporte und packten in den ersten Monaten nach dem Mauerfall beim Aufbau des Landes tatkräftig mit an. Diese Hilfsbereitschaft setzte sich nach der Wiedervereinigung 1990 fort … Viele hessische Politiker aller Parteien wurden zu Aufbauhelfern in Thüringen. Sie demonstrierten Solidarität, halfen bei der Parteiengründung oder loteten Kooperationsmöglichkeiten aus."*[14]

Zusätzlich stellte die hessische Landesregierung zwischen 1989 und 1993 rund 270 Millionen DM zur Verfügung, die vor allem in den Aufbau von Verwaltung und Justiz, in den Umwelt- und Denkmalschutz, in das Gesundheitswesen und in die Verbesserung der Verkehrsinfrastruktur flossen.
Hessen war kein Grenzland mehr, es lag nicht mehr an der Peripherie der westlichen Welt. Jahrzehntelang hatte das „Zonenrandgebiet" unter der Trennung gelitten. Jetzt verbanden sich mit der Wiedervereinigung große Hoffnungen. Nord- und Osthessen waren in das Zentrum Deutschlands gerückt. Aber der mächtige wirtschaftliche Schub, den die Menschen in den strukturschwachen Regionen erwarteten, blieb aus. Es war eine bittere Erfahrung, dass die politisch rasch vollzogene Wiedervereinigung nicht so schnell und so preiswert zu erhalten war, wie zunächst gedacht. Sie verlangte von allen Bürgern Opfer, um die wirtschaftlichen, sozialen und ökologischen Folgen der untergegangenen DDR meistern zu können. Hinzu kamen in Hessen die deutlichen strukturellen Unterschiede zwischen dem Norden und dem Süden. Sie waren historisch gewachsen und ließen sich durch eine geographische Neudefinition nicht beseitigen. Die Region um Kassel nahm zwar einen (bescheidenen) ökonomischen Aufschwung, aber in eine ernsthafte Konkurrenz zum Rhein-Main-Gebiet konnte sie nicht treten. Schon zwei Jahre nach der friedlichen Revolution machte sich Ernüchterung breit. Die Politik fand wieder im hessischen Kleingarten statt. Wer das an der eigenen Person zu spüren bekam, war der hessische Ministerpräsi-

Hessen war kein Grenzland mehr, es lag nicht mehr an der Peripherie der westlichen Welt. Jahrzehntelang hatte das „Zonenrandgebiet" unter der Trennung gelitten. Jetzt verbanden sich mit der Wiedervereinigung große Hoffnungen.

dent Walter Wallmann. Er hatte Gartenarbeiten an seinem Privathaus aus der Staatskasse finanzieren lassen und geriet damit in die Schlagzeilen. Damit belastet ging er in den Landtagswahlkampf und verlor. SPD und Grüne siegten mit der knappen Mehrheit von 56 Sitzen, mit der vorher die CDU/FDP-Koalition regiert hatte. Wallmann verzichtete darauf, Oppositionsführer zu werden, und musste den Parteivorsitz an Manfred Kanther abgeben.

## Neue Herausforderungen

Wahlplakat der Grünen, 1991

Der strahlende Sieger der Landtagswahl 1991 hieß Hans Eichel. Der Kasseler Oberbürgermeister und SPD-Spitzenkandidat hatte ein ganz anderes Verhältnis zu den Grünen als Holger Börner. Gemeinsamkeiten überwogen, und so war es keine Frage, dass Eichel sein Experiment, das er 1981 bei der Kommunalwahl in Kassel begonnen hatte, zehn Jahre später auf Landesebene fortsetzte. Allerdings hatten sich durch die Wiedervereinigung die Rahmenbedingungen geändert. Die wirtschaftliche, soziale und kulturelle Integration der neuen Bundesländer erforderte gewaltige Anstrengungen, die jede Euphorie bald verfliegen ließen. Migranten aus Afrika und Asien, die ihre Länder aus politischen oder wirtschaftlichen Gründen verlassen hatten und nun in Deutschland eine neue Heimat suchten, wurden von Teilen der deutschen Bevölkerung als Bedrohung ihrer materiellen und sozialen Existenz gesehen. Fast überall in Deutschland kam es zu gewalttätigen Ausschreitungen, bei denen, wie in Solingen 1993, sogar Menschen starben. In Hessen blieb es weitestgehend ruhig. Ein Land, das seit über 300 Jahren Flüchtlinge aufgenommen hatte, von den französischen Hugenotten bis zu den Heimatvertriebenen, und das sich als weltoffen empfand, war, so schien es, kein Platz für dumpfe Parolen. Und wo sich Ausländerfeindlichkeit zeigte, gingen die hessischen Politiker entschieden dagegen vor. Geradezu vorbildhaft wurde das Frankfurter Amt für multikulturelle Angelegenheiten, das die rot-grüne Stadtregierung bereits 1989 geschaffen hatte und das Daniel Cohn-Bendit als ehrenamtlicher Dezernent leitete. In Frankfurt, das damals mit 25,6 Prozent den höchsten Ausländeranteil in Deutschland aufwies, konnten so entstehende Konflikte frühzeitig entschärft werden. Eine umfassendere „Dienstleistungsbehörde für Migranten", die Cohn-Bendit gefordert hatte, wurde das Amt allerdings nicht. Um auch in anderen hessischen Städten und Gemeinden die Einflussmöglichkeiten von nichtdeutschen Bürgern auf Politik und

Verwaltung zu verbessern, schuf die Landesregierung 1993 die Institution der Ausländerbeiräte. Die Integration von Migranten war eines der Vorhaben, das die neue Koalition voranbringen wollte. Weitere Schwerpunkte setzte sie in der Bildungspolitik, die die bekannten sozialdemokratischen Vorstellungen weiterentwickeln wollte und damit erneut auf heftige Reaktionen bei Elternvertretern stieß, im Wohnungsbau, beim Personennahverkehr, bei Betreuungsangeboten für Kinder, bei der Gleichstellung von Frauen und natürlich in der Umweltpolitik. Joschka Fischer als Minister für Umwelt, Energie und Bundesangelegenheiten wurde zum unumstrittenen Star der hessischen Grünen. Er konnte auch in der Bundespolitik schnell Profil gewinnen und wechselte im Oktober 1994 als Vorsitzender der grünen Bundestagsfraktion nach Bonn. Seine Nachfolge trat Rupert von Plottnitz an. Die Sympathien, die die Grünen in Hessen gewonnen hatten, spiegelte auch das Ergebnis der Landtagswahl vom Februar 1995 wider. Zwar verlor die SPD Stimmen und die CDU unter Roland Koch konnte stärkste Fraktion werden, aber zur Fortsetzung der Koalition reichte es trotzdem, weil die Grünen sich von 8,8 auf 11,2 Prozent verbessern konnten. Allerdings stand die zweite Amtszeit von Ministerpräsident Eichel unter keinem so guten Stern wie die erste. Das lag auch an seinem Koalitionspartner, der durch allerlei personelle Kapriolen immer wieder für negative Schlagzeilen sorgte.

Ministerpräsident Hans Eichel in Gelnhausen, 1996

Für einen Eklat, der bundesweit höchste Beachtung fand, sorgte 1998 aber nicht ein Politiker, sondern mit Martin Walser ein Schriftsteller, und zwar ausgerechnet bei der Verleihung des Friedenspreises des Deutschen Buchhandels. Walser sprach davon, dass es heute eine „Routine des Beschuldigens“ gäbe. Das Gedenken an die Morde in Auschwitz sei öfter nur „ die Instrumentalisierung unserer Schande zu gegenwärtigen Zwecken … Auschwitz eignet sich nicht dafür Drohroutine zu werden, jederzeit einsetzbares Einschüchterungsmittel oder Moralkeule oder auch nur Pflichtübung“. Ignatz Bubis, der Vorsitzende des Zentralrats der Juden in Deutschland, nannte Walser daraufhin einen „geistigen Brandstifter“. Die öffentliche Diskussion, die sich anschloss, machte auch deutlich, dass die jüdischen Gemeinden wieder ein selbstverständlicher und wichtiger Teil des politischen, gesellschaftlichen und religiösen Lebens in Deutschland geworden waren. Ihre Mitglieder melden sich immer dann zu Wort, wenn sie es für nötig und richtig halten. In Hessen hatte es vor der nationalsozialistischen Machtübernahme 400 jüdischen Gemeinden gegeben, die fast vollständig vernichtet wurden. Heute sind es, nicht zuletzt durch den Zuzug von Juden aus der ehemaligen Sowjetunion, wieder elf Gemeinden. Mit über 7000 Mitgliedern ist die Jüdische Gemeinde in Frankfurt die größte in Hessen und die viertgrößte in Deutschland.

Unstrittig ist Frankfurt, die Stadt der Bücher und Museen, der Banken und der Messen, das kulturelle und vor allem wirtschaftliche Zentrum Hessens. Als Sitz der wichtigsten deutschen Börse und der Bundesbank zog die Stadt schon in den fünfziger Jahren Finanzunternehmen aus der ganzen Welt an. Mit der Entscheidung im Jahr 1993, die Europäische Zentralbank in Frankfurt anzusiedeln, wurde die herausragende Stellung des Finanzplatzes auf Dauer gesichert.

Unstrittig ist Frankfurt, die Stadt der Bücher und Museen, der Banken und der Messen, das kulturelle und vor allem wirtschaftliche Zentrum Hessens. Als Sitz der wichtigsten deutschen Börse und der Bundesbank zog die Stadt schon in den fünfziger Jahren Finanzunternehmen aus der ganzen Welt an.

Obwohl heute über zwei Drittel der Wertschöpfung mit Dienstleistungen erwirtschaftet werden, ist Hessen ein wichtiger Industriestandort geblieben, vor allem für den Fahrzeug- und Maschinenbau, für die Elektrotechnik und für die chemische Industrie. Von weltweiter Bedeutung sind darüber hinaus das Operationszentrum ESOC der europäischen Raumfahrtagentur in Darmstadt, die Kasseler Documenta als bedeutendste Schau zeitgenössischer Kunst und der Frankfurter Flughafen, für den unter Ministerpräsident Eichel ein langwieriges Mediationsverfahren durchgeführt wurde. In jeder rot-grünen Koalition waren das Kernkraftwerk in Biblis und der Ausbau des Frankfurter Flughafens heikle Themen. Ministerpräsident Eichel und den Realpolitikern der Grünen gelang es, immer einen Weg des Kompromisses zu finden und die Koalition acht Jahre zu führen. Die regierenden Landespolitiker einte auch die Gegnerschaft zu der Koalition von CDU und FDP unter Bundeskanzler Kohl. Das wurde 1998 mit der Wahl Gerhard Schröders anders. Rot-Grün regierte nun auch auf Bundesebene und das zunächst mit mäßigem Erfolg. Schon das waren keine guten Voraussetzungen, um gegen die starke CDU unter Roland Koch bestehen zu können. Zudem sorgten sich viele um ihre Arbeitsplätze und befürchteten eine weitere Zuwanderung von Menschen aus Afrika und Asien. Koch nutzte diese Ängste für seinen Wahlkampf und startete eine Unterschriftenaktion gegen die doppelte Staatsbürgerschaft für Ausländer. Sie fand eine erstaunliche Resonanz und dürfte letztlich den Ausschlag dafür gegeben haben, dass die Koalition aus CDU und FDP die Verhältnisse bei der Wahl im Februar 1999 umkehren konnte und nun mit 56 gegen 54 Sitzen regierte.

Wahlplakat der FDP, 1995

## Chancen und Risiken der Globalisierung für Hessen

An der Seite von Ministerpräsident Koch stand als seine Stellvertreterin und als Ministerin für Wissenschaft und Kunst die FDP-Landesvorsitzende Ruth Wagner. Sie hielt ihrem Koalitionspartner auch die Treue, als die hessische CDU im Januar 2000 bekennen musste, dass sie ab 1983 mehrere Millionen Mark Schwarzgeld in die Schweiz und nach Liechtenstein transferiert hatte. Die Gelder wurden dann u. a. für Wahlkämpfe verbraucht. Um die schwarzen Kassen zu tarnen, tauchten sie in den Rechenschaftsberichten als „Jüdische Vermächtnisse“ auf. Im Zuge der Ermittlungen wurden auch führende CDU-Politiker verurteilt, darunter der frühere hessische Landesvorsitzende Manfred Kanther. Die Affäre belastete die hessische CDU schwer. Die Position Roland Kochs konnte sie allerdings nicht erschüttern. Bei der Landtagswahl im Februar 2003 erzielte die CDU mit 48,8 Prozent der Stimmen die absolute Mehrheit. Da die FDP nicht für eine Fortführung der Koalition zu gewinnen war, regierte die CDU allein. Unterdessen hatten weltpolitische Turbulenzen auch in Hessen ihre Spuren hinterlassen. Am 11. September 2001 hatten radikale Islamisten einen Terroranschlag auf das New Yorker World Trade Center verübt und damit die Frankfurter Bankenzentralen in den Ausnahmezustand versetzt. Danach ließ der amerikanische Präsident Bush seine Truppen (und die seiner Verbündeten) zunächst in Afghanistan und dann in den Irak einmarschieren. Vor allem der Krieg gegen den Irak führte überall in Deutschland,

Ministerpräsident Roland Koch und der frühere hessische CDU-Landesvorsitzende Manfred Kanther bei der Pressekonferenz zur Schwarzgeldaffäre am 14. Januar 2000

auch in Hessen, zu heftigen Protesten. Die dramatischen Ereignisse zu Beginn des neuen Jahrtausends machten eine Entwicklung augenfällig, die bisher unter dem Begriff Globalisierung eher abstrakt geblieben war. Hessische Firmen operierten weltweit in einem eng geknüpften, aber auch störanfälligen Netz. Das sollte die 2008 einsetzende Finanz- und Wirtschaftskrise noch einmal drastisch verdeutlichen. Hessen war in den Mittelpunkt der sich stetig erweiternden Europäischen Union gerückt. Die Stabilität des 2002 eingeführten Euros überwachte die Europäische Zentralbank in Frankfurt. Für eine hessische Landesregierung schienen damit die Gestaltungsräume immer enger zu werden. Die Regierung Koch setzte ihre Schwerpunkte in der Forschungs- und Wirtschaftsförderung, in den Ausbau der Hochschulen (mit der von den Studenten nicht akzeptierten Einführung von Studiengebühren), in der Verbesserung der Inneren Sicherheit, in Integrationsprojekte und in der Schulpolitik, die mit zentralen Prüfungen, der Verkürzung der Gymnasialzeiten (G 8) und der „Unterrichtsgarantie Plus" für heftige Diskussionen mit Lehrern, Eltern und Schülern sorgte. Die als gravierend empfundenen Änderungen in der Schulpolitik dürften den Ausschlag dafür gegeben haben (wie schon mehrfach in der hessischen Nachkriegsgeschichte), dass Ministerpräsident Koch bei der Landtagswahl 2008 seine absolute

Mehrheit verlor und ein Minus von 12 Prozent verzeichnete. Auch eine von der hessischen CDU initiierte Kampagne zur Kriminalität von jugendlichen Ausländern, die an die Unterschriftenaktion gegen die doppelte Staatsbürgerschaft anknüpfen sollte, aber auf ein fast durchgehend negatives Echo stieß, hatte mit zu dem dramatischen Stimmenverlust beigetragen. Trotzdem blieb die CDU mit dem hauchdünnen Vorsprung von 0,1 Prozent gegenüber der SPD stärkste Partei im Landtag. Die hessische SPD-Vorsitzende und Spitzenkandidatin Andrea Ypsilanti, die mit den Grünen zusammen über 51 Sitze verfügte (gegen 53 von CDU und FDP) sah sich als Wahlsiegerin und versuchte die Regierungsbildung. Das Zünglein an der Waage war der 2007 aus mehreren linken Gruppierungen gebildete hessische Landesverband der Partei DIE LINKE, der sowohl Kommunisten in seinen Reihen hatte als auch vom Verfassungsschutz beobachtet wurde. Die Fraktion der LINKEN verfügte über sechs Sitze. Andrea Ypsilanti hatte vor der Wahl erklärt, dass sie auf keinen Fall mit der LINKEN zusammenarbeiten werde. Nach der Wahl war sie bereit, eine von der LINKEN tolerierte Minderheitsregierung zu bilden. Das führte zu erheblichen Konflikten in ihrer eigenen Partei, die schließlich darin kulminierten, dass vier SPD-Abgeordnete am 3. November 2008 ankündigten, bei der bevorstehenden Wahl im hessischen Landesparlament nicht für Andrea Ypsilanti als Ministerpräsidentin zu stimmen. Daraufhin verzichtete Andrea Ypsilanti und schlug Thorsten Schäfer-

Der neue hessische CDU-Landesvorsitzende Volker Bouffier mit seinem Vorgänger Roland Koch beim CDU-Landesparteitag am 12. Juni 2010 in Willingen

Gümbel als SPD-Spitzenkandidaten für die nun von allen Parteien gewünschte Neuwahl des Landtags vor. Am 18. Januar 2009 konnte der immer noch geschäftsführend amtierende Ministerpräsident Koch die Verhältnisse wieder umkehren. Die SPD verlor 13 Sitze und sank auf 23,7 Prozent ab. Die CDU (37,2 Prozent) und die FDP (16,2 Prozent) unter ihrem Vorsitzenden Jörg-Uwe Hahn bildeten eine Koalition, die mit 66 Sitzen über eine komfortable Mehrheit verfügt. Die Grünen mit ihrem populären Spitzenkandidaten Tarek Al-Wazir legten auf 13,7 Prozent zu, gingen aber ebenso in die Opposition wie die SPD und die LINKEN, denen mit 5,3 Prozent erneut der Einzug in den Landtag gelungen war.
Überraschend kündigte Roland Koch nur 16 Monate nach der Wahl an, als Ministerpräsident zum 31. August 2010 zurückzutreten und alle Parteiämter niederzulegen. Er wolle künftig „im Bereich von Wirtschaft und unternehmerischen Entscheidungen" tätig sein. Die Koalition traf dieser Rückzug in einer innenpolitisch schwierigen Situation mit nur noch sehr begrenzten Handlungsspielräumen. Die Finanzmarktkrise war auch an Hessen nicht spurlos vorübergegangen und hatte u. a. im Landeshaushalt zu weiteren erheblichen Kreditaufnahmen geführt. Gegen Sparpläne einzelner Ministerien regte sich, sobald sie bekannt wurden, laute Proteste, obwohl sich alle darin einig waren, dass es ohne drastische Einschnitte nicht weitergehen könne. Für die Bundes-CDU bedeutete der Rücktritt Kochs, dass sie einen ihrer profiliertesten Politiker verlor. Roland Koch war zwar hoch umstritten, aber für seinen scharfen Intellekt und seinen Mut, auch unbeliebte Wahrheiten auszusprechen, zollten ihm selbst seine politischen Gegner Respekt. Seine Nachfolge als Ministerpräsident trat der hessische Innenminister Volker Bouffier an.

---

[1] Max Frisch: Tagebuch 1946–1949. Frankfurt am Main $^{2}$1997, S. 40 f.

[2] Rolf Messerschmidt: Aufnahme und Integration der Vertriebenen und Flüchtlinge in Hessen 1945–1950. Wiesbaden 1994, S. 305 f.

[3] Eugen Kogon: Wiederaufbau und Neuanfang nach 1945. In: Uwe Schultz (Hrsg.): Die Geschichte Hessens. Stuttgart 1983, S. 254.

[4] (Ungesendete) Rundfunkansprache von Frankfurts Oberbürgermeister Walter Kolb (Mai 1949). Abschrift der Tonaufzeichnung im Archiv des Hessischen Rundfunks.

[5] Theo Schiller: Von der bürgerlichen Rechtspartei zur liberalen Mitte. Die Freie Demokratische Partei (FDP) in Hessen 1945–2005. In: Helmut Berding/Klaus Eiler (Hrsg.): Hessen. 60 Jahre Demokratie. Wiesbaden 2006, S. 145.

[6] Kogon, a.a.O., S. 258.

[7] Johann Zilien: Schulreformen in Hessen 1945–1965. In: Berding/Eiler, a.a.O., S. 297.

[8] Peter Kemper: The All American Boy. Wie Elvis in der Wetterau sein Image wechselte. In: Gerd Kittel (Hrsg.): Rhein-Main – Netzwerke. Frankfurt am Main 2003, S. 166 ff.

[9] Gerd Hardach: Kontinuität und Wandel. Hessens Wirtschaft seit 1945. Darmstadt 2007, S. 30.

[10] Michael Müller: Die hessische SPD als Regierungspartei in der Ära Zinn. In: Berding/Eiler, a.a.O., S. 112.

[11] Eugen Kogon: Der SS-Staat. Frankfurt am Main 1946, S. V f.

[12] Werner Renz: Auschwitz vor Gericht. Anmerkungen zur Geschichte des Auschwitz-Prozesses. In: Der Frankfurter Auschwitz-Prozess (DVD und CD-ROM), Frankfurt am Main 2005, Begleitheft S. 8 und 10.

[13] DIE ZEIT vom 10.4.1987, zitiert nach: Hessisches Hauptstaatsarchiv (Hrsg.): Hessen. Eine starke Geschichte. Wiesbaden 2005, S. 43.

[14] Hessisches Hauptstaatsarchiv (Hrsg.): Hessen und Thüringen – Nachbarn und Partner. Begleitheft zur Ausstellung „20 Jahre friedliche Revolution und deutsche Einheit". Wiesbaden $^{2}$2009, S. 19.

## Verwendete Literatur (in Auswahl)


Altaras, Thea: Synagogen in Hessen – Was geschah seit 1945? Königstein 1988.

Altaras, Thea: Das jüdische Rituelle Tauchbad und Synagogen in Hessen – Was geschah nach 1945? Teil 2. Königstein 1994.

Angenendt, Arnold: Heilige und Reliquien. München 1997.

Arnsberg, Paul: Die jüdischen Gemeinden in Hessen. 2 Bde. Frankfurt am Main 1971.

Arnsberg, Paul: Die Geschichte der Frankfurter Juden seit der Französischen Revolution. Bearbeitet und vollendet durch Hans-Otto Schembs. 3 Bde. Darmstadt 1983.

Assion, Peter: Von Hessen in die Neue Welt. Eine Sozial- und Kulturgeschichte der hessischen Amerikaauswanderung. Frankfurt am Main 1987.

Auerbach, Inge: Die Hessen in Amerika 1776–1783. Darmstadt 1996.

Baatz, Dietwulf/Herrmann, Fritz-Rudolf (Hrsg.): Die Römer in Hessen. Stuttgart 1989.

Backhaus, Fritz/Engel, Gisela/Liberles, Robert/Schlüter, Margarete (Hrsg.): Die Frankfurter Judengasse. Jüdisches Leben in der frühen Neuzeit. Frankfurt am Main 2006.

Balser, Frolinde: Aus Trümmern zu einem europäischen Zentrum. Geschichte der Stadt Frankfurt am Main 1945–1989. Sigmaringen 1995.

Battenberg, Friedrich: Judenverordnungen in Hessen-Darmstadt. Das Judenrecht eines Reichsfürstentums bis zum Ende des Alten Reiches. Wiesbaden 1987.

Battenberg, Friedrich/Wolf, Jürgen Rainer/Franz, Eckhart G./Deppert, Fritz: Darmstadts Geschichte. Fürstenresidenz und Bürgerstadt im Wandel der Jahrhunderte. Darmstadt 1984.

Bauer, Gerd: Elfen um halb zwölf. Hessische Sagen – neu erzählt. Marburg 1994.

Bauer, Gerd: Geheimnisvolles Hessen. Fakten, Sagen und Magie. Marburg ³1996.

Bauer, Gerd/Boehncke, Heiner/Sarkowicz, Hans: Das große Hessenlexikon. Frankfurt am Main 2008.

Beier, Gerhard: Arbeiterbewegung in Hessen. Zur Geschichte der hessischen Arbeiterbewegung durch einhundertfünfzig Jahre (1834–1984). Frankfurt am Main 1984.

Bembenek, Lothar/Ulrich, Axel: Widerstand und Verfolgung in Wiesbaden 1933–1945. Gießen 1990.

Berbüsse, Volker: Geschichte der Juden in Waldeck. Emanzipation und Antisemitismus vor 1900. Wiesbaden 1990.

Berding, Helmut/Eiler, Klaus (Hrsg.): Hessen. 60 Jahre Demokratie. Wiesbaden 2006.

Blume, Dieter/Werner, Matthias (Hrsg.): Elisabeth von Thüringen – Eine europäische Heilige. 2 Bde. (Ausstellungskatalog) Petersberg 2007.

Böhme, Klaus/Heidenreich, Bernd (Hrsg.): „Einigkeit und Recht und Freiheit". Die Revolution von 1848/49 im Bundesland Hessen. Opladen 1999.

Boehncke, Heiner/Brunner, Peter/Sarkowicz, Hans: Die Büchners oder Der Wunsch, die Welt zu verändern. Frankfurt am Main 2008.

Boehncke, Heiner/Hindemith, Bettina/Wolf, Susanne (Hrsg.): Leben in Trümmern. Fotos und Dokumente der hr-Aktion „Hessen 1945". Frankfurt am Main 1996.

Boehncke, Heiner/Sarkowicz, Hans: Die Heimat der Romantik. Literarische Streifzüge durch den Rheingau. Frankfurt am Main 2000.

Borggrefe, Heiner/Lüpkes, Vera/Ottomeyer, Hans (Hrsg.): Moritz der Gelehrte. Ein Renaissancefürst in Europa. (Ausstellungskatalog) Eurasburg 1997.

Both, Wolf von/Vogel, Hans: Wilhelm VIII. von Hessen-Kassel, ein Fürst des Rokoko. München 1964.

Bothe, Friedrich: Geschichte der Stadt Frankfurt am Main. 2 Bde. Frankfurt am Main ³1929 (Nachdruck Frankfurt am Main 1977).

Boyle, Nicholas: Goethe. Der Dichter in seiner Zeit. Band 1: 1749–1790. München 1995. Band 2: 1790–1803. München 1999.

Brake, Ludwig: Die ersten Eisenbahnen in Hessen. Eisenbahnbau und Eisenbahnpolitik in Frankfurt, Hessen-Darmstadt, Kurhessen und Nassau bis 1866. Wiesbaden 1991.

Brockhoff, Evelyn/Gerchow, Jan/Tross, Raphael/Heuer, August (Hrsg.): Die Kaisermacher. Frankfurt am Main und die Goldene Bulle 1356–1806. 2 Bde. (Ausstellungskatalog) Frankfurt am Main 2006.

Brugger, Albrecht/Sarkowicz, Hans: Hessen. Eine Landeskunde im Luftbild. Stuttgart 1985.

Brunck, Helma/Wolf, Werner (Hrsg.): Wirtschaft, Wohlfahrt, Wunder. Alltag in Hessen 1956–1961. Frankfurt am Main/Leipzig 1992.

Buchner, Rudolf (Hrsg.): Willibalds Leben des Heiligen Bonifatius. Darmstadt 1968.

Burmeister, Helmut/Dorhs, Michael (Hrsg.): Fremde im eigenen Land. Beiträge zur Kultur- und Sozialgeschichte der Juden in den alten Kreisen Hofgeismar, Kassel, Wolfhagen und in der Stadt Kassel. Hofgeismar 1985.

Conze, Eckhart/Jendorff, Alexander/Wunder, Heide (Hrsg.): Adel in Hessen. Selbstverständnis und Lebensführung vom 15. bis ins 20. Jahrhundert. Marburg 2009.

Czysz, Walter: Wiesbaden in der Römerzeit. Stuttgart 1994.

Das Rätsel der Kelten vom Glauberg. Glaube – Mythos – Wirklichkeit. (Ausstellungskatalog) Stuttgart 2002.

Dehio – Handbuch der Deutschen Kunstdenkmäler. Hessen. 2 Bde. Bearb. von Folkhard Cremer und Tobias M. Wolf. München 2008.

Demandt, Karl E.: Geschichte des Landes Hessen. Kassel 1980 (Nachdruck der 2. Auflage).

Demandt, Karl E.: Rheinfels und andere Katzenelnbogener Burgen als Residenzen, Verwaltungszentren und Festungen 1350–1650. Darmstadt 1990.

Dettmering, Erhart/Grenz, Rudolf (Hrsg.): Marburger Geschichte. Rückblick auf die Stadtgeschichte in Einzelbeiträgen. Marburg 1980.

DGB-Bildungswerk Hessen/Studienkreis zur Erforschung und Vermittlung der Geschichte des Deutschen Widerstands 1933–1945 (Hrsg.): Hessische Gewerkschafter im Widerstand 1933–1945. Gießen 1983.

Diederichs, Ulf/Hinze, Christa (Hrsg.): Hessische Sagen. München ⁵1992.

Drummer, Heike/Zwilling, Jutta: Im Geist der Freiheit. Eine Topografie der KulturRegion Frankfurt RheinMain. Frankfurt am Main 2008.

Eckart, Wolfgang: Neuanfang in Hessen. Die Gründung und Entwicklung von Flüchtlingsbetrieben im nordhessischen Raum 1945–1965. Wiesbaden 1993.

Eiler, Klaus (Hrsg.): Hessen im Zeitalter der industriellen Revolution. Frankfurt am Main 1984.

Eiler, Klaus (Hrsg.): Hessen. Eine starke Geschichte. 60 Begegnungen mit unserem Land seit 1945. (Begleitbuch zur Ausstellung) Wiesbaden 2005.

Eisenbach, Ulrich/Hardach, Gerd (Hrsg.): Reisebilder aus Hessen. Fremdenverkehr, Tourismus und Kur seit dem 18. Jahrhundert. Darmstadt 2001.

Eisenbach, Ulrich/Heinemann, Hartmut/Walther, Susanne (Bearb.): Bibliographie der Juden in Hessen. Wiesbaden 1992.

Ericsson, Ingolf/Sanke, Markus: Aktuelle Forschungen zum ehemaligen Reichs- und Königskloster Lorsch. Darmstadt 2004.

Ernst, Eugen: Der Taunus. Ein l(i)ebenswertes Mittelgebirge. Frankfurt am Main 2009.

Esselborn, Karl: Hessische Lebensläufe. Darmstadt 1979.

Fertsch-Röver, Hadwig/Kraus, Gerhard (Hrsg.): Denkmal. Hessischer Kultur auf der Spur. Frankfurt am Main 1997.

Fiedler, Lutz: Alt- und mittelsteinzeitliche Funde in Hessen. (Führer zur hess. Vor- und Frühgeschichte 2) Stuttgart 1994.

Flughafen Frankfurt/Main AG (Hrsg.): 60 Jahre Flughafen Frankfurt. Geschichte eines europäischen Verkehrshafens. Frankfurt am Main 1996.

Frankfurter Historische Kommission (Hrsg.): Frankfurt am Main. Die Geschichte der Stadt in neun Beiträgen. Sigmaringen 1991.

Franz, Eckhart G. (Hrsg.): Die Chronik Hessens. Dortmund 1991.

Franz, Eckhart G.: Von Hessengau und „Terra Hassia" zum heutigen Land Hessen. Wiesbaden 2003.

Franz, Eckart G.: Das Haus Hessen. Stuttgart 2005.

Franz, Eckhart G./Köhler, Manfred (Hrsg.): Parlament im Kampf um die Demokratie. Der Landtag des Volksstaats Hessen 1919–1933. Darmstadt 1991.

Franz, Eckhart G./Murk, Karl: Verfassungen in Hessen 1807 bis 1946. Verfassungstexte der Staaten des 19. Jahrhunderts, des Volksstaats und des Bundeslandes Hessen. Darmstadt 1998.

Friebertshäuser, Hans: Das hessische Dialektbuch. München 1987.

Friebertshäuser, Hans: Kleines hessisches Wörterbuch. München 1990.

Fried, Johannes (Hrsg.): Die Frankfurter Messe. Besucher und Bewunderer. Literarische Zeugnisse aus ihren ersten acht Jahrhunderten. Frankfurt am Main 1990.

Fried, Johannes/Koch, Rainer/Saurma-Jeltsch, Lieselotte E./Thiel, Andreas (Hrsg.): 794 – Karl der Große in Frankfurt am Main. Sigmaringen 1994.

Funke und Feuer. Die Geschichte der Zündholzproduktion in Starkenburg. Ober-Ramstadt 1981.

Gall, Lothar (Hrsg.): FFM 1200. Traditionen und Perspektiven einer Stadt. (Ausstellungskatalog) Sigmaringen 1994.

Gall, Lothar (Hrsg.): 1848. Aufbruch zur Freiheit. (Ausstellungskatalog) Berlin 1998.

Gelnhäuser Historische Gesellschaft (Hrsg.): Zur Geschichte der Juden in Gelnhausen während der nationalsozialistischen Verfolgung. Gelnhausen 1996.

Georg, Rolf/Haus, Rainer/Porezag, Karsten: Eisenerzbergbau in Hessen. Wetzlar $^{2}$1986.

Georg Büchner. 1813–1837. Revolutionär, Dichter, Wissenschaftler. (Ausstellungskatalog) Basel/Frankfurt am Main 1987.

George, Uta/Lilienthal Georg/Roelcke, Volker/Sandner, Peter/Vanja, Christina: Hadamar. Heilstätte – Tötungsanstalt – Therapiezentrum. Marburg 2006.

Gerig, Uwe: Hessische Volksfeste. Frankfurt am Main 1990.

Görisch, Reinhard/Mayer Thomas Michael (Hrsg.): Untersuchungsberichte zur republikanischen Bewegung in Hessen 1831–1834. Frankfurt am Main 1982.

Grab, Walter: Dr. Wilhelm Schulz aus Darmstadt. Weggefährte von Georg Büchner und Inspirator von Karl Marx. Frankfurt am Main/Olten/Wien 1987.

Gräf, Holger Th.: Söldnerleben am Vorabend des Dreißigjährigen Krieges. Lebenslauf und Kriegstagebuch des hessischen Obristen Caspar von Widmarckter. Marburg 2000.

Händler-Lachmann, Barbara/Werther, Thomas: Vergessene Geschäfte – verlorene Geschichte. Jüdisches Wirtschaftsleben in Marburg und seine Vernichtung im Nationalsozialismus. Marburg 1992.

Hanauer Anzeiger/Magistrat der Stadt Hanau/Hanauer Geschichtsverein (Hrsg.): Stadtzeit. 150 Jahre Revolution und Turnbewegung Hanau. Hanau 1998.

Handbuch der hessischen Geschichte:

- Band 1. Hrsg. von Winfried Speitkamp: Bevölkerung, Wirtschaft und Staat in Hessen 1806–1945. Marburg 2010.
- Band 2. Hrsg. von Winfried Speitkamp: Bildung, Kunst und Kultur in Hessen 1806–1945. Marburg 2010.
- Band 4,2. Hrsg. von Walter Heinemeyer: Hessen im Deutschen Bund und im neuen Deutschen Reich (1806) 1815 bis 1945. Die hessischen Staaten bis 1945. Marburg 2003.

Hansen, Svend/Pingel, Volker (Hrsg.): Archäologie in Hessen. Festschrift für Fritz-Rudolf Herrmann. Rahden 2001.

Hardach, Gerd: Kontinuität und Wandel. Hessens Wirtschaft seit 1945. Darmstadt 2007.

Hase-Mihalik, Eva von/Kreuzkamp, Doris: Du kriegst auch einen schönen Wohnwagen. Zwangslager für Sinti und Roma während des Nationalsozialismus in Frankfurt am Main. Frankfurt am Main 1990.

Haus, Rainer/Sarkowicz, Hans: Feuer und Eisen. 275 Jahre Wärme von Buderus. München/Zürich 2006.

Heckmann, Herbert: Frankfurter Lesebuch. Literarische Streifzüge durch Frankfurt von der Gründung bis 1933. Frankfurt am Main 1985.

Heckmann, Herbert/Michel, Walter (Hrsg.): Typisch hessisch. Kreuz- und Querzüge durch Deutschlands Mitte. Frankfurt am Main 1980.

Heckmann, Herbert/Michel, Walter: Frankfurt mit den Augen Goethes. Frankfurt am Main 1982.

Heidenreich, Bernd (Hrsg.): Recht und Verfassung in Hessen – Vom Reichskammergericht zur Landesverfassung. Wiesbaden 1995.

Heidenreich, Bernd (Hrsg.): Hessen 1848. Wiesbaden 1998.

Heidenreich, Bernd (Hrsg.): Aufklärung in Hessen. Facetten ihrer Geschichte. Wiesbaden 1999.

Heidenreich, Bernd (Hrsg.): Glaube und Toleranz. Die Hugenotten und Waldenser in Hessen. Wiesbaden 2001.

Heidenreich, Bernd/Böhme, Klaus (Hrsg.): Hessen. Verfassung und Politik. Stuttgart/Berlin/Köln 1998.

Heidenreich, Bernd/Böhme, Klaus (Hrsg.): Hessen. Geschichte und Politik. Stuttgart/Berlin/Köln 2000.

Heidenreich, Bernd/Böhme, Klaus (Hrsg.): Hessen. Land und Politik. Stuttgart 2003.

Heidenreich, Bernd/Franz, Eckart G. (Hrsg.): Die Hessen und ihre Geschichte. Wege-Weiser durch die hessische Landes- und Regionalgeschichte. Wiesbaden 1999.

Heidenreich, Bernd/Franz, Eckart G. (Hrsg.): Kronen, Krieg, Künste. Das Haus Hessen im 19. und 20. Jahrhundert. Frankfurt am Main 2009.

Heidenreich, Bernd/Kroll, Frank-Lothar (Hrsg.): Wahl und Krönung. Frankfurt am Main 2006.

Heidenreich, Bernd/Mühlhausen, Walter (Hrsg.): Einheit und Freiheit. Hessische Persönlichkeiten und der Weg zur Bundesrepublik Deutschland. Opladen 2000.

Heidenreich, Bernd/Schacht, Konrad (Hrsg.): Hessen. Eine politische Landeskunde. Stuttgart/Berlin/Köln 1993.

Heidenreich, Bernd/Schacht, Konrad (Hrsg.): Hessen. Gesellschaft und Politik. Stuttgart/Berlin/Köln 1995.

Heidenreich, Bernd/Schacht, Konrad (Hrsg.): Hessen. Wahlen und Politik. Stuttgart/Berlin/Köln 1996.

Heinemann, Christiane (Bearb.): Neunhundert Jahre Geschichte der Juden in Hessen. Beiträge zum politischen, wirtschaftlichen und kulturellen Leben. Wiesbaden 1983.

Heinemeyer, Walter (Hrsg.): Das Werden Hessens. Marburg 1986.

Heinz, Marianne/Thümmler, Sabine: König Jérôme (1807–1813): Was er zurückließ, was er mitnahm. Kassel 2010.

Heitzenröder, Wolfram/Höhmann, Rolf/Schirmbeck, Peter/Seidel, Peter: Hessen. Denkmäler der Industrie und Technik. (Ausstellungskatalog) Berlin 1986.

Hennig, Eike (Hrsg.): Hessen unterm Hakenkreuz. Studien zur Durchsetzung der NSDAP in Hessen. Frankfurt am Main 1983.

Hentsch, Gerhard: Gewerbeordnung und Emanzipation der Juden im Kurfürstentum Hessen. Wiesbaden 1979.

Herder, Hans (Hrsg.): Hessisches Lesebuch. Frankfurt am Mai 1981.

Herder, Hans (Hrsg.): Hessisches Auswandererbuch. Berichte, Chroniken und Dokumente zur Geschichte hessischer Einwanderer in den Vereinigten Staaten. Frankfurt am Main 1983.

Herrmann, Fritz-Rudolf/Jockenhövel, Albrecht (Hrsg.): Die Vorgeschichte Hessens. Stuttgart 1990.

Herzog, Erich: Hessische Landschaften und Stadtansichten 1650–1950. Hanau ²1975.

Herzogtum Nassau 1806–1866. Politik. Wirtschaft. Kultur. (Ausstellungskatalog) Wiesbaden 1981.

Hessen, Rainer von (Hrsg.): Wir Wilhelm von Gottes Gnaden. Die Lebenserinnerungen Kurfürst Wilhelms I. von Hessen 1743–1821. Frankfurt am Main/New York 1996.

Hessen und Thüringen – Von den Anfängen bis zur Reformation. Eine Ausstellung des Landes Hessen. Marburg 1992.

hessen Archäologie 2001 ff. Zusammengestellt von Egon Schallmayer. Stuttgart 2002 ff.

Hessischer Museumsverband (Hrsg.): Museen in Hessen. Kassel ⁴1994.

Hessisches Hauptstaatsarchiv (Hrsg.): „Unsere Aufgabe heißt Hessen". Georg August Zinn. (Ausstellungskatalog) Wiesbaden 2001.

Hessisches Landesamt für geschichtliche Landeskunde (Hrsg.): Geschichtlicher Atlas von Hessen. Marburg 1960–1978.

Hessisches Statistisches Landesamt (Hrsg.): Hessen im Wandel der letzten hundert Jahre. Wiesbaden 1960.

Hessisches Staatsarchiv Darmstadt (Hrsg.): Jüdisches Leben in Darmstadt. Dokumente 1629–1940. Darmstadt 1988.

Hessisches Staatsarchiv Darmstadt (Hrsg.): Auf dem Weg zum modernen Staat. Französische Revolution und Rheinbundreform in Hessen-Darmstadt. Dokumente 1789–1815. Darmstadt 1990.

Hessisches Staatsarchiv Darmstadt (Hrsg.): „... die Zauberinnen mögen verbrennet werden". Hexenverfolgungen in Darmstadt und Umgebung am Beginn der Neuzeit. Dokumente 1574–1628. Darmstadt 1993.

Hessisches Staatsarchiv Marburg (Hrsg.): Auswanderung aus Hessen. (Ausstellungskatalog) Marburg 1984.

Heßler, Carl (Hrsg.): Hessische Volkskunde. Marburg 1904 (Nachdruck Würzburg 1979).

Heubach, Helga (Hrsg.): Jüdisches Leben in Frankfurt. Materialien. 2 Bde. Frankfurt am Main 1988.

Heuberger, Georg (Hrsg.): Die Rothschilds. Eine europäische Familie. 2 Bde. (Ausstellungskatalog) Sigmaringen 1994.

Heuberger, Rachel/Krohn, Helga: Hinaus aus dem Ghetto ... Juden in Frankfurt am Main 1800–1950. Frankfurt am Main 1988.

Heuer, Renate/Wolf, Siegbert (Hrsg.): Die Juden der Frankfurter Universität. Frankfurt am Main/New York 1997.

Hoede, Roland: Die Heppenheimer Versammlung vom 10. Oktober 1847. Frankfurt am Main 1997.

Hoffmann, Friedrich: Die Verfolgung der nationalsozialistischen Gewaltverbrechen in Hessen. Baden-Baden 2001.

Hollmann, Michael/Wettengel, Michael: Nassaus Beitrag für das heutige Hessen. Wiesbaden 1992.

Imhof, Michael/Stasch, Gregor K. (Hrsg.): Bonifatius. Vom angelsächsischen Missionar zum Apostel der Deutschen. Petersberg 2004.

Institut Mathildenhöhe Darmstadt (Hrsg.): Museum Künstlerkolonie Darmstadt. Darmstadt o. J.

Jäger, Wolfgang: Staatsbildung und Reformpolitik. Politische Modernisierung im Herzogtum Nassau zwischen Französischer Revolution und Restauration. Wiesbaden 1993.

Kapp, Friedrich: Der Soldatenhandel deutscher Fürsten nach Amerika. Berlin 1864.

Kappel, Irene: Steinkammergräber und Menhire in Nordhessen. Kassel 1989.

Kiesow, Gottfried: Romanik in Hessen. Stuttgart 1984.

Kiesow, Gottfried: Gotik in Hessen. Stuttgart 1988.

Kiesow, Gottfried: Baukunst in Hessen. Von der Romantik zur Moderne. Stuttgart 2000.

Klaube, Frank-Roland (Bearb.): Überlebensberichte. Der 22. Oktober 1943 in Protokollen der Vermisstensuchstelle des Oberbürgermeisters der Stadt Kassel. Marburg 1993.

Klee, Margot: Der römische Limes in Hessen. Regensburg 2009.

Kliem, Matthias/Schallmayer, Egon/Schmidt, Wolfgang/Wächtershäuser, Alexander: Die Römer im Taunus. Frankfurt am Main 2005.

Klötzer, Wolfgang (Hrsg.): Frankfurter Biographie. Personengeschichtliches Lexikon. Bearbeitet von Sabine Hock und Reinhard Frost. Band 1: A–L. Frankfurt am Main 1994. Band 2: M–Z. Frankfurt am Main 1996.

Knappe, Rudolf: Mittelalterliche Burgen in Hessen. Gudensberg-Gleichen 1994.

Knauß, Erwin: Die jüdische Bevölkerung Gießens 1933–1945. Wiesbaden ⁴1987.

Knodt, Manfred: Die Regenten von Hessen-Darmstadt. Darmstadt ³1989.

Knodt, Manfred: Ernst Ludwig Großherzog von Hessen und bei Rhein. Sein Leben und seine Zeit. Darmstadt ³1997.

Koch, Rainer (Hrsg.): Die Frankfurter Nationalversammlung 1848/49. Ein Handlexikon der Abgeordneten der deutschen verfassungsgebenden Reichs-Versammlung. Kelkheim 1989.

Koch, Rainer (Hrsg.): Brücke zwischen den Völkern – Zur Geschichte der Frankfurter Messe. 3 Bde. (Ausstellungskatalog) Frankfurt am Main 1991.

Koch, Rainer/Stahl, Patricia (Hrsg.): Wahl und Krönung in Frankfurt am Main. Kaiser Karl VII. 1742–1745. 2 Bde. Frankfurt am Main 1986.

Koch, Roland (Hrsg.): Das große Fest der Hessen. Die Geschichte der Hessentage seit 1961. Frankfurt am Main 2010.

Köttelwesch, Sabine/König, York-Egbert: „Ich bin vollkommen glücklich, er gefällt mir unendlich". Katharina von Westphalen. Gemahlin des Jérôme Bonaparte und Königin von Kassel. Gudensberg-Gleichen 2008.

Kommission zur Erforschung der Geschichte der Frankfurter Juden (Hrsg.): Dokumente zur Geschichte der Frankfurter Juden. Frankfurt am Main 1963.

Kotzur, Hans-Jürgen (Hrsg.): Rabanus Maurus. Auf den Spuren eines karolingischen Gelehrten. Mainz 2006.

Kracauer, Isidor: Geschichte der Juden in Frankfurt a. M. 2 Bde. Frankfurt am Main 1927.

Krämer-Badoni, Rudolf: Deutschland deine Hessen. Hamburg 1968.

Kramer, Ernst: Fulda. München/Berlin ³1973.

Kramer, Waldemar (Hrsg.): Frankfurt-Chronik. Frankfurt am Main ³1987.

Kroll, Frank-Lothar: Geschichte Hessens. München 2006.

Kroll, Frank-Lothar: Hessen. Eine starke Geschichte. Darmstadt 2006.

Kropat, Wolf-Arno: Hessen in der Stunde Null 1945/1947. Wiesbaden 1979.

Kropat, Wolf-Arno: Kristallnacht in Hessen. Das Judenpogrom vom November 1938. Wiesbaden 1988.

Kropat, Wolf-Arno: Reichskristallnacht. Das Judenpogrom vom 7. bis zum 10. November 1938. Urheber, Täter, Hintergründe. Wiesbaden 1997.

Krupp, Ingrid: Burgen und Schlösser in Hessen-Nassau. Würzburg 1987.

Kürzinger, Georg/Wohmann, Gabriele/Pletsch, Alfred: Hessen. München/Berlin 1992.

Kull, Brigitte (Hrsg.): Sole und Salz schreiben Geschichte. Mainz 2003.

KulturRegion Frankfurt RheinMain (Hrsg.): Route der Industriekultur Rhein-Main. Frankfurt am Main 2006.

Kurt, Alfred/Schlander, Otto: Der Kreis Offenbach und das Dritte Reich. Dreieich 1991.

Lange, Thomas: Hessen-Darmstadts Beitrag für das heutige Hessen. Wiesbaden ²1998.

Lattka, Heike/Hauser, Ellen: Mit Bonifatius unterwegs. Die Bonifatius-Route zwischen Mainz und Fulda. Frankfurt am Main 2006.

Laub, Peter (Bearb.): Ulrich von Hutten. Ritter – Humanist – Publizist 1488-1523. (Ausstellungskatalog). Kassel 1988.

Leiwig, Heinz: Finale 1945 Rhein-Main. Düsseldorf 1985.

Lengemann, Jochen: Parlamente in Hessen 1808-1813. Frankfurt am Main 1991.

Lutterbach, Hubertus: Bonifatius. Mit Axt und Evangelium. Freiburg/Basel/Wien 2004.

Mack, Ernst: Von der Steinzeit zur Stauferstadt. Die frühe Geschichte von Frankfurt am Main. Frankfurt am Main 1994.

Magistrat der Stadt Bad Homburg (Hrsg.): Bad Homburg vor der Höhe. Bad Homburg 1983.

Magistrat der Stadt Darmstadt (Hrsg.): Darmstadt in der Zeit des Klassizismus und der Romantik. Darmstadt 1978.

Magistrat der Stadt Darmstadt (Hrsg.): Darmstadt in der Zeit des Barock und Rokoko. 2 Bde. Darmstadt 1980.

Mayer, Thomas Michael (Bearb.): Georg Büchner. Leben, Werk, Zeit. (Ausstellungskatalog) Marburg ³1987.

Menk, Gerhard: Waldecks Beitrag für das heutige Hessen. Wiesbaden ²2001.

Messerschmidt, Rolf: „Wenn wir nur nicht lästig fallen ..." Aufnahme und Eingliederung der Flüchtlinge und Vertriebenen in Hessen (1945–1955). Frankfurt am Main 1991.

Messerschmidt, Rolf: Aufnahme und Integration der Vertriebenen und Flüchtlinge in Hessen 1945–1950. Wiesbaden 1994.

Meyer-Kahrweg, Dorothee: Chronik der Bundesrepublik. Mit Originaldokumenten aus 60 Jahren. (11 CDs) München 2009.

Miedel, Hilde (Bearb.): Hölderlin und Homburg. Bad Homburg 1976.

Moritz, Klaus/Noam, Ernst: NS-Verbrechen vor Gericht 1945–1955. Wiesbaden 1978.

Mühlhausen, Walter: Hessen 1945–1950. Zur politischen Geschichte eines Landes in der Besatzungszeit. Frankfurt am Main 1985.

Mühlhausen, Walter: Karl Geiler und Christian Stock: Hessische Ministerpräsidenten im Wiederaufbau. Marburg 1999.

Müller-Handl, Utta: „Die Gedanken laufen oft zurück ..." Hessische Flüchtlingsfrauen erinnern sich. Wiesbaden 1993.

Museumslandschaft Hessen Kassel, Michael Eissenhauer (Hrsg.): König Lustik!? Jérôme Bonaparte und der Modellstaat Königreich Westphalen. Kassel/München 2008.

Neuland, Franz: Proletarier und Bürger. Arbeiterbewegung und radikale Demokratie 1848/49 in Frankfurt am Main ²1998.

Noam, Ernst/Kropat, Wolf-Arno: Juden vor Gericht 1933–1945. Band 1: Dokumente aus hessischen Justizakten. Wiesbaden 1975.

Orth, Elsbet: Die Fehden der Reichsstadt Frankfurt am Main im Spätmittelalter. Wiesbaden 1973.

Padberg, Lutz E. von: Bonifatius. Missionar und Reformer. München 2003.

Parisius, Bernhard/Pult, Manfred (Bearb.): Quellen zur Integration der Flüchtlinge und Vertriebenen in Hessen. Wiesbaden 1992.

Peter, Antonio/Wolf, Werner (Hrsg.): Arbeit, Amis, Aufbau. Alltag in Hessen 1949–1955. Frankfurt am Main 1989.

Philippi, Hans: Das Haus Hessen. Ein europäisches Fürstengeschlecht. Kassel 1983.

Pletsch, Alfred: Hessen (Wissenschaftliche Länderkunden Band 8/III) Darmstadt 1989.

Pötzsch, Hansjörg: Antisemitismus in der Region. Antisemitische Erscheinungsformen in Sachsen, Hessen, Hessen-Nassau und Braunschweig 1870–1914. Wiesbaden 2000.

Polley, Rainer: Die Kurhessische Verfassung von 1831. Marburg/Witzenhausen 1981.

Preissler, Dietmar: Frühantisemitismus in der Freien Stadt Frankfurt und im Großherzogtum Hessen (1810 bis 1860). Heidelberg 1989.

Rabold, Britta/Schallmayer, Egon/Thiel, Andreas: Der Limes. Die Deutsche Limes-Straße vom Rhein bis zur Donau. Stuttgart 2000.

Rebentisch, Dieter (Hrsg.): Dreieich zwischen Parteipolitik und „Volksgemeinschaft". Frankfurt am Main 1984.

Regierungspräsidium Gießen (Hrsg.): Mittelhessen. Aus Vergangenheit und Gegenwart. Marburg 1991.

Renkhoff, Otto: Nassauische Biographie. Kurzbiographien aus 13 Jahrhunderten. Wiesbaden ²1992.

Rödel, Volker: Fabrikarchitektur in Frankfurt am Main 1774–1924. Frankfurt am Main 1984.

Rohde, Dorothea/Schneider, Helmuth (Hrsg.): Hessen in der Antike. Die Chatten vom Zeitalter der Römer bis zur Alltagskultur der Gegenwart. Kassel 2006.

Ronner, Wolfgang: Als Kronberg hinter Mauern lag. 2 Bde. Frankfurt am Main 1975 und 1979.

Ronner, Wolfgang: Politik und Religion im alten Kronberg. Kronberg 1983.

Roth, Helmut/Walmers, Egon (Hrsg.): Hessen im Frühmittelalter. Archäologie und Kunst. (Ausstellungskatalog) Sigmaringen 1984.

Sante, Georg Wilhelm (Hrsg.): Handbuch der historischen Stätten Deutschlands. Bd. 4: Hessen. Stuttgart ³1976.

Sarkowicz, Hans (Hrsg.): So sahen sie Hessen. Eine kulturgeschichtliche Reise in zeitgenössischen Berichten. Stuttgart 1988.

Sarkowicz, Hans (Hrsg.): Stadtluft macht frei. Hessische Stadtporträts – eine Reise in die Vergangenheit. Leinfelden-Echterdingen 1993.

Sarkowicz, Hans (Hrsg.): Die großen Frankfurter. Frankfurt am Main/Leipzig 1994.

Sarkowicz, Hans/Sonnenschein, Ulrich (Hrsg.): Die großen Hessen., Frankfurt am Main/Leipzig 1996.

Schaefer, Albert: Wiesbaden. Von der Römersiedlung zur Landeshauptstadt. Frankfurt am Main ³1985.

Schallmayer, Egon: Der Limes. München 2006.

Schefers, Hermann (Hrsg.): Einhard. Studien zu Leben und Werk. Darmstadt 1997.

Schmidt-von Rhein, Georg: Napoleon und Nassau. Ramstein 2006.

Schimpf, Dorothee: Emanzipation und Bildungswesen der Juden im Kurfürstentum Hessen 1807–1866. Jüdische Identität zwischen Selbstbehauptung und Assimilationsdruck. Wiesbaden 1994.

Schneider, Axel: Hessen und Thüringen. Stichworte einer Nachbarschaft. Frankfurt am Main 1990.

Schüler, Winfried: Das Herzogtum Nassau. Deutsche Geschichte im Kleinformat. Wiesbaden 2006.

Schütz, Philipp: Der Ruf der Zarin. Ein Beitrag zur Auswanderung hessischer Familien nach Russland. Marburg 1989.

Schultz, Uwe (Hrsg.): Die Geschichte Hessens. Stuttgart 1983.

Schulz, Berndt/Merk, Heidrun: Hessen. Nürnberg 1996.

Schuster, Armin: Die Entnazifizierung in Hessen 1945–1954. Vergangenheitspolitik in der Nachkriegszeit. Wiesbaden 1999.

Schwab, Andreas/Schappach, Beate/Gogos, Manuel (Hrsg.): Die 68er. Kurzer Sommer – Lange Wirkung. Essen 2008.

Schwarz, Martin Maria/Sonnenschein, Ulrich (Hrsg.): Hessen kriminell. Orte des Verbrechens in Hessen. Marburg 1999.

Schwarz, Martin Maria/Sonnenschein, Ulrich (Hrsg.): Hessen riskant. Orte des Scheiterns in Hessen. Marburg 2000.

60 Jahre Hessen. Eine Erfolgsgeschichte. (DVD- und CD-Edition des Hessischen Rundfunks) Frankfurt am Main 2005.

Seidenfaden, Marie-Louise (Hrsg.): „... wir ziehen nach Amerika". Briefe Odenwälder Auswanderer aus den Jahren 1830 bis 1833. Schloss Lichtenberg 1988.

Seidenfaden, Marie-Louise/Köhler, Brigitte (Hrsg.): „... jetzt sind wir in Amerika". Südhessen in der Neuen Welt. Schloss Lichtenberg 1988.

Senger, Valentin: Kaiserhofstraße 12. Darmstadt/Neuwied 1978.

700 Jahre Elisabethkirche in Marburg. 7 Bde. Marburg 1983.

Sparkassen-Kulturstiftung Hessen-Thüringen (Hrsg.):

- Kulturelle Entdeckungen: Archäologische Denkmäler in Hessen. Frankfurt am Main 2004.
- Literaturland Hessen. Frankfurt am Main 2009.
- Main-Kinzig-Kreis. Vogelsbergkreis. Wetteraukreis. Frankfurt am Main 2009.
- Mittelhessen. Frankfurt am Main 2007.
- Nordhessen. Band I–III. Frankfurt am Main 1999–2005.
- Südhessen. Frankfurt am Main 2007.

Sparkassen-Kulturstiftung Hessen-Thüringen/Landesamt für Denkmalpflege (Hrsg.):

- Vogt, Monika: Schläft ein Lied in allen Dingen. Begegnungen mit Archäologie und Bauforschung in Hessen. Frankfurt am Main 2008.
- Vogt, Monika/Krienke, Christine: Den Wegen folgen. Begegnungen mit historischen Verkehrswegen in Hessen. Frankfurt am Main 2007.

Sparkassen-Kulturstiftung Hessen-Thüringen/Thüringisches Landesamt für Denkmalpflege und Archäologie/Landesamt für Denkmalpflege Hessen (Hrsg):

- Vogt, Monika/Krienke, Christine: Weil wir das Schilfrohr im Fluße sind. Begegnungen mit der Heiligen Elisabeth in Hessen und Thüringen. Frankfurt am Main ²2007.

Steen, Jürgen/Wolzogen, Wolf von (Bearb.): „Die Synagogen brennen ...!" Die Zerstörung Frankfurts als jüdische Lebenswelt. Frankfurt am Main 1988.

Steen, Jürgen/Wolzogen, Wolf von (Bearb.): Anne aus Frankfurt. Leben und Lebenswelt Anne Franks. Frankfurt am Main 1994.

Struck, Wolf Heino: Wiesbaden in der Goethezeit (1803–1818). Wiesbaden 1979.

Struck, Wolf Heino: Wiesbaden im Biedermeier. Wiesbaden 1981.

Stubenvoll, Willi (Hrsg.): „Die Straße". Geschichte und Gegenwart eines Handelsweges. 2 Bde. (Ausstellungskatalog) Frankfurt am Main 1990.

Studienkreis Deutscher Widerstand (Hrsg.): Heimatgeschichtlicher Wegweiser zu Stätten des Widerstandes und der Verfolgung 1933–1945: Hessen. 2 Bde. Frankfurt am Main 1995.

Tamse, Coenraad A. (Hrsg.): Nassau und Oranien. Statthalter und Könige der Niederlande. Göttingen/Zürich 1985.

Trautwein, Dieter: Heil von den Inseln. Konstanz 1993.

Vahrenkamp, Richard: Autobahnbau in Hessen bis 1943. Darmstadt 2007.

Vehse, Carl Eduard: Badische und hessische Hofgeschichten. München 1922.

Wegner, Karl Hermann (Hrsg.): 300 Jahre Hugenotten in Hessen. Kassel 1985.

Wettengel, Michael: Die Revolution von 1848/49 im Rhein-Main-Raum. Politische Vereine und Revolutionsalltag im Großherzogtum Hessen, Herzogtum Nassau und in der Freien Stadt Frankfurt. Wiesbaden 1989.

Winkler, York R.: Flüchtlingsorganisationen in Hessen 1945–1954. BHE – Flüchtlingsverbände – Landsmannschaften. Wiesbaden 1998.

Wippermann, Wolfgang: Das Leben in Frankfurt zur NS-Zeit. 4 Bde. Frankfurt am Main 1986.

Wojak, Irmtrud: Fritz Bauer und die Aufarbeitung der NS-Verbrechen nach 1945. Wiesbaden 2003.

Wolf, Werner (Hrsg.): Trümmer, Tränen, Zuversicht. Alltag in Hessen 1945–1949. Frankfurt am Main 1986.

Wunder, Heide/Vanja, Christina/Wegner, Karl-Hermann (Hrsg.): Kassel im 18. Jahrhundert. Residenz und Stadt. Kassel 2000.

Zimmermann, Erich: Für Freiheit und Recht! Der Kampf der Darmstädter Demokraten im Vormärz (1815–1848). Darmstadt 1987.

200 Jahre Brüder Grimm. (Ausstellungskatalog)

Band 1: Dokumente ihres Lebens und Wirkens. Hrsg. von Dieter Hennig und Bernhard Lauer. Kassel 1985.

Band 2: Ludwig Emil Grimm 1790–1863. Hrsg. von Ingrid Koszinowski und Vera Leuschner. Kassel 1985.

Band 3: Die Brüder Grimm in ihrer amtlichen und politischen Tätigkeit.

Teil 1: Hrsg. von Hans-Bernd Harder und Ekkehard Kaufmann. Kassel 1985.

Teil 2: Hrsg. von Hans-Bernd Harder, Dieter Hennig und Bernhard Lauer. Marburg 1989.

# Ortsregister

# Personenregister

# Bildnachweis

Alle Abbildungen stammen aus dem Archiv der Verfasser, außer:
S. 10: Fritz-Rudolph Herrmann/Albrecht Jockenhövel (Hrsg.): Die Vorgeschichte Hessens. Stuttgart 1990, S. 130
S. 14: Landesamt für Denkmalpflege, Wiesbaden
S. 15: Sven Teschke/Wikipedia
S. 20: Holger Weinandt/Wikipedia
S. 21: Verein Deutsche Limes-Straße
S. 59: Hessen und Thüringen – Von den Anfängen bis zur Reformation. Marburg 1992, S. 307
S. 61: Landgraf Karl und die Gründung von Karlshafen 1699–1999. Kassel 1999, S. 120
S. 66, 71, 72: Moritz der Gelehrte. Ein Renaissancefürst in Europa. Schloss Brake/Kassel/Eurasburg 1997, S. 403, 284, 50
S. 114, 115, 150, 151, 153, 154, 218, 219, 230: Buderus-Archiv, Wetzlar (Bosch Thermotechnik GmbH)
S. 202, 203: Bernd Heidenreich/Walter Mühlhausen (Hrsg.): Einheit und Freiheit. Wiesbaden 2000, S. 205, 52
S. 207 (oben): „Ein Glücksfall für die Demokratie". Elisabeth Selbert (1896–1986). Frankfurt am Main 1999, S. 174
S. 216, 217, 229 (unten), 231, 236, 239: Hessisches Hauptstaatsarchiv Wiesbaden
S. 235, 242, 243: Deutsche Presse-Agentur

Autoren und Verlag danken allen Rechtegebern für die freundliche Unterstützung.